本书出版幸承2009 年全国教育科学规划项目"提高维吾尔族理科双语教师专业素质的共同体行动研究"（BMA090088）和新疆维吾尔自治区重点学科"课程与教学论"项目的资助

民族教师课堂教学特质比较研究

尹筱莉◎著

科学出版社
北京

内 容 简 介

本书立足少数民族双语教师课堂教学现场，以实践记录和反思为基础，借助丰富的学科案例来展现少数民族教师专业素养现状。

本书聚焦于中学化学少数民族双语教师课堂教学特质研究，透视了不同类型化学知识主题下，少数民族专家教师与新手教师在课堂教学行为、教学知识图式、教学思路和教学情意方面的特征，从多角度分析比较了其特征的差异，以此为基础提出了少数民族新手教师提升课堂教学特质水平的实践路径。本书将理论与学科教学实践相结合，案例典型丰富，对少数民族教师领会专业素质结构、理解专业成长路径有积极意义，可为探索少数民族教师特质和成长规律开辟新的途径，为培养优秀少数民族师范生提供先行经验。

本书可供民族教师教育研究者、中学化学教师、教研员开展研究和学习之用。

图书在版编目（CIP）数据

民族教师课堂教学特质比较研究 / 尹筱莉著. —北京：科学出版社，2018.6

ISBN 978-7-03-057987-4

Ⅰ. ①民… Ⅱ. ①尹… Ⅲ. ①中学化学课-教学研究②维吾尔族-中学教师-师资培养-研究 Ⅳ. ①G633.82

中国版本图书馆 CIP 数据核字（2018）第 131166 号

责任编辑：付 艳 苏利德 王志兰 / 责任校对：何艳萍
责任印制：张欣秀 / 封面设计：润一文化
编辑部电话：010-64033934
E-mail：edu_psy@mail.sciencep.com

科 学 出 版 社 出版
北京东黄城根北街 16 号
邮政编码：100717
http://www.sciencep.com

北京九州迅驰传媒文化有限公司 印刷
科学出版社发行　各地新华书店经销

*

2018年6月第 一 版　开本：720×1000 B5
2018年6月第一次印刷　印张：17 3/4
字数：290 000
定价：99.00 元
（如有印装质量问题，我社负责调换）

目　录

绪　论

······

一、研究背景

（一）新疆实行双语教育由来已久，意义重大

新疆总面积 166.49 万平方千米，地处中国西北边陲，亚欧大陆腹地，既是古代丝绸之路的核心地带，也是当今丝绸之路经济带的核心区。《新疆统计年鉴（2013）》显示，新疆全区有 47 个民族，常住人口为 2232.78 万人。其中，汉族人口 847.96 万人，占总人口的 37.98%，各少数民族人口 1384.82 万人，占总人口的 62.02%；维吾尔族人口 1052.96 万人，占全区总人口的 47.16%，占少数民族总人口的 76.04%[①]。在这样一个多民族聚居区，基于政治、经济、文化与生活的需求而进行的民族交往离不开语言的交流。1955 年新疆维吾尔自治区政府成立之初，就在少数民族中学开设了汉语课，双语教学经历了从民族语言（简称民语）教学加设汉语课的"一类"双语教学模式，到文理科分别用民语和汉语授课，同时强化汉语教学的过渡模式，到分阶段分批最终于 2017年 9 月，中小学起始年级课程教学按要求全部过渡到采用国家通用语言授课，同时加授母语语文的"二类"双语教学模式的发展历程。2002 年 7 月国务院在下发的《国务院关于深化改革加快发展民族教育的决定》中指出，要大力推进民族中小学"双语"教学，要进一步加快"双语"教学的进程和提高"双语"教学的质量，强调民族地区要将培训双语教师和大力推进中小学"双语"教学

[①]　陈虹. 新疆统计年鉴（2013）[M]. 北京：中国统计出版社，2013：596.

作为重点。2004 年 3 月，新疆维吾尔自治区党委、人民政府先后颁布了《关于大力推进"双语"教学工作的决定》和《关于进一步加强少数民族学前和中小学"双语"教学工作的意见》，推动新疆地区双语教育工作的不断发展①。2010 年，胡锦涛同志在中央新疆工作会议上再次强调抓好新疆双语教育的重要意义，并把双语教育提升为国家战略予以安排部署，提出开展双语教育是培养民族人才、弘扬民族文化的需要，是适应社会发展的需要，开展双语教学是 21 世纪发展的必然趋势。2014 年 5 月 26 日中共中央政治局再次召开中央新疆工作座谈会，研究进一步推进新疆社会稳定和长治久安的工作。习近平同志在会议中强调：大力推进双语教育，推动建立各民族相互嵌入的社会结构和社区环境，促进各民族交往交流交融，巩固平等团结互助和谐的社会主义民族关系。坚持教育优先，全面提高新疆各级各类学校教育质量，加快农牧区和偏远地区寄宿制学校建设，在南疆全面实行高中阶段免费教育②。此次会议上习近平同志代表中央政府明确提出了进一步抓好新疆中小学双语教育教学是实现新疆社会稳定和长治久安这个总目标的重要举措。如今南疆地区实现从学前教育、小学、初中到中等职业教育再到高中教育的全免费教育；2011～2012 年，2.3 万名未就业的普通高校少数民族毕业生赴援疆省市和国家部委所属的 188 所院校接受双语培训，7.5 万名 2009 年前未就业的少数民族大学毕业生全部实现就业……这一系列加强新疆双语教育教学和提高少数民族素质的举措，对于促进新疆教育事业发展，实现新疆社会稳定和各民族团结进步、共同繁荣发展，具有重要的现实与历史意义。

（二）制约双语教育教学推进的瓶颈日渐突出，亟待破解

在新疆推进双语教育教学实践中，制约双语教育推进步伐的瓶颈之一就是合格的双语师资严重不足，为此，从国家到自治区，政府都在大力实施"新疆双语教育工程"。2003 年 9 月国家组织实施《支援新疆汉语教师工作方案》，2004

---

① 方晓华. 新疆少数民族双语教学现状、特点及其反思[J]. 新疆师范大学学报（哲学社会科学版），2009，30（4）：59-67.

② 中共中央政治局. 研究进一步推进新疆社会稳定和长治久安工作[N]. 光明日报，2014-05-27（1）.

年 3 月自治区启动实施"新疆中小学少数民族'双语'教师培训工程"。自 2010 年 3 月中央第一次新疆工作座谈会召开以来，特别是党的十八大以来，党中央稳疆兴疆重大决策部署不断出台，实施全国对口支援新疆工作，着力帮助各族群众解决就业、教育、住房等基本民生问题。从新疆教育厅颁布的新疆教育基本情况获悉，2003～2012 年，国家、自治区累计投入 3.48 亿元，已培训少数民族双语教师 1.97 万人。从总量上看，到 2015 年双语教师仍短缺 4.09 万名（其中具备国家通用语言授课能力的教师短缺 2.77 万名）。截至 2011 年，新疆全区中小学在岗的少数民族教师约有 25.4 万人，其中近 4 万名少数民族中学理科教师的专业素质状况决定其能否承担少数民族理科教育及培养少数民族公民科学素养的重任，这是影响新疆新课程改革实施成效的重要因素，也决定着新疆深化改革民族教育全面推进双语教学的进程和水平。当前维吾尔族双语师资运用国家通用语言授课能力还不容乐观，新疆少数民族双语师资水平不高与合格师资匮乏的问题在今后很长一段时期都将是制约新疆民族教育发展的瓶颈。

（三）提高少数民族理科双语教学质量的现实诉求

新疆中学阶段实施的理科课程（指物理、化学、生物，属于科学教育领域）是国家统一规定的课程，是以提高学生的科学素养为主旨，从学生和社会发展的需要出发，促使学生积极主动地学习基础的理科知识与技能，在实践中培养学生的科学探究能力，增强学生的社会责任感、创新意识和环境保护意识，以实现培养学生创新精神和实践能力为目标的课程。课题组调研发现：①新疆少数民族考生的高考理科一批次录取分数线比汉族考生要降分 101～120 分，且民族与汉族考生之间的数学和理科综合成绩的差距最明显，被录取的民族考生的理科综合成绩平均及格率不足 20%；②少数民族理科教师教学水平总体较低，部分教师缺乏双语教学能力；③对少数民族教师培训侧重于提高其国家通用语言水平，而对提升其学科教学素养与能力的培训力度不够；④中学少数民族名师的示范引领作用发挥不充分；⑤少数民族一线中学教师展示教学能力机会不足等。上述现象也同样反映了新疆中学少数民族理科教育教学质量相对滞后、合格少数民族理科双语教师数量不足的现状。为此，加强培养合格少数民族理科双语师资，提高少数民族理科双语教学质量具有现实紧迫性。

二、研究意义

（一）为培养双语兼通的高素质少数民族理科师资提供依据、发挥引导作用

百年大计，教育为本；教育大计，教师为本。教育质量与教师教育成为全球社会和研究界共同关注的热点。根据《新疆统计年鉴（2013）》的资料，截止到 2012 年，新疆全区中小学（含职业高中）在校的少数民族学生约为 213 万人[①]。从《2013 年新疆维吾尔自治区教育事业发展统计公报》获悉，截至 2013 年，新疆全区中小学（含职业高中）在校的少数民族学生中接受双语教育（含民考汉）学生人数达 134.95 万人；2013 年，新疆全区中小学双语教育岗位教师约 7.06 万人，其中少数民族双语教师 6.33 万人，约占 89.66%[②]。时任自治区教育工作委员会书记、自治区教育厅党组书记的赵德忠认为，新疆双语教育的形式已得到社会广泛认可，但在双语教育推进进程中也存在着双语教师队伍整体质量不高、数量不足、双语教师培训速度难以满足日益增长的少数民族学生双语教育需求等问题。为了解决上述问题，自治区人民政府不仅在《新疆维吾尔自治区中长期教育改革和发展规划纲要（2010—2020 年）》中明确提出了创新双语教育教学模式与提高双语教师培养培训质量是战略重点，而且针对工作实践还制定了双语教师队伍建设的"增量补充、存量培训、定向培养、滚动推进"十六字方针。可见，新疆双语教师队伍建设和素质提升工作已成为新疆双语教育工作的重中之重。以现代心理学理论、教育教学理论和教师专业发展理论为依据，立足本学科教学实践探寻少数民族理科双语教师课堂教学的特征因素，能为少数民族理科双语教师培训提供依据，发挥诊断、方向引导作用。

---

① 陈虹. 新疆统计年鉴（2013）[M]. 北京：中国统计出版社，2013：596.
② 乔丽. 2013 年新疆维吾尔自治区教育事业发展统计公报[EB/OL]. http://www.xjedu.gov.cn/xjjyt/sytj/ 2014/ 78011.htm[2014-03-13].

（二）对促进少数民族理科教师专业成长具有实践指导意义

毋庸置疑，教育改革的核心环节是课程改革，课程改革的核心环节是课堂教学改革，而课堂教学改革的目标是追求"有效教学"、促进教师的专业发展。回顾新课程改革历程，教育理论工作者和一线教师都共同体会到：课程改革的重心在课堂，课程改革成败的关键在教师。为此，教师专业发展理论与实践的研究聚焦于教师课堂教学现场，探索提升教师专业素养的有效途径。以问题为中心，以课例为载体，探索提升学科教师的课堂有效教学能力已成为各中小学校本研修的主旋律。

"什么样的课堂教学是有效的？""无效与低效教学的表现是什么？""如何克服无效与低效的教学？""优质教学的精髓是什么？""怎样从有效教学走向优质教学？"……解决上述问题需要教师深刻认识并遵循课堂教学规律。既然课堂教学是教师的主要专业生活，而且是有规律可循的，那么，通过剖析专家型教师课堂教学行为及其成因，探寻课堂教学规律，可以使新手型教师在课堂教学实践中有规律可循，帮助教师从无效教学或低效教学走向有效教学，进而走向优质教学，在不断优化课堂教学追求优质教学的实践中，提升教师专业素质，并使其向专家型教师这一专业发展目标迈进。

基于上述思考和新疆培养合格少数民族理科双语师资，提高少数民族理科双语教学质量的现实紧迫性，笔者选择了"少数民族专家型与新手型化学教师课堂教学特质比较研究"这一课题，目的在于探寻少数民族专家型与新手型化学教师课堂教学的特征因素，通过对中学少数民族专家型与新手型化学教师课堂教学深度解析来探寻化学课堂教学规律，期望借助本书的出版，能进一步丰富少数民族教师教育与学科教学理论，为提高少数民族中学化学教学质量与促进少数民族化学教师专业成长发挥一定的实践指导作用，并为少数民族化学学科教师的职前培养与在职培训提供科学依据与素材支持。

三、问题阐述

本书基于中学少数民族专家型与新手型化学教师的课堂教学实践，研究这两类化学教师的课堂教学特质及其差异，具体围绕以下两个问题展开。

（一）什么是课堂教学特质？其构成要素是什么？

教师是学校发展的生命线和根本，课堂是学校教育的主阵地，课堂教学是教师的主要专业工作，教师是在课堂教学工作中获得专业发展的。研究教师的课堂教学可以从中探寻学科教学规律和教师专业成长的基本规律，是教师教育研究的永恒课题。新课程背景下教师专业发展问题已成为教育研究的焦点问题，人们从各自不同的角度阐释教师素质的内涵、行为特征及专业发展路径，但是，我们还需要对中学少数民族化学教师的课堂教学给予较为全面的描述与解析，对中学少数民族优秀化学教师的有效教学建立较为系统的认识框架。

（二）中学少数民族专家型与新手型化学教师的课堂教学特质如何？差异表现何在？

经过多年的化学双语教育教学实践研究，人们已经获得大量弥足珍贵的中学维吾尔族化学双语教师的课堂教学经验。对这些经验进行梳理、提炼及深入思考，能帮助广大少数民族化学双语教师提高化学教学效果、促进其专业发展。新手教师是教师专业发展的起点，专家教师是教师专业发展的最高目标，本书以教师课堂教学特质及其构成要素为理论研究框架，主要选择了20余名中学化学维吾尔族专家教师与新手教师作为研究对象，以他们的化学教育及课堂教学实践为研究内容，去探析这两类教师在课堂教学行为、教学知识图式、教学思路和教学情意方面的特征及其差异，进而明晰中学化学维吾尔族专家教师优质教学的精髓，促进中学化学维吾尔族新手教师向专家教师的目标迈进。

四、全书结构

全书共分七章，第一章论述了对专家-新手教师教学的相关研究，追溯了国内外对专家教师与新手教师的教学及教师特质的研究过程及成果，并回顾与反思了国内对化学教师的相关研究。第二章在借鉴部分第一章文献评述的基础上，重点介绍了相关理论基础，提出了一个有关教师课堂教学特质的分析框架，确定了研究对象和研究方法。接下来的四章，即第三、四、五、六章，呈现的是对中学化学维吾尔族专家教师与新手教师在课堂教学特质的四个构成要素方面的特征及差异的研究过程，报告了有关中学化学维吾尔族专家-新手教师在课堂教学行为、教学知识图式、教学思路和教学情意方面比较研究的成果。第七章则总结了中学化学维吾尔族双语教师课堂教学特质，并提出了提升新手教师教学特质的建议；另外，这一章还提出了后续研究设想。

第一章 对教师教学与教师成长研究的回溯

从我国课程改革的实践来看，还存在着大量由于教师缺乏对教学的理性思考、必要的理论指导与实践引领，而导致的所采用教学策略不合理及教学效率低下的现象，这些都影响了学生创新能力与综合素质的形成与发展。在访谈中教师也普遍反映：相对来说，新课程的理念很容易接受，但难在究竟该如何操作才能将这些理念转化为切实可行的教学行为；一些教师形容目前的改革是"摸着石头过河"，提高教学效率的办法仍然只是苦干加蛮干。从课程改革暴露的问题我们看到了理想与实际之间存在着偏差，也引发我们更深入地关注、探究和思考教师教学。为此，本章首先梳理教师教学研究的相关文献。

在对教师教学研究的历史追溯中，我们越来越清楚地认识到，选择中学新手型化学教师的课堂教学为研究对象及内容，能让我们了解目前化学教师培养现状的优势和不足，选择中学专家型化学教师课堂教学为研究对象及内容，能使我们确立化学教师的培养方向与专业发展目标。本章将追溯国内外学者对专家-新手教师的教学和教师教学特质的研究脉络及成果，回顾和反思国内相关化学教师的研究，总结前人的研究成果，并从中寻找有待进一步研究的主题和研究方法。

第一节　关于专家–新手教师教学的研究

教师教学研究是一个范围很广、内涵极为丰富的研究领域，以下对专家教师与新手教师教学研究的文献追踪主要集中在有效教师教学行为及教学思维、教学专长、专家教师与新手教师的差异方面。

一、国外对专家–新手教师教学的研究

自 20 世纪 50 年代以来，国外对教师教学研究大体经历了这样一个过程：在研究发现学生学业和教师人格特征相关偏低之后，研究者将对教师人格特征的研究转向教师课堂教学行为的研究，后来又逐渐转向影响教师课堂教学行为的教学思维，以及教师所拥有的有关学科、学生、教学目的、教学环境等各类教学知识的研究。研究主题集中在有效教师的特征、有效教学行为、教师认知、教师知识，专家教师的特征、成长阶段及与新手教师的比较等方面。研究视角经历了由外向内、由表及里、因果关系的追溯变化过程，研究方法上大多借鉴认知心理学中的专家–新手比较范式，采用各类调查、观察、访谈、实物收集等方法，考察新手型、熟手型及专家型教师的特点和差异，其研究成果推动了教师教育和教师专业的发展。

（一）有效教师教学行为

教师的教学行为应该是一种有意识的、深思熟虑的行为，这种行为是在对教什么、学生怎样才能学得最好作出深思熟虑后产生的。研究者起先是通过观察描述那些"有效教师"的课堂教学行为特点，后来通过研究具体教学行为与学生成绩之间的关系，来寻求那些能够使学生知识和技能得以提高的教师行为。国外对有效教师教学的研究也称作教师的教学效能研究。

有效教师通常是指具备良好的人格特质，同时具有很强的专业能力，并熟悉教材内容，懂得如何教、如何利用教学资源、如何创设情境和调控好教学节

奏达成特定教学目标、取得最佳教学效果的教师。有效教学一定是能够促进学生学习的教学。

受行为主义理论的影响，20世纪70～80年代的研究者大多以学生成绩为依据，来区别教学好和教学差的教师，并在此基础上观察好教师的教学行为。基于对教师教学行为的观察与测量，很多研究者提出了有效教学行为的特征。美国教学效能研究专家博里奇（G. D. Borich）归纳出具有教学效能或高效能教师特征的教学行为有10种，其中5种属于关键行为（教学清晰、多样化教学、任务导向、引导学生投入学习过程和确保学生成功率）、5种属于辅助行为（利用学生的思想和力量、组织、提问、探询、施加教师影响）。埃利奥特（S. N. Elliott）等[1]重申了理想教师的九大教学行为：创造积极的学习环境，有效地运用语言，坦诚地对待学生，谨慎地使用表扬，公平地对待每一个学生，综合运用各种技术，组织实在的互动，清楚地教授，是优秀的问题解决者。

众多研究所辨析出的教师有效教学行为集中体现在：对工作饱含热情；知道该教什么，如何教，如何提高自己；擅长与学生交流和活跃课堂气氛；能激励学生挖掘自己的潜力；教学效果超过规定的标准；等等。

这些研究结论丰富了人们对教师有效教学行为的认识，运用于实践后也在一定程度上推动了教师教育的发展。但这类研究对复杂的课堂教学情境变量，如教学方法、课程目标、教学材料、学生的学习过程与体验等关注不够，只关注学生的学习成绩而没有研究学生的学习过程，没有研究教师在教学中是如何对教学目标、教学内容、学生等情境要素进行知觉、判断、思维和决策的。这样，难以使普通教师在教学实践中模仿这些有效教学行为。为此，研究者将研究重心转向对有效教学行为背后的思维和决策的研究。

（二）教学思维

为了克服对教师教学行为研究的不足，研究者借鉴认知心理学的成果，将研究重心从对教师有效教学的研究转向对教师认知和思维过程的研究，开始关注教师认知过程与教学行为的相互作用，进一步探究教师外显教学行为背后的

---

① Travers J F, Elliott S N, Kratochwill T R. Educational Psychology: Effective Teaching, Effective Learning. 3rd ed. [M]. New York: McCraw-Hill Companies, 2000: 8.

决策与思维。研究者发现教师在教学前、教学中和教学后三个阶段的思维各有特点。比如，有效教师在教学前的思维往往是深思熟虑式的，在教学中是临场应变的，在教学后具有反思性和批判性的特点。

1. 教学前的思维

教师教学前的思维主要体现在教学计划中。泰勒（P. H. Taylor）[①]通过研究发现，教师的教学计划不同于他所提出的教学计划理论模型。泰勒的教学计划理论模型认为有效的教学计划包括四个步骤：确定和形成目标；选择适宜的教学活动；组织教学活动；选择评价方式。但是，泰勒从其所研究的教师中发现：他们在制订教学计划时，首先考虑的是教学情境素材，如教学内容与教学资源，再考虑学生最有可能对哪种教学情境感兴趣，最后才考虑教学所要达到的目标。

扎霍日克（J. A. Zahorik）[②]研究了194名教师的教学计划过程，发现81%的教师教学计划中包括了教学活动，但是在教学计划中提到教学目标的教师只占28%。事实上，很多教师在设计教学计划时主要思考的是教学的过程、在教学中要开展哪些活动，考虑教学目的或教学目标的很少。因此，在设计教学计划时，很少有教师是从设计教学目标着手的，在其教案中重视恰当呈现教学目标的很少，只有在校方规定时才会呈现教学目标。

麦卡琴（G. McCutcheon）分别对教师的教案与头脑中的计划过程进行分析比较后，也发现教师在其教案中只简单地罗列出主题、活动等，很少有教学目标，而教师头脑中的计划过程主要是对先前教学过程的回忆和即将进行的教学过程的思考，也不是起源于教学目标；他们还发现教师决策时依次考虑的是，学生兴趣、学生的日常生活经验、教学实践、适宜的教学策略、教学的联系性，以及学生学习要求等因素[③]。

彼得森（P. L. Peterson）等将教师教学计划的不同归结于教师认知方式和认知能力的不同，他们认为教师的认知能力影响教学内容的选择，教师的认知灵活性影响教学目标的确定，并且特别提到："教师认知能力越弱，则更多地考虑

① Taylor P H. How Teachers Plan Their Courses：Studies in Curriculum Planning[M]. London：National Foundation for Educational Research，1970：38-48.

② Zahorik J A. Teachers' planning models [J]. Educational Leadership，1975，33（2）：134-139.

③ McCutcheon G. How do elementary school teachers plan? The nature of planning and influences on it [J]. Elementary School Journal，1980，81（1）：4-23.

具体的概念；教师认知能力越强，则更多地选择抽象的概念，更关注教学过程和学习者，其教学计划表现得比较简洁、概括。"[1]

伊格（R. J. Yinger）采用参与式观察和过程追踪的方法对一位具有 6 年教龄的小学教师的教学计划策略进行研究，发现其教学计划过程是个体的、预设的、深思熟虑的加工过程，它包括三个阶段：问题发现→问题解决的设计与解决→对问题解决的评价。该教师侧重于问题的发现和问题解决的设计，而不是对教学材料的选择。在问题解决的设计与解决阶段，该教师所使用的教学材料和采取的教学活动不仅受学校环境、教学资源和学生特征的影响，还受教师的知识、经验和教学目标的影响，特别是教师的知识和经验（主要指教师认识和解决问题的方式）不仅影响着问题解决的执行，还影响着对问题的分解与细化、对问题解决方式的选择、结果的验证及过程的调控等[2]。

上述研究表明：教师在制订教学计划时，关注的是教学内容、教学过程，而较少考虑教学目标和教学评价；影响教师制订教学计划的外部因素有学校和课堂环境、学生、教学目标和教学材料等，而影响教师制订教学计划的内部因素则是教师的认知方式和知识与经验。

2. 教学中的思维

教学计划是教师在脑海中形成的有关教学的"脚本"，如何将"脚本"付诸实践就涉及教学的实施过程。教学实施过程既是教师对"脚本"的提取和执行过程，也是教师和学生的互动过程。所以，教学中教师既要为保证教学计划的顺利执行而进行思考，又要对教学中的意外或偶发教学事件进行考虑、判断、决策，以灵活地改变原定的教学计划。

彼得森和克拉克（C. M. Clark）运用斯诺（R. E. Snow）有关教师教学中的思维模型来研究教师在教学中四条思维路径出现的频率，结果发现其出现的频率由高到低依次为：像平常一样进行教学；改变原先计划的教学策略；找不到更好的方式方法去替换原先计划的策略；原先计划的教学策略是最好的而不考

---

① Peterson P L, Marx R W, Clark C M. Teacher planning, teacher behavior, and student achievement [J]. American Educational Research Journal, 1978, 15（3）：417-432.

② Yinger R J. A study of teacher planning[J]. Elementary School Journal, 1980, 80（3）：107-127.

虑替换①。

帕克（W. C. Parker）和格尔克（N. J. Gehrke）的研究表明：教学计划主宰着教学活动的展开，只有当遇到困难并阻碍执行教学计划时，教师才会去进行判断与决策，此刻的判断与决策受学生学习活动、教师教学知识和经验的影响，并不受教学目标的影响，而且决策的根本目的不是改变原有的教学进程，而是引导学生回到主题以更好地执行教学计划②。

扎霍日克（J. A. Zahorik）研究发现："教学计划翔实的教师，与没有进行计划或计划不充分的教师相比，前者教学更缺乏灵活性、更刻板，较多关注教学内容、教学过程，而较少考虑教学目标和教学评价。"③

从以上研究我们发现，教师教学中的思维有这样的特点：如果教师关注教学计划中"教学过程"部分，则更有可能会"改变原先计划的教学策略"；如果教师关注教学计划"教学内容"部分，尤其是具体概念的教学，则较少"改变原先计划的教学策略"。

3. 教学后的思维

教师教学后的思维并不是一般性地回顾课堂教学情况，而是具有反思性的，并体现在教师的反思教学之中。从 20 世纪 80 年代起，教师专业化活动重点已由追求教师的地位向追求教师的角色与教师的实践转变，其目的是使教师在本学科教学领域更富有专长，通过展现应对课堂事件的教学机智来达到提升专业地位的目的，于是研究教师教学后的思维即研究反思性的教学就悄然而生了。

众多研究者认为，反思是教师对教学事件进行理性选择的方式和态度。例如，古德曼（N. Goodman）、罗斯（D. Ross）、蔡奇纳（K. M. Zeichner）、利斯顿（D. P. Liston）和科塞根（A. J. Korthagan）等认为，教师反思的成分主要包括确认困境、回应困境、建构或重建困境、选择方法和行动、检验结果评价方法④。

基利昂（J. P. Killion）和托德尼姆（G. R. Todnem）从反思发生的时间维度

① Peterson P L, Clark C M. Teachers' reports of their cognitive processes during teaching [J]. American Educational Research Journal，1978，15（4）：555-565.

② Parker W C, Gehrke N J. Learning activities and teachers' decisionmaking：Some grounded hypotheses [J]. American Educational Research Journal，1986，23（2）：227-242.

③ Zahorik J A.Teachers' planning models [J]. Educational Leadership，1975，33（2）：134-139.

④ 李定仁，赵昌木. 教师及其成长研究：回顾与前瞻[J]. 教育理论与实践，2003，（6）：34-38.

将教师的反思性的教学实践分为三类：实践前反思、实践中反思、实践后反思。这种提法拓展了教学反思的视域，指明教学反思不仅是回顾过去的教学实践，反省自身的元认知过程，而且是为了指导未来的行动①。

以上各种提法的出发点和强调的重心有所不同，给人们研究教师教学后思维也带来了不同的启示。但是，从有关教师的思维与决策的研究还是可以概括出：教师在教学前的思维主要是对教学内容和教学过程的思考，具有深思熟虑的特征；教师在教学中的思维由于受课堂教学环境变化的影响需要进行判断和决策，具有即时性的特征；教师在教学后的思维具有反思性和批判性的特征。影响教师教学思维的因素有外部情境因素（学校、课堂、教材、学生等）和教师内部因素（教师自身已有的知识、经验、认知方式和认知能力等）。随后，研究者又开始了对专家教师所拥有的教学专长的研究。

（三）专家教师及教学专长

专家教师是具有教学专长的教师，其教学是高效优质的。什么样的教师是专家教师？教学专长的内涵是什么？专家教师的教学专长是怎样获得的？为了帮助一线教师提高教学效能，引导他们迈向通往专家教师之路，很多研究者就这些问题展开了研究。

1. 专家教师的界定

目前尚无对专家教师和新手教师的确切界定，国外对专家教师的认定一般通过以下几种途径实现。

1）通过学生成绩来确定。用标准化测验研究学生在一定时期内增长的分数，如果某位教师所教学生的增长分数在一定范围内居前 15%，则将该教师作为专家教师②。

2）联合提名法。通过校长、同行与学生的推荐，取三者共同的提名。此方法综合考虑到学校管理者、同行与学生三种不同角色对专家教师理解的不同侧重点③。

---

① Killion J P, Todnem G R. A process for personal theory building[M]//Woolfolk A E. Readings and Cases in Educational Psychology. Boston: Allyn and Bacon, 1993: 12-15.

② Leinhardt G. Expertise in mathematics teaching[J]. Educational Leadership, 1986, 43（6）: 28-33.

③ Berliner D C. Teacher expertise[M]//Anderson L W. International Encyclopedia of Teaching and Teacher Education. Cambridge: Cambridge University Press, 1992: 40-42.

3）根据斯滕伯格（R. J. Sternberg）和霍瓦斯（J. A. Horvath）提出的专家教师原型观来确定。专家教师应具备三个主要特征：具有丰富的和组织化的专门知识；解决教学领域问题的效率比新手教师更高；在教学领域更富有敏锐的洞察力和创造力①。

4）以教师的职称和教龄为划分标准。将具有高级教师或特级教师职称、教龄在 15 年以上的教师称为专家教师。有研究发现，教师至少积累了 10 年的教学经验，在教室里讲述了 10 000 小时的课，在此之前至少当过 15 000 小时的学生之后才有可能发展到专家水平阶段，每位专家水平的教师都有长时间的教学实践和十分丰富的教学经验。

对新手教师的认定相对比较统一，一般指具有 0～4 年工作经验，正逐步适应课堂教学的各个环节，学会把握课堂管理的常规，开始关注学科的理解与教学的教师。随着研究的深入，人们开始意识到，有教学经验的教师并不等于专家教师，专家教师应具有某种教学专长。

2. 教学专长的知识属性与特点

专长是指专门领域的专门知识和技能，往往是专家所独有的。维纳特（F. D. Weinert）认为，教学专长是教学法知识的四种基本形式（即教材知识专长、课堂管理专长、教学专长、诊断专长）之一，教学专长是指教师为了完成教学目标具有的关于教学策略与教学方法的内隐知识与外显知识的总和②。教学专长常常属于程序性知识，是在复杂的教学实践中形成的，包括计划、监控、评价和应变能力。这些能力能使教师的教学适应不断变化的课堂教学情境，达到教学流畅水平。

教学专长是陈述性知识（如教材内容知识、学生和学习的知识、情境的知识等）与程序性知识（迅速辨别学生个体间能力、学习水平差异及教学情境的异同；综合运用各种方法与技能讲授一节课或某知识点；有效地运用教学策略去感知、辨别和解决教学事件等）的综合。专家教师的教学专长内容中不仅有

---

① Sternberg R J, Horvath J A. A prototype view of expert teaching [J]. Educational Researcher, 1995, 24(6): 9-17.

② Weinert F E, Helmke A, Schrader F W. Research on the model teacher and the teaching model [M] // Oser F K E, Dick A, Patry J L. Effective and Responsible Teaching: The New Syntheis. San Francisco: Jossey-Bass Publishers, 1992: 251-253.

丰富的实践知识，还有相应的理论知识，而且这两类知识是相互联系的。

伯利纳（D. C. Berliner）从课堂教学问题解决的角度总结了教学专长的特点：①教学专长的形成需要一定的教学情境、时间和经验（至少 5 年的教学工作经验或 10 000 学时的课堂教学）。②自动化水平高。以课外作业的课堂批改为例，专家教师能迅速得知学生作业完成情况，并在迅速核对答案的同时保持课堂气氛安静，所用时间仅是新手教师的 1/3。③完成任务的高标准要求与关注教学情境。专家教师不仅课前能根据学生的能力、经验与知识背景确定教学内容的可教性及教学方法，而且讲课中还能根据当时的情境和学生的反应与要求来调整教学并最终完成教学目标。④灵活应变能力。指专家教师在拥有一个深思熟虑的课堂教学脚本基础上能充分利用课堂情境的各种信息以应变各种学生行为的能力。⑤创造性的问题处理方式。专家教师能创造性地陈述一个学科问题，引出学生的各种解决方法，从学生回答中获知学生的思考问题方式，推论学生的不足并加以矫正和完善。⑥合理、一致、有意义的课堂教学事件的解释模式。⑦审慎的问题解决方式。处理课堂教学问题时，专家教师常常考虑多种方法和学生的学习特征，运用不同的教学原则与不同的教学事件，在解释问题和设计解决方案上所花费的时间相对比新教师长[1]。

3. 教学专长的发展

专家教师教学专长的发展过程就是其专业成长过程，教学专长发展的理论是在职业专长理论的基础上发展起来的。最初德雷福斯（H. L. Dreyfus）等从职业发展角度提出专长发展五阶段理论：新手水平→高级新手水平→胜任水平→熟练水平→专家水平[2]。在此基础上，舒尔（T. J. Shuell）提出了教学专长发展的三阶段（新手、中级和高水平）理论；富勒（F. Fuller）提出的教学专长发展的三阶段理论，即关注生存（适应教学及教学以外的事务）、关注情境（成绩、教学内容及效果）、关注学生差异；费斯勒（R. Fessler）和休伯曼（M. Huberman）等还提出了教师职业生涯发展阶段的理论[3]。还有学者研究认为，新手教师向高

---

① Berliner D C. The nature of expertise in teaching[M]//Oser F K E, Dick A, Patry J L. Effective and Responsible Teaching: The New Synthesis. San Francisco: Jossey-Bass, 1992: 227-248.

② Dreyfus H L, Dreyfus S E. Mind over Machine[M]. New York: Free Press, 1986: 26.

③ 张学民, 申继亮, 林崇德. 国外教师教学专长发展的评价理论与方法[J]. 外国教育研究, 2004, (7): 54-57.

级新手教师并进一步向专家教师转变的实质是从以教师（或自我）为中心的新手向以学生为中心的高级新手教师，进而向"个体-情境"整合化的专家转变的过程[①]。格拉索恩（A. Glatthorn）认为制约新手教师向专家教师转变过程的因素有三类（图 1-1）：个人因素指教师自身的职业和认知思维水平等；情境因素指教师的学习工作环境，具体包括从社会到社区、从学校体制与氛围到教研组与课堂等；系统工程则指特定的、有目的地影响教师专业成长的方法和手段，如观摩、评课、反思及专家指导等[②]。

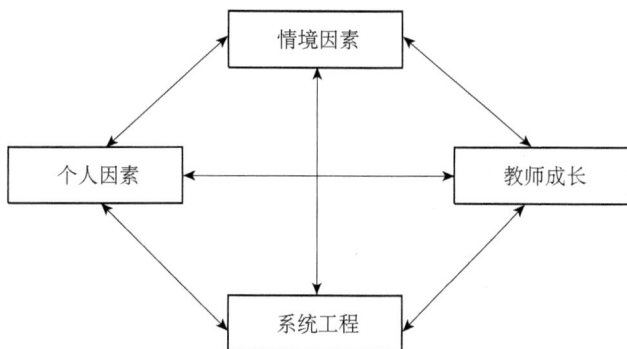

图1-1　教师成长的影响因素系统

还有研究者提出将智力与特质联合体[③]（特质联合体是一小部分认知、情感及意动特质的聚合，目前确定的特质联合体有如下四种：科学/数学的、文化的、社会的及习俗的。例如，科学/数学特质的联合体包括数学推理、视知觉等认知特质、现实主义的个性特质，以及研究性的兴趣特质。特质联合体刻画了个体获得某领域专长必须具备的一些心理特质，智力、特质联合体及知识结构构成了获得专长的优质的"投资"结构，这对人才培养有重要意义）整合起来解释专长获得的观点，因为特质联合体是一个具有领域限制并涵盖认知、情感、意动成分的特质群。将智力及情感意动等个性心理特质也纳入影响专长获得的因素之中，有助于改变以往主要从认知层面研究专长获得的习惯，启发研究者

---

① Berliner D C. Teacher expertise [M]//Anderson L W. International Encyclopodeia of Teaching and Teacher Education. 2nd ed. Cambridge：Cambridge University Press，1992：48.

② Ackerman P L. Personality, self-concept, interests, and intelligence：Which construct doesn't fit? [J]. Journal of Personality，1997，65（2）：171-205.

③ 郝宁, 吴庆麟. 专长的获得：一种智力与特质联合体整合的观点[J]. 华东师范大学学报（教育科学版），2004，（4）：71-75，89.

全面地考察专家教师的知识、经验、个体心理特质如何相互作用以促进专长的获得。

对专家教师及教学专长研究的梳理使笔者认识到：专家教师的教学专长既有丰富并且组织有序的知识结构和经验作基础，又有达到自动化水平的认知技能，以及有效解决问题的程序、方法和策略作工具，还有优秀品性和较强的自我效能感及动机作为调控和动力支持手段，这三者在实践中不断相互协调整合优化的过程就是教学专长的获得过程，即教师专业发展过程。

（四）专家教师与新手教师的差异

对专家教师及教学专长研究的主要目的之一，就是追寻优质教学的内涵及获得途径，从而将一般教师特别是新手教师引向有效、高效教学之路。要实现这一目标就必须先弄清楚新手教师与专家教师的差距表现在哪些方面。

专家与新手的比较研究，是认知心理学家研究专门领域的知识时经常采用的方法。这一方法最初由西蒙等应用于象棋领域，在主要考察了象棋专家和新手对某棋盘上棋子的某些特殊格局的记忆后，他们发现与新手相比，专家有七方面的明显特点：善于解决本领域的问题；以较大的意义单元加工信息；记忆容量大；解决问题的速度快；用更多的时间表征问题；在更高的水平上表征问题；有更好的自我监控能力[1]。此后，专家教师与新手教师的比较研究在教师教学差异比较研究中也被广泛采用。

1. 知识结构的差异

斯滕伯格认为，专家教师和新手教师之间最基本的差异不仅在于他们所具有的知识量上，更多在于知识组织方式上及可利用知识的范围上。专家教师拥有的知识是以脚本、命题结构和图式的形式出现的，比新手教师的知识组织得更完整、结构更好、更易被提取；专家教师还擅长将广博的、可资利用的各种知识组织起来运用在教学中；专家教师还具有高效教学赖以产生的政治和社会背景知识，这些知识能帮助其解决教学中遇到的诸如教师如何被认可，以及如何持续作为专家型教师之类的问题[2]。

---

① 胡志坚. 课堂教学中新手和专家教师注意选择性特点的比较研究[J]. 中小学教师培训, 2001,（9）: 8.

② Sternberg R J, Horvath J A. A prototype view of expert teaching[J]. Educational Researcher, 1995, 24（6）: 9-17.

新手教师常常因缺乏教学法知识和策略性知识而使其教学效能低下。芒比（H. Munby）和拉塞尔（T. Russell）对一位曾有 11 年化学技术研究背景的中学化学教师的教学研究表明：尽管她能清晰、简洁、准确地讲解所教的化学知识，但却不能解释所教内容与其他章节内容之间的联系，无法将新授内容与已学内容在概念上建立联系，也不善于给学生提供独立地、循序渐进地解决问题的机会[①]。利文斯顿（C. Livingston）和博科（H. Borko）的研究表明，专家教师具有良好的策略性知识，新手教师缺乏或不会使用这些知识[②]。

2. 教学行为的差异

教学有三个环节：计划、课堂管理与教学、课后评价与反思。这三个环节与教学内容和活动、步骤与策略相结合就构成了一个完整的课堂教学过程。

莱因哈特（G. Leinhardt）对专家教师和新手教师的课时计划的考察结果表明：专家教师的课时计划包括检查家庭作业、呈现某些概念或材料和检查学生对其理解、监督练习等常规工作，也有对学生的特殊问题的关键处的解释和将学生的反馈与目标相联系的具体内容，还有对预料到的和未预料到的事件作出反应的决策成分；而新手教师既缺乏高效的一般教学常规，也缺乏具体内容的教学知识（不事先备好例子和解释，现场举例和解释会发生困难），不大可能预料学生的某些错误概念，更难以把学生的问题与课时目标相联系[③]。

利文斯顿、博科和韦斯特曼（D. A.Westerman）等的研究表明，专家教师在课堂教学过程中的教学行为明显优于新手教师，概括起来有三个方面的差异：①计划和教案的差异。专家教师不仅有课时计划，还有单元计划、学期计划和学年计划，而且在年初就规划好，还要根据学生能力和教学内容调整；新手教师大多仅有课时计划，受经验和知识的限制，他们多把精力放在当天或本周教学上，往往只有课时计划（也称教案）。专家教师的教案简洁、以学生为中心并有预见性，注重知识的整合、教学方法及学生反应；新手教师的教案非常详细，

① Munby H，Russell T. Transforming chemistry research into chemistry teaching：The complexities of adopting new frames for experience[M]//Russell T，Munby H. Teacher and Teaching：From Classroom to Reflection. London：The Falmer Press，1991：90-108.

② Livingston C，Borko H. Expert-novice differences in teaching：A cognitive analysis and implication for teacher education[J]. Journal of Teacher Education，1989，40（2）：36-42.

③ Leinhardt G. Expertise in mathematics teaching[J]. Educational Leadership，1986，43（6）：28-33.

注重教学实例和教学时间的分配。②课堂教学的差异。专家教师能观察到学生学习行为上的微弱变化信息，能根据所出现教学事件的本质原因进行反应并迅速作出决策；新手教师由于缺乏相关的本质原因知识、教学图式等而只能注意一些表面特征。③课后评价与反思的差异。专家教师的评价内容是学生的学习情况和自己目标达成的情况，不仅反思教学方法和策略，还与教学计划相联系；新手教师的评价则注重自己是否完成了教学任务、自己的教学是否有效[1]。

3. 问题解决的差异

问题解决是指向个体目标的一系列认知操作，当个体欲达到某个目标而缺乏达到目标的手段时，就产生了问题。斯滕伯格认为，专家教师在解决教学领域的问题时是富有洞察力的。专家教师能够鉴别有助于问题解决的信息，并能够将这些信息有效地联系起来；能够通过注意，找出相似性及运用类推来重新表征问题。相反，一方面新手教师难以从学生的行为和学习中发现问题并辨别问题的意义，另一方面新手教师常常借用"尝试错误"来解决问题，缺乏综合利用多种解决方案解决问题的能力[2]。

以上对专家教师与新手教师三方面的比较使我们认识到以下几点。

1）在知识结构和组织方面，专家教师是丰富的、多层次和多重联系的，而新手教师则较简单而且较为孤立。

2）在教学行为方面，专家教师的教学常规工作程序已高度熟练，达到自动化水平，很少或不需要意识控制；而新手教师则将更多注意力用于如何使自己按照一般教学程序完成教学任务，很难将注意力分配到其他事情上。尽管新手教师知晓大量的课堂教学知识、方法和策略，但难以应用于实践，缺乏变通能力。

3）在问题解决方面，专家教师在新手教师不易发现问题的地方更易发现问题，凭借丰富的知识和经验迅速找到问题的关键，能够灵活自如地将问题解决。新手则是按部就班地解决一般性问题，具有尝试性、机械性和效率低的特点。

---

① Westerman D A. Expert and novice teacher decision making [J]. Journal of Teacher Education, 1991, 42(4): 292-305.

② Sternberg R J, Horvath J A. A prototype view of expert teaching[J]. Educational Researcher, 1995, 24(6): 9-17.

从以上研究可以得出这样的结论：在这些差异中，知识组织和知识结构是基本原因，另外，差异的产生还与专家-新手教师对问题表征的深度、解决问题的程序、方法、策略的有效性、解决问题的认知自动化水平和元认知能力的发展水平的不同相关。

二、国内对专家-新手教师教学的研究

国内有关教学专长（也称作教育专长）和专家-新手教师的比较研究尚处于起步阶段。已有研究多限于对国外研究成果的综述研究；也有很多学者借鉴国外专家-新手教师的比较研究方式，采用问卷调查、课堂教学行为观察和访谈法对教师的个人教学效能感和教学动机、问题表征等教师心理特征进行实证研究；还有学者研究教师教学专长的获得及构建教师专业的成长理论。

（一）教学专长

国内研究者在借鉴国外教师教学专长的构成及发展的理论、教学专长发展的评价维度、测量和评价方法等基础上，基于国际视野展开了对教学专长的本土化的理论与实证研究。

1. 教学专长的概念

在对教育（教学）专长概念及理论解释方面，我国学者纷纷提出了自己的见解。李茵和黄蕴智采用因素分析和集贮建构测验的方法，分别对近 300 名普通教师和有经验教师的教育专长的集体观念进行研究，提炼出了教育专长的概念[①]。其后续研究还发现，有经验的教师对教育专长的理解不仅停留在专长的行为表现上，而且体现在对专长表现的心智基础及发展的深层动力上，他们更强调思维方式和思维品质、将问题解决扩展至生活领域，重视掌握问题的复杂性，避免简化问题；普通教师的教育专长观念在思考复杂度和细致度上稍有欠缺[②]。

2. 教学专长的获得

在获得教学专长的途径方面，郝宁在专长的反思研究者（着重强调经验的

---

① 李茵，黄蕴智. 中国教师关于教育专长的内隐理论[J]. 教育研究与实验，2004，（2）：51-57.
② 李茵，黄蕴智. 有经验教师关于教育专长的集体观念[J]. 教育研究与实验，2006，（3）：62-68.

积累在专长获得中的重要性）与智力研究者（着重强调智力对专长获得的基础作用）争论的基础上，提出专长获得是在智力与特质联合体（涵盖认知、情感、意动成分）的共同作用下完成的，提高智力和优化特质联合体将有利于专长的获得和教师的专业成长[①]。张英萍从内隐学习理论的视角提出，专家教师与新手教师在知识表征上的差异根源可能在于他们内隐学习表征上的差异；习得专长的一个重要途径是长期的刻意练习并努力对自己的训练进行监控，刻意练习的数量与获得专长的业绩水平是密切相关的[②]。

（二）专家教师与新手教师的比较

专家教师有何特征？新手教师与专家教师的差距何在？如何引领新手教师迈向专业的成功之路？……这类问题已经成为教师教育研究的热门话题。国内研究者借鉴国外有关专家教师及专家-新手教师比较研究的方法，展开了对专家教师的特征、专家-新手心理特征的比较、教师专业成长方面的本土化研究。

1. 专家教师与新手教师心理特征的比较

俞国良采用问卷调查法、课堂教学行为观察法和访谈法对 48 名普通中学的专家教师和新手教师的比较研究发现：专家教师的总体教学效能感水平和个人教学效能感水平都明显高于新手教师，而新手教师的一般教学效能感高于专家教师；在教学行为的各个方面及总分上，专家教师显著优于新手教师；两类教师的个人教学效能感与教学行为均存在显著的正相关[③]。胡志坚从注意指向性和注意选择的典型性及分配性的维度对课堂教学中新手和专家教师注意选择性特点进行了比较研究[④]。罗晓路的研究发现在教学监控能力方面，专家教师在计划与准备性、调节与控制性、评价与反馈性、课后的反省性及监控总分上均比新手教师得分高[⑤]。连榕的研究团队先后对专家教师、熟手教师、新手教师的教学

① 郝宁. 专长的获得：一种智力与特质联合体整合的观点[J]. 华东师范大学学报（教育科学版），2004，（4）：71-75.

② 张英萍. 内隐学习理论的新进展及其对专长研究的启示[J]. 心理发展与教育，2006，（1）：109-112.

③ 俞国良. 专家新手型教师教学效能感和教学行为的研究[J]. 心理学探新，1999，（2）：32-39.

④ 胡志坚. 课堂教学中新手和专家教师注意选择性特点的比较研究[J]. 中小学教师培训，2001，（9）：8-10.

⑤ 罗晓路. 专家-新手型教师教学效能感和教学监控能力研究[J]. 心理科学，2000，（6）：741-742.

策略与成就目标及人格特征的关系、心理特征、教学策略、教学动机特点等进行了实证性的比较研究，其研究结论为研究教师专业成长提供了心理学方面的依据①。

2. 专家教师的特征

在介绍和借鉴国外有关教师职业发展阶段理论和专家教师研究成果的基础上，国内研究者也纷纷提出本土化的有关教师成长的规律、专家教师的特征等。宋广文从认知心理学视角指出，专家教师在操作层面的明显特征表现在对教学情境的分析、教学的灵活性、解决问题的方式特点及创造性的教学风格上②。徐碧美以专家教师与教育环境相互作用的实践性和情境性的特征为着眼点，通过对四位英语教师的案例研究发现，反思是专家教师知识和技能的重要特征，专家教师的教学专长是在实践知识的理论化和理论知识的实践化的互动过程中获得和发展的，专家教师不断迎接挑战和应对挑战，不断探索和试验、质疑看似"没有问题"的问题并以回应工作环境的方式促进其专业发展，特别是这种回应工作环境的方式是专家教师和非专家教师的关键差异所在③。

3. 教师的专业成长

郑和从生命发展之维审视教师专业成长的内涵，提出优秀教师（专家教师）的专业成长是一种自主成长过程，即自觉自愿地追求幸福与完善人生，追求作为教师的人生意义与价值的成长方式，并指出优秀教师自主成长的基本策略是以理论学习与培训为先导，以自我反思为基本手段，在教育行动研究中成长，并在成长中自主记录成长轨迹④。李定仁和赵昌木在对国内外教师及其成长研究进行概括总结后，指出国内有关教师的研究还处于起步阶段，缺乏从纵向角度对教师成长过程进行全面考察和研究，缺乏从主体角度对教师的全面理解和研

① 连榕，孟迎芳，廖美玲. 专家-熟手-新手型教师教学策略与成就目标、人格特征的关系研究[J]. 心理科学，2003，（1）：28-31；连榕. 新手-熟手-专家型教师心理特征的比较[J]. 心理学报，2004，（1）：44-52；孟迎芳，连榕，郭春彦. 专家-熟手-新手型教师教学策略的比较研究[J]. 心理发展与教育，2004，（4）：70-73；潘贤权，连榕，李亚真. 新手-熟手-专家教师教学动机特点研究[J]. 教学与管理，2005，（18）：23-24.
② 宋广文. 教师的发展：一种关于专家教师形成的认知心理学分析[J]. 外国教育资料，2000，（5）：41-43.
③ 徐碧美. 追求卓越——教师专业发展案例研究[M]. 陈静，李忠和译. 北京：人民教育出版社，2003：257-293.
④ 郑和. 优秀教师自主成长的内涵与策略[J]. 课程·教材·教法，2004，（11）：78-82.

究，缺乏对教师成长影响因素的系统研究①。

我们通过梳理发现，国内研究者对专家教师与新手教师教学的研究从理论视角进行演绎的研究成果较多，实证研究主要集中在专家-新手教师的心理特征比较方面。教师是在具体化、情境化的教学实践中获得专长，逐渐成长为专家教师的。但是，有关各学科专家教师如何在教学实践中获得教学专长的实证性研究较为缺乏，研究专家教师如何努力实现教学实践的合理性、如何积累和丰富教师的实践性知识、如何将其内隐的教学理论进行外化或显化方面的研究甚少，而这些对于新手教师向专家教师的转变具有重要意义。因此，未来的研究走向应该是对教师的信念、教学知识和教学行为的形成过程进行系统的理论探讨与实证研究。

第二节　关于教师教学特质的研究

人格心理学的相关文献表明，人格具有三个基本特征：首先，人格是相对稳定的，具有跨时间和跨情境的一致性，这是人格研究的前提之一；其次，人格是相对独特的，它是区分个体与个体、群体与群体差异的主要标志；最后，人格具有情境性，个体拥有的某些特征或品质会在某些相关的情境中表现出来，如害羞、诚实、整洁、糊涂等。人格的稳定性与独特性在很大程度上归功于其核心成分——特质（trait），这是一种以某种特定方式发挥作用的相对稳定的、持久的倾向。

奥尔波特（G. W. Allport）和奥德伯特（H. S. Odbert）将特质界定为个体内在的系统和倾向，这种系统或倾向使个体以独特的方式知觉情境，并对各种极不相同的情境作出相同的反应方式；特质是人格的"心理结构"，是个体的"神经特性"，具有"支配个人行为的能力"②。后来他又强调，"在一个人的活动倾向中，除了可变的那部分外，另外还有一部分是稳定不变的，后者正是我们力

---

① 李定仁，赵昌木. 教师及其成长研究：回顾与前瞻[J]. 教育理论与实践，2003，（6）：34-38.

② Allport G W, Odbert H S. Trait names: A psycho-lexical study [J]. Psychological Monographs, 1936, 47（1）: 1-171.

图用特质概念所说明的那部分"。由此，一些认知心理学研究者认为，个体行为差异源于个性心理结构的差异，正是特质使得个体在变化的情境中接受外界的刺激，并产生相对一致性的行为[①]。于是，研究者运用心理学中特质概念及其特质的因素分析来研究有效教师的人格心理特征，试图辨别出影响教师有效教学的教师人格因素，进而探讨有效教师的人格、认知及行为间的相互影响。

一、国外对教师教学特质的研究

国外对教师特质的研究始于 20 世纪 30 年代，本书以此作为对有效教学研究的开端或序幕。教师特质研究旨在分析和鉴别可能影响教学有效性的教师某些人格特征（态度、经验、热心等）、做事风格、个性、经验背景对学生的影响，以及与学生学业成就之间的关系。

卡特尔（R. B. Cattell）通过调查发现，使用频率最高的描述好教师品质的词依次为：个性与意志、才智、同情与机智、思想开放、幽默感。瑞安（D. Ryan）等通过观察方法辨别出了影响教师有效教学的三个主要变量（采用肯定和否定两极相对的形式依次表述为）：热情、理解←→冷漠、无情；有组织、有效率←→散漫、草率；有刺激、富于想象力←→单调乏味、墨守成规。格策尔斯（J. Getzels）和杰克逊（P. Jackson）阐述了教师人格与学生学习成绩之间的关系。博里奇（G. D. Borich）还提供了一个关于教师人格特性的研究综述。斯通斯（E. Stones）等对这种有关教师有效教学研究集中在教师的人格因素，远离课堂教学实践而不能为改善教学行为、实现有效教学提供范例的研究提出了质疑[②]。

20 世纪 90 年代后，有关教师特质研究视角较为广泛、成果较为丰富。本书选择部分文献作为代表进行分析（表 1-1），可以看出教师特质研究内容的变化、研究结论较为发散的特点。

---

① 陈少华，郑雪，曾毅，等. 人格特质与认知操作关系的初步研究[G]//中国心理学会. 第九届全国心理学学术会议文摘选集，2001：382.

② 黄慕周. 受台北小学六年级学生欢迎之教师教学特质研究[D]. 台北师范学院硕士学位论文，2003：20-21.

表 1-1　20 世纪 90 年代后国外有关教师特质研究的文献列举

研究问题	研究者及时间	研究方法及对象	特质内容
优良教师的特质	尚诺斯基（L. A. Shanoski）和哈尼茨（J. R. Hranitz），1991[①]	问卷调查（优秀教师）	爱学生、有任教学科专门知识、良好沟通技巧、有弹性、具备幽默感
性别对教师特质的影响	贝伦斯（R. Behrens）等，1993[②]	问卷调查（职前和在职教师、行政人员）	针对每个学生提供不同的指导、教会学生自己思考、带着热情进行教学三个特质最具相关性
课堂中与学生成功最紧密的教学特质	布罗德尼（S. B. Brodney），1993[③]	（同上）	培养学生的自我尊重意识、拥有自信、运用有趣的方式呈现知识、教会学生自己思考、带着热情进行教学
最优秀教师的特质	麦克（F. R-P. Mack）等，1995[④]	问卷调查（家长）	以身作则、善于倾听、不用方言、善用修辞、对学生都有高度期望、热心教学
小学生心目中好教师的特质	阿克索伊（N.Aksoy），1998[⑤]	问卷调查（土耳其小学生）	师生关系良好、亲切、讲得好、常复习、鼓励学生问题、作业不太多、考试简单
数学教师良好的教学特质	查普曼（O. Chapman），2002[⑥]	问卷调查（高中生）	视教学为由教师和学生及语言问题组成的三角关系、善于将知识进行问题化并予以分解与整合、鼓励小组合作、以提问促进讨论或参与讨论活动、倡导一题多解、对关键词语给予通俗化解释、教学生如何进行评价
怎样才是一名优秀的教师	皮科克（T. Peacock），2006[⑦]	问卷调查（职前教师）	具备知识、鼓励学生、对关键词语给予通俗化解释、使用例子和类比、对学生都有高度期望、公平、受学生尊敬、有变通性、热心助人、关心学生、善于倾听、善解人意、教学方法多样

① Shanoski L A, Hranitz J R. A Foundation for Excellence in Teaching[R]. Paper Presented at the Annual Meeting of the Association of Teacher Educators 71st, New Orleans, 1991.

② Behrens R, Hoewisch A, Kazelskis R. Effects of Gender on Perceptions of Teacher Influence [R]. Paper Presented at the Annual Meeting of the Mid-South Educational Research Association. 22th, New Orleans, 1993.

③ Brodney S B. Effects of Age on Perceptions of Teacher Influence[R]. Paper Presented at the Annual Meeting of the Mid-South Educational Research Association. 22th, New Orleans, 1993.

④ Mack F R-P, Jackson T E, Lazarus B B, et al. Parental Attitudes Regarding the Characteristics of a "Best Teacher": Comparison by Gender and Ethnic Group[R]. Paper Presented at the Annual Meeting of the American Association of Colleges for Teacher Education. Washington, 1995.

⑤ Aksoy N. Opinions of Upper Elementary Students about a "Good Teacher": Case Study in Turkey[R]. Paper Presented at the Annual Meeting of the Northeastern Educational Research Association. 29th, Ellenville, 1998.

⑥ Chapman O. Teaching Word Problems: What high school mathematics teachers value[C]//Proceedings of the Annual Meeting of the North American Chapter of the International Group for the Psychology of Mathematics Education（Athens），2002: 1-4.

⑦ Peacock T. Native students speak: What makes a good teacher? [J]. Tribal College Journal of American Indian Higher Education, 2006, 17（4）: 10-13.

从早期对教师特质的研究看，公众认为对学生的人格教育要比知识能力训练更为重要，教育看重教师"人师"的示范作用，对教师特质要求也以人格为首要因素，所以，特质研究内容集中于教师人格特质方面。继而，随着科学技术的进步和师范教育开始重视专业性，丰富的学科知识和教学知识及培养学生学习习惯也开始作为教师特质的基本要求。后来，对教师角色要求日趋全方位化，教师不仅是"人师""经师"，还要成为高级的"教学设计师"，能够合理利用一切教育人力和教育技术资源选择呈现的内容、时机、样式、手段，以及促成并维持学生的主动学习知识与方法等方面进行设计，还要谙熟教学心理及沟通技巧，经过设计、执行、评价与监控教师教学和学生学习的全过程，有计划、有系统地促进学生的学习与发展。

可见，从研究者选取的研究内容看，随着对教师专业性的重视，研究者开始注重将教学能力（如对教材运用自如、对学生评价适切、及时提供练习及反馈机会、灵活运用教学方法等）及教学策略（如善于将知识进行问题化并予以分解与整合、鼓励小组合作、以提问促进讨论、倡导一题多解、对关键词语给予通俗化解释、教学生如何进行评价等）要素纳入教师特质内容之中，使教师特质由单一的人格特质走向综合。

从研究者选取的研究对象来看，有中小学生、职前教师、在职教师、专家学者、行政人员、学生家长等。研究对象不同，所得出的教师特质结论是不同的或是有差距的。例如，受小学生欢迎的教师特质就不同于专家学者眼中的教师特质，优秀教师认同的教师特质与普通教师或职前教师认同的教师特质或教学特质是有差距的。

由此看来，国外对教师特质的研究呈现出视角较为宽泛、与学科教学实践联系不够紧密的特点。总之，从笔者能够检索到的有关教师特质的文献来看，前人研究大多集中在对有效教师人格特质分析上，而关于化学教师的教学特质及人格特质的文献未曾检索到。教学特质与人格特质不尽相同。因为，人格特质是指个人在生活中对环境、事、物的认识和行为反应倾向的独特个性，通常具有持久性和复杂的情境性。而教师的教学特质则是指教师在担任教师角色时所表现出的教学行为特性，教师的人格特质是一位教师日常生活和教学生活整体行为的特性。尽管教师的人格特质包含教学特质并影响教学特质，但两者并不等同，不同群体之间甚至同一个体在不同情境下有时差异很大。课堂是教师专业生活的主要场所，而结合学科课堂教学实践进行教师教学特质的研究成果鲜见，因而，立足学科课堂教学实践研究教师的课堂教学特质对指导教师教学实践活动有重要意义。

二、国内对教师教学特质的研究

总体上讲，国内对教师教学特质的研究着重人格特质及行为的比较和概括。研究者对特质及教学特质的界定模糊，且与个性特征、特质、行为特质、教师素质等概念及内涵方面未加以区分和厘清，造成研究视角多、结论空泛、不能聚焦于教师教学行为规范及其背后的核心要素等，使其研究成果远离学科教学实践而不能发挥直接指导学科教学的作用，特别是不能发挥专家教师引领普通教师优化教学行为的作用。

笔者查阅 1994 年以前的化学教育类期刊发现，对优秀化学教师（特级教师、研究型教师、骨干教师）的研究大多属于对个人课堂教学实践操作的描述（如教学实录、教案）和教学体会及个人的经验总结，未发现有关以"化学教师特质"为关键词的研究。后来，通过查阅中国知网的"教育与社会科学综合"专辑的期刊、学位、会议、报纸全文数据库，以"论文题名"为检索项，分别输入论文相关主题词"教师特质""专家教师教学""专家化学教师""化学教师课堂教学""化学教师课堂教学行为"等，在 1979～2014 年时段内进行检索。根据检索到的文献发现：国内对有关教师特质、专家教师及教师课堂教学行为的研究始于 20 世纪 90 年代，是近两年才逐渐兴起的，研究成果还不够丰富，对化学学科教师课堂教学的相关研究就更为稀缺。笔者对检索到的相关文献进一步分析发现有以下特点。

1. 选择研究对象的区域与学科分布不平衡

当前，有关教师特质和专家教师教学的研究对象主要是城市中小学教师，关于幼儿教师、高校教师、边远地区及农村教师的研究较少。

从学科分布来看，主要集中在语文、数学、英语、体育教师，而与生物、化学、地理等学科教师相关的研究较少。例如，2002 年孟迎芳运用教学策略量表对福州市 578 名中学教师教学策略的运用状况进行了调查；2006 年孙晓林选取了苏州市 54 名物理教学骨干教师和 26 名教育硕士进行了有关课堂教学行为因素对教学效果影响力的问卷调查；2006 年王晓舟对长春市 48 名高中化学教师进行了课堂教学行为与教师人口学变量之间的关系进行了调查研究；2012 年周树德从高校钢琴教师职业素养方面入手，阐述了高校教师应具备的基本特质；2013 年贺利梅用量表对神木县 1000 名中小学生进行了调查研究，旨在分析教师性格特质与学生对体育健康课程态度的关系；对边远地区及农村教师人格特质进行研究的仅有 2006 年肖三蓉和雷芳撰写的《农村初级中学教师抑郁与人格特质初探》。

2. 研究方法上理论演绎分析多而实证质性研究少

在中国知网上以"教师特质"为篇名检索，共有 51 篇期刊论文出现，采用了问卷调查、叙事研究、因素分析等实证研究方法的仅有 15 篇论文，它们分别是：2002 年与 2003 年韦克平和许燕《教师和大学生对教师人格结构评定的因素分析》（上）（下）；2003 年徐丽玲《一位优秀女教师特质的叙事研究》；2004 年张敏和骆一伟《教师作为合作者胜任特质的现状调查与分析》；2010 年李东斌和邝宏达《中学骨干教师人格特质、一般自我效能感及其关系》；2011 年共有 3 篇，如公艳艳《现代远程教育教师特质研究》；2012 年孟祥光《优秀教师特质的培养策略研究》；2013 年共有 4 篇，如程岭《西部农村教师的职业认同与个体特质、条件因素的相关研究——以甘肃省×县为例》；2014 年李南《幼儿教师特质应对方式及其影响研究》和 2014 年褚文化《女教师个人特质差异对心理课教学影响的研究》，而其他相关教师特质的论文均属于理论分析层面的。但是，关于专家教师教学研究的期刊论文，大多采用了调查法、测量法、观察法等，研究了专家型教师、熟手型教师、新手型教师的教学动机、教学效能感、教学监控能力、教学选择性、教学策略等。

学位论文在理论分析基础上，大多采用问卷调查的量化研究方法，有的还结合运用了访谈、个案研究、课堂观察等质化研究方法。比如，2001 年郭志东的《专家型化学教师的成长规律和培养方法探索》是以文献法进行理论分析研究的；2005 年张云华的《新手-专家型中学体育教师教学策略的研究》和 2004 年潘贤权的《新手-熟手-专家型教师主观幸福感与教学动机的研究》是采用量表测量工具进行调查研究的；2013 年褚丽敏的《基于课堂提问的高中化学教师特质比较研究》是依托问卷调查和课堂观察进行研究的；2010 年孟祥光的《中学优秀教师特质与行为及培养策略研究》和 2014 年杨光的《中小学教师人格特质、社会支持与主观幸福感的关系研究》是通过调查法、访谈法进行研究的。

如果将检索范围限制在化学学科内，检索到的论文则很少，除学位论文注重运用问卷调查法和个案研究法外，期刊论文大多是理论分析或对教学经验的总结。通过以上分析发现，在有关教师特质和专家教师教学的研究方法方面，研究者侧重于理论和经验总结层次，实证研究成果较少，质性研究成果就相对更少。

3. 重概括优秀教师人格特质而轻发挥其引领教学实践的作用

关于教师特质研究，较早集中在对教师的人格特质研究方面，研究内容涉及受学生喜爱教师所具有的心理品质及教师品质对学生的影响。学生所喜爱教师的人格特质一般是宽容、有爱心、合作胜任、有责任感、情绪稳定、善于激励学生、幽默等特征。例如，雷晓宁等对三明地区中学优秀教师人格特征的调查结果发现：优秀教师与一般教师在恒定性、聪慧性、幻想性和紧张性方面存在明显差异，表现为优秀教师有更强的事业心、责任心，对学生更关心和负责；善于保持稳定的情绪；学习能力更强，富有才识；对人、对事总是心平气和、充满信心等[①]。师银芳分析了制约西部贫困地区中小学教师成长的不利因素，并探讨了西部贫困地区中小学优秀教师应具备高尚的职业道德和高度的使命感、优秀的意志品质、积极的处世态度、乐观向上的工作精神，以及对学习者发自内心的博爱等特质[②]。这些结论与 10 多年前韩进之在总结国内外研究基础上提出的优秀教师应具备的优良个性品质是相一致的[③]。

笔者以为，重视教师人格特质研究是受重视教师"人师"角色的教育作用所驱动的。尽管教师人格特质与班级管理、师生关系及教师教学效能有显著关系，但是毕竟教师的人格特质与教师教学特质不是一回事。教师要靠卓越优秀的专业教学特质立足，新手教师更需要优秀教师所具有的与专业教学活动情境密切相连的教学特质的示范与引领。但是，有关此研究却分散在相关优秀教师

---

① 雷晓宁, 艾述华, 白永莲. 三明地区中学优秀教师人格特征的调查研究[J]. 三明师专学报, 1999,（3）: 39-41.

② 师银芳. 西部贫困地区中学优秀教师的内在特质[J]. 现代中小学教育, 2009,（5）: 48-50.

③ 韩进之. 教育心理学纲要[M]. 北京: 人民教育出版社, 1989: 565-570.

的教学设计、教学模式、教学技能等孤立分散的研究之中，较为缺乏在学科课堂教学实践层面展开的有关优秀教师教学行为及其背后的知识、思维与人格方面特质的较为系统性的研究成果。

4. 教师教学素质及行为特质研究存在"去学科化"倾向

对教师教学特质与行为特质进行研究的文献表明：尽管教学行为特质的研究对象是幼儿园、小学、中学、中专、高校教师，但分析视角与结论总体上却是比较一致的，大多是从对教师素养的基本要求出发的。例如，有研究者对成都市优秀青年教师进行问卷调查，被调查者从"优秀学科教师教学素质"40 条内容中选出了普遍认同的最重要的 10 条内容及比例依次为：善于启发学生思考（88%）；重视学生参与（80%）；指导学生不断改进学法（78%）；善于因材施教（76%）；能激发学生兴趣（74%）；讲课富有感情（66%）；讲课由浅入深，引人入胜（56%）；教学有创新（54%）；逻辑性强（48%）；能很好地调节课堂气氛（46%）[①]。

对教师行为特质的研究结论与学科教学规律及学科课堂教学实践的联系不紧密，不同类别和不同学科的教师行为特质只是在知识结构及教学能力某一点上稍有区别。例如，牛清霞将行为特质分解为观念、态度、知识、教学能力和心理品质五个方面，其行为特质的结论除了强调语文教师自身的听、说、读、写能力外，其他方面就难以发现语文教师不同于其他学科教师的特征[②]。2005年，王丽娟将研究型化学教师的行为特征概括为具有先进教育理念、重视化学实验、善于使用现代教育媒体和开展教育科研、关注学科交叉与渗透、教学技艺精湛并能不断反思。此处除了强调化学实验以外，其他特征均可推演到任何学科的优秀教师身上。再比如，2006 年，在彭兵的《研究型幼儿教师特质及培养机制初探》一文中，我们亦难以发现不同于其他类别教师的研究型幼儿教师特质与培养的特殊要求。2013 年，张静的《谈创新型高校英语教师的特质》指出，创新型英语教师应具有创新素质并且能对创新型学生的创造性活动进行引导和启发，还须具备多元、合理动态的知识结构、创新的教育观、自信心及敢于犯错误和标新立异的勇气，这些特质同时也是其他学科的优秀创新型教师应

---

① 查有梁. 优秀学科教师最重要的教学素质[J]. 甘肃教育，2000，（3）：12.

② 牛清霞. 试论研究型语文教师的行为特质[J]. 内蒙古民族大学学报（社会科学版），2006，（2）：78-81.

具备的特质。

此外，有关教师专业特质的论述基本是根据教师专业化发展对教师专业素养结构要求出发来进行演绎分析的，其教师的专业特质只不过是教师专业素养结构的另一种说法。例如，杨桂兰和崔耀辉认为，教师专业化过程就是教师的专业特质形成、发展的过程。教师专业特质是教师拥有和带往教学情境的专业知识、专业技能和专业态度的集合。教师专业技能特质由教学技巧和教学的设计实施评价能力构成。教师的专业特质发展水平决定了教师专业发展水平的高低，要凸显教师的专业性，必须重视教师专业基本技能特质的培养和训练[①]。杨桂兰和邸春姝还指出：教师的专业态度特质就是教师的专业自我，可将其分解为自我定位、自我评价和自我超越三个维度，并对这三者做了进一步阐述[②]。这种对教师专业态度特质层层解析的观点就比较具体易于操作，而不等同于将教师专业态度特质解释为爱学生、爱学科、爱教学、认真负责等这样比较泛化的观点。

上述研究一方面表现出研究者对教师教学素质、行为特质、教师素质未加以区分和厘清的状况；另一方面，我们也欣喜地看到，研究者对专业技能特质和专业态度特质的认识正逐渐由宽泛描述走向具体可操作化。

5. 对专家教师教学研究重理论分析轻教学实践行为剖析

对专家教师教学的研究内容涉及专家教师的特征及培养、新手–专家型教师的比较等方面，其中有关专家教师的特征及新手–专家教师的比较研究着重分析他们的人格、认知方式和教学策略。

在学校教育过程中，凝聚着无数教师心血、占据学生身心主要精力的是学科教育，特别是学科课堂教学。学科课堂教学既是检验一般教育理论的实验室，也是丰富和发展教育理论和学科教育的源泉。特别是当前新课程推进到"决战课堂、聚焦教学"的关键阶段，研究教师的学科课堂教学实践是实现教育理论与实践相结合，以及推进新课程改革向纵深发展的重要途径。我们欣喜地发现，类似《专家与非专家教师课堂教学差异之比较——课堂话语分析》和《小学数学专家与新手教师教学过程中的认知比较研究》等文章的出现，是在学科课堂

---

① 杨桂兰, 崔耀辉. 专业化教师的特质探析[J]. 东北农业大学学报（社会科学版）, 2004，（2）: 17-20.
② 杨桂兰, 邸春姝. 基于专业化教师特质的专业自我与专业发展[J]. 教书育人，2006，（2）: 37-39.

教学这样中观层面展开的教师教学知识和技能的研究成果。期望这类立足学科教学实践的实证性较强、比较视点具体的研究越来越多。然而，关于专家型教师的培养途径与模式的研究大多停留在理论分析层面[①]，立足于专家教师学科教学实践层面的较为系统的研究成果很少。

笔者认为，关于教师特质及专家型教师课堂教学行为研究还处于起步阶段。大量研究局限在理论探讨、现状调查层面，有关专家教师特质的研究结论大多集中在教师的个性特征及与教学工作相关的品质两个方面。而涉及专家教师在学科教学实践中如何操作的研究很缺乏，特别是关于专家教师在学科课堂教学中的活动设计、组织、示范行为方面的卓越表现及其成因的研究较为欠缺。

总之，国内有关教师教学特质的研究成果虽然对教师教育、促进教师专业自主成长有目标指向意义。但是，要实现专业成长关键在于如何将理念落实在学科教学实践之中，理念与行动之间还有相当的距离，需要付出非凡的努力。普通教师和新手教师，需要专家教师教学实践的引领，因而对教师教学特质，特别是专家教师教学特质研究不能只停留在一般教育理念层面，应走进专家教师学科课堂教学现场，研究专家教师是如何高效完成教学任务实现教学目标的，特别要重视研究专家教师教学行为及其背后的教学知识和教学思维特征。

第三节　关于新疆双语教育的研究

从 20 世纪 90 年代新疆大力发展双语教育以来，相关研究主要有：新疆双语教育历史追溯及发展境况，新疆双语教师双语教学现状、双语教学的态度及培训开展情况等。

一、新疆双语教育的政策与现状

李忠儒和曹春梅在《新疆少数民族双语教育千年大事年表》中详细分析了

---

① 郭志东. 专家型化学教师的成长规律和培养方法探索[D]. 福建师范大学硕士学位论文，2001；王锡有. 论专家型教师的研究与培养[D]. 东北师范大学硕士学位论文，2005；蔡清吉. 专家型教师成长路径研究[D]. 西南师范大学硕士学位论文，2005.

从西汉到当今不同时期新疆地区的双语教学政策。王振本的研究在一定程度上反映了 20 世纪末新疆少数民族汉语教学的客观实际。他们不仅较为系统地分析了 1993～1999 年新疆颁发的各种关于双语的教学意见、文件和法律法规，而且还详细介绍了新疆少数民族汉语教学的性质、特点、原则、教学过程及其他各要素；并且结合对南疆三地州①少数民族中小学汉语教学工作的调查，剖析了南疆地区汉语教学中存在的问题，特别是就新疆少数民族学生第二语言学习过程中的语言技能问题对汉语教师培训提出了若干建议②。社会学家马戎通过依据相关统计资料和文献分析了新疆民族教育的基本模式和发展历程，并利用在南疆喀什地区实地调查所得到的信息，对南疆维吾尔族聚居区 21 世纪以来在双语教育方面的发展及实践中反映出的问题进行了评述③。王阿舒和孟凡丽则基于对近五十多年来新疆少数民族双语教育政策的演变和少数民族双语教育方面所取得的成绩的总结，揭示了新疆双语政策的变革过程和发展特征④。古力加娜提·艾乃吐拉利用田野调查的具体事例勾勒了 21 世纪以来新疆地区的双语教育状况，以其田野调查得到的资料为依据介绍新疆喀什地区的双语教育现状，并就新疆喀什地区在双语教育中存在的师资力量、教学方法、教材建设、本民族语言作用等问题提出一些建议⑤。刘姣和蔡文伯在全面剖析少数民族双语教育概念的基础上，回溯并反思了改革开放以来新疆少数民族双语教育的发展历程，探讨梳理了改革开放几十年来新疆少数民族双语教育取得的主要成果，分析了新疆少数民族双语教育目前存在的一些主要问题，并提出了改善新疆少数民族双语教育的主要措施⑥。库热西·库尔班主要总结了学术界对于新疆少数民族双语教学中有关政策、教学模式，以及双语教学中存在的问题和对策这几方面的研究内容，他认为目前学术界对于双语教学政策的研究较为系统完善；双语教学的模式复杂多样，而对于教学模式的表达术语却尚未达成统一；对于双语教学中存在的问题剖析得较为全面客观，但对解决方案的具体探索却稍显不足⑦。艾力·伊明

---

① 南疆三地州指喀什地区、和田地区、克孜勒苏柯尔克孜自治州。

② 王振本. 新疆少数民族双语教学与研究[M]. 北京：民族出版社，2001：6.

③ 马戎. 新疆民族教育的发展与双语教育的实践[J]. 北京大学教育评论，2008，6（2）：2-41，188.

④ 王阿舒，孟凡丽. 新疆少数民族双语教育政策发展综述[J]. 民族教育研究，2006，17（2）：22-26.

⑤ 古力加娜提·艾乃吐拉. 新疆地区双语教育的现状与展望——从田野调查视角考察[J]. 民族教育研究. 2009，20（1）：102-107.

⑥ 刘姣，蔡文伯. 新疆少数民族双语教育三十年回溯与反思[J]. 兵团教育学院学报，2009，（1）：5-8.

⑦ 库热西·库尔班. 关于新疆少数民族双语教学研究评述[J]. 和田师范专科学校学报，2010，（5）：118-119.

主要采用的理论范式是历史学和文化人类学的解释范式，通过辅以文化唯物论的主客位的研究方法，对和田地区民族教育与双语教育发展的历史演变过程及其特点从教育人类学的角度上给予意义上的解释①。米海古丽·司马义在回顾与反思新疆少数民族双语教育政策及历史的基础之上，对新疆双语教学若干问题提出了新的思考②。

二、新疆双语师资队伍建设

有关新疆双语师资队伍建设是从分析新疆少数民族中小学教师现状、反思少数民族双语教师培训历程和现存问题与对策等角度开展研究的。例如，曾任新疆维吾尔自治区教育厅副厅长的马文华通过深入调查，分析了新疆中小学少数民族双语教师培训工作的成绩与不足，对双语教师队伍建设提出了如下指导意见：坚持用发展的眼光看待少数民族双语教师的培训质量问题，坚持用科学的态度看待少数民族双语教学的质量问题；继续开展对少数民族双语教师的培训工作，采取缩小规模、放慢速度、延长时间、调整重心，严把培训入口关、提高生源质量等措施提高效率，保证质量等③。李曙光指出，应把高校集中培训和校本培训有机地结合起来，才能各取所长，更好地完成中小学少数民族教师的培训工作。④梁云基于问卷调查分析，提出解决少数民族中小学双语教师培训存在问题的对策：明确认识、大力支持双语教师培训工作，增大双语教学力度；重视教学实习并妥善安置参训教师，充分发挥汉族学校的指导作用；统一协调，优化双语师资队伍，达到双语师资共享。⑤欧阳志和刘革基于历史文献梳理了中华人民共和国成立后新疆中小学少数民族汉语和双语师资队伍发展的历程，基于实证数据重点分析了新疆中小学少数民族双语师资队伍培训的现状，提出了

① 艾力·伊明. 多元文化整合教育视野中的"维汉"双语教育研究——新疆和田中小学双语教育的历史、现状与未来[D]. 中央民族大学博士学位论文，2007.
② 米海古丽·司马义. 关于新疆双语教学若干问题的再思考[J]. 新疆社会科学，2011，（4）：152-155.
③ 马文华. 新疆中小学少数民族双语教师培训工作调查研究[J]. 新疆大学学报（哲学社会科学版），2006，（5）：84-90.
④ 李曙光. 新疆中小学少数民族教师培训的基本路径[J]. 中南民族大学学报（人文社会科学版）. 2006，（S1）：49-50.
⑤ 梁云. 新疆少数民族中小学双语教师培训的现状及对策研究[J]. 民族教育研究，2007，（6）：45-51.

新疆中小学双语教师的总数不能满足自治区双语教学发展的要求；另外，从目前参加培训的中小学双语师资的国家通用语言基础和理科专业基础知识来看，也无法通过这种一到两年的集中培训真正达到双语授课的要求，培训的形式和内容都需要进一步改进[1]。

三、新疆双语教师的教学与发展

对新疆少数民族双语教师教学与发展的研究，主要集中在调查少数民族双语教师对双语教学的态度、综合素质，双语教学能力及其发展等方面。

骆惠珍和万维强以新疆少数民族中学双语教师培训班学员为对象，在问卷调查分析的基础上，了解并分析了教师对双语教学的认同感[2]。杨淑芹和吴敏通过访谈 100 名少数民族教师发现，他们认同学习汉语和双语教学，却不能较好地认同推行的汉语授课双语教学模式，其态度成因源于对双语教学模式认知偏差、汉语授课的困难，对此，两位研究者根据相关理论和实践探索提出了相应的对策[3]。阿依努尔认为，无论是维吾尔族双语教师还是汉族双语教师，在解决双语教学的问题上都存在自己的优点和不足，解决好这些问题要做到："无论是汉族还是少数民族教师，都应该积极地与学生沟通，积极地解决学习语言过程中出现的问题。另外，汉族教师和少数民族教师在工作中应该多接触，彼此互通有无，共同进步。还应多举办一些全疆范围的教学经验学术研讨活动，使这些教师有一些互相切磋业务、共同探讨教学方法的园地。"[4]

吐尔地布主要从职业道德、知识结构、能力结构、双语教育理念、身心健康等方面阐述了少数民族中小学双语教师应当具备的基本素养[5]。吐尔地·买买提提出了合格的少数民族双语教师除了达到一般学科教师的教学能力要求以外，

① 欧阳志，刘革. 新疆中小学少数民族汉语及双语师资队伍发展历程与培训现状研究[J]. 新疆师范大学学报（哲学社会科学版），2008，（3）：94-100.

② 骆惠珍，万维强. 新疆少数民族中学教师对双语教学认同感的调查分析[J]. 昌吉学院学报，2006，（4）：57-59，90.

③ 杨淑芹，吴敏. 新疆中小学双语教学推进中少数民族教师的态度研究[J]. 民族教育研究，2009，（1）：46-50.

④ 阿依努尔. 新疆双语教学的实践与创新刍议[J]. 民族教育研究，2007，（6）：57-61.

⑤ 吐尔地布. 少数民族中小学双语教师应具备的基本素养[J]. 继续教育研究，2009，（1）：81-82.

还必须具备以下几种能力：学习双文化的能力，处理双语专业基础知识的能力，整合双语课堂教学内容的能力，双语表达能力和营造双语教学环境的能力[①]。顾英华详细探讨了提高少数民族教师汉语教学能力的途径和方法[②]。付东明基于对少数民族双语教学的现状分析，指明了影响少数民族教师双语教学能力发展的因素，并对学科课堂教学的实践水平进行了分析并提出了相应的对策[③]。杨淑芹和于影丽依据双语教学能力构成的理论、新疆双语教师资格认证中存在的问题及国外双语教师资格认证考核项目的启示，提出了新疆中小学少数民族教师双语教学能力评价指标为双语教学表达能力、双语教学设计能力和双语教学实施能力，建构了新疆中小学少数民族教师双语教学能力评价权重、标准和评价方法及工具[④]。杨淑芹和杨帆还基于理论论证与实证调查提出了"教研员+教研组"的新疆维吾尔族中小学教师专业发展的模式[⑤]。张彦山和霍加艾合麦提·阿不都热依木通过理论与现实分析认为，新疆双语教育中的教师课堂教学行为除了具有适应性功能、发展性功能、调控功能、整合性功能这四种一般性功能之外，还具有政治功能和民族文化传承功能这两项特殊功能，他们针对少数民族教师教学行为功能发挥不足问题提出了改进措施[⑥]。

但是，立足学科及课堂教学实践层面开展的研究为数不多。例如，塔力甫江·肉孜基于对学校体育课双语教学实践的反思，提出少数民族学校体育课教学要适应当前素质教育的要求和未来社会对双语教学人才的需要，结合自身教学实践探讨了体育课如何进行双语教学，如何真正达到双语教学的目的等问题。[⑦]韦俊等通过对近年新疆伊宁地区维吾尔语、汉语双语数学教学实验状况进行了分

① 吐尔地·买买提. 乌鲁木齐市中小学维吾尔族双语教师教学能力发展研究[D]. 新疆师范大学硕士学位论文，2007：19-20.

② 顾英华. 如何提高新疆中小学双语教师汉语教学水平[J]. 中南民族大学学报（人文社会科学版），2006，（S1）：51-52.

③ 付东明. 新疆少数民族双语教学现状分析与对策[J]. 新疆师范大学学报（哲学社会科版），2008，（1）：131-135.

④ 杨淑芹，于影丽. 新疆中小学少数民族教师双语教学能力评价方案建构研究[J]. 新疆师范大学学报（哲学社会科学版），2011，（4）：62-71.

⑤ 杨淑芹，杨帆. 维吾尔族中小学教师专业发展的有效模式[J]. 新疆师范大学学报（哲学社会科学版），2012，（3）：87-92.

⑥ 张彦山，霍加艾合麦提·阿不都热依木. 双语教师的课堂教学行为之功能及改进措施[J]. 新疆教育学院学报，2011，（4）：65-69.

⑦ 塔力甫江·肉孜. 试论新疆少数民族体育双语课教学问题[J]. 新疆教育学院学报，2006，（1）：136-137.

析，提出完整的双语数学教学包括两个部分：一部分是专业汉语的教学，即数学语言的教学；另一部分是数学知识的教学。在维吾尔语、汉语双语数学教学中存在如下主要问题：忽视数学语言在维吾尔语、汉语两种文化背景下理解上有差异的教学，没有重视数学语言结构的分析；未处理教学中的语言难点，教师包办应用题的文字分析；缺乏对小组合作学习中母语思维和母语交流行为的引导①。艾吉尔·依米提对新疆少数民族高校物理学科成绩进行了评价，最后得出结论：虽然汉语水平一年比一年高，但是物理成绩最高分一年比一年低而且及格率一年比一年低，并且分析了导致这种状况的原因②。买买提吐尔逊·阿布都拉对新疆少数民族高中双语班汉语教学现状进行了调查，针对教学中存在的问题提出了课堂教学训练模式并总结了成功经验③。

通过以上对新疆双语教育研究成果的梳理发现：新疆双语教育的研究视角多侧重对宏观政策、师资队伍现状和培训模式及管理的总结；研究方法大多采用文献分析法和问卷调查法，而较少采用课堂观察、叙事、个案等质性研究方法；研究问题多聚焦于提高教师国家通用语言水平、教师基本素养和教学能力构成及评价与发展等；研究者中政府教育官员、高校教师居多，而一线教师特别是一线少数民族教师很少；采用质性研究方法对新疆少数民族学科双语教师课堂教学行为、专业成长等方面的研究少见；对如何改善双语教师课堂教学行为，如何提高课堂教学的有效性，鲜有深入到学科教学微观层面的研究；在教师培训中缺少对具体教学策略的培训，也缺乏学科教学案例的学习与研讨，造成培训针对性不强，对教师实践教学指导不足。

以上对国内外专家-新手教师教学和教师特质研究，以及新疆双语教育研究成果的分析、综合与反思，给我们研究少数民族化学教师教学带来了一些启示。

1. 启示之一：多采用综合视角进行多因素分析研究

专家教师课堂教学是优质高效的。这种优质高效的教学是其教学观念、学科知识、教学思维、教学行为等诸多因素整合优化的结果。因而，若从单一视角去研究，就难以全面、立体地勾勒出专家教师高效教学的脉络，难以发挥其

---

① 韦俊，王娟娟，郭宝珠，等. 维汉双语数学教学课例研究[J]. 数学教育学报，2005，（3）：90-92.

② 艾吉尔·依米提. 新疆高校少数民族物理双语教学状况分析及对策[J]. 中国大学教学，2007，（11）：39-42.

③ 买买提吐尔逊·阿布都拉. 新疆少数民族高中双语班汉语教学存在的问题及对策研究[J]. 民族教育研究，2011，（3）：112-115.

对普通教师特别是新手教师专业成长的引领作用。

2. 启示之二：立足于学科内容的课堂教学实践进行研究

课堂是教师专业成长的主要场所，课堂教学是学科教师专业生活的主体。研究专家教师除了要采用综合视角外，还要回到专家教师的课堂教学活动中去考察各教学要素是如何相互作用的；更要考察专家教师进行各类学科知识内容教学的特点和规律，这样才能为化学教师的课堂教学实践提供具有指导性的可操作的支持与帮助。

3. 启示之三：开展对教师教学特质的研究

教师教学究竟受制于哪些核心因素？专家教师优质高效的教学是如何成就的？心理学认为，特质是决定个人行为倾向的个性心理结构，具有独特性、情境性和相对稳定的特点，教学特质是教师在教学活动情境中教学行为一致性的组织结构。虽然，教学特质受教师人格特质的影响，但教师回应教学工作的有效教学行为需要教师学科知识、教学思维、教学情感和意志的协同作用，所以对教师教学特质研究不能只停留在对教师的人格特质方面，而应该注重研究教师在丰富多变的教学情境中如何接受外界的信息，如何形成教学行为一致性的组织结构，还有一致性行为背后的知识、思维和情意特征。研究教师教学特质的根本目的在于帮助教师涵养自身的教学情意、建构自身的教学知识、优化自身的教学行为，使学生在获得知识与技能的过程中促进学生认识方式的转变与发展。

总之，取向单一或脱离课堂教学实践及学科教学内容去研究教师及其教学，对于促进教师专业发展来说无异于纸上谈兵，教师专业发展旨在促进教师的有效教学，教师有效教学是靠教师的学科知识、教学思维、教学技能及人格品质，在特定学科教学情境中相互作用来实现的。有关化学教师教学的研究，应该回归到具体的课堂教学情境中去分析其教学行为表现和背后的学科知识结构、教学思维、教学情感等要素及其相互作用，从而归纳出教师教学特质、构成要素的特征及其相互关系。

综上所述，课堂教学行为作为教师职业所独有的专业性外显表现形式，作为教师教学和教师专业发展的基点，对教师提高课堂教学效果有直接决定作用。新疆双语教师专业发展过程有其独特性，教师应具备的课堂教学行为也必然具有其独特性。因而本书以新疆维吾尔族中学化学双语教师为对象，立足其双语课堂教学现场，开展对新手型与专家型双语教师课堂教学行为的研究具有重要意义。以上研究表明，学界对新疆双语教育研究取得了不少成果，也为本书研究提供了重要的研究基础。鉴于教师在课堂教学中的引导地位，本书展开对新手和专家化学双语教师的研究，概括出新手与专家化学双语教师课堂教学行为及其特征，为民族地区化学双语教学发展提供实践指导。

第二章 理论基础和基本思路

本章在简单介绍特质理论和图式理论的基础上，对课堂教学特质概念进行了界定和解析，提出了如何进行专家型化学教师与新手型化学教师课堂教学特质比较研究的基本思路。

第一节　相关理论及其启示

优秀教师或专家教师的课堂教学行为有无一致性？若存在一致性，其表现特征如何？哪些因素促成了他们课堂教学行为的一致性？专家教师是如何建构学科知识的？又是通过何种途径促进学生认知方式的转变与认知发展的？专家教师优质教学的精髓是什么？……对这些问题的思考，将笔者引向人格心理学中的特质理论和认知心理学中的图式理论，通过它们来帮助我们认识和分析上述问题。

一、特质理论及其启示

人格心理学认为个体行为差异源于个性心理结构的差异，并提出了特质这一概念，还将特质定义为决定个人行为倾向的个性心理结构，认为特质具有独特性、情境性和相对稳定的特点。正是特质使得个体在变化的情境中接受外界的刺激，并产生一致性的行为。研究者为探究人类人格行为表现及其一致性的特征而提出特质理论，它能够对个体回应环境持久的或规律性行为及总体倾向给予比较细致的描述。为此，我们研究教师的有效教学行为，就应该回到课堂教学实践活动中去寻找其教学行为特征及其影响因素。

1. 特质研究的溯源

人格是心理学中最有吸引力也是最具挑战性的研究领域之一，心理学史上那些最杰出的心理学家，如弗洛伊德（S. Freud）、奥尔波特（G. W. Allport）、马斯洛（A. H. Maslow）等往往都是因人格领域的建树而闻名，他们均从不同侧面描述了人格的本质。珀文（L. A. Pervin）指出，人格是个体思维情感行为过程中独特的相对一致的模式，人格理论则是指试图描述和解释个体相似性及其差异的一种理论[①]。

特质理论是西方人格心理学的核心理论之一，也是聚焦于鉴别、描述及测量个体差异的人格理论，人格心理学的诞生正是起因于美国心理学家、人格特质论的创始人奥尔波特的名著《人格：一种心理学的解释》。文献研究表明，有关人格的研究有两点共同的结论：其一，人格是相对稳定的，具有跨时间和跨情境的一致性，这是人格研究的前提之一；其二，人格是相对独特的，它是区分个体与个体、群体与群体差异的主要标志。人格的稳定性与独特性在很大程度上归功于其核心成分——特质，这是一种以某种特定方式行动的相对稳定的、持久的倾向。

奥尔波特于 1937 年首次提出人格特质理论。他认为人格是一个人内部决定他特有的行为和思想的心身系统的动力组织，它决定一个人对环境的独特适应。而人格是由特质构成的，并把特质定义为：一般化了的，个人所具有的神经心理结构，它能使多种刺激在机能上具有等价作用，并有引起和导致一贯的适应和表现行为的能力[②]。不难看出，早期的特质概念中已经暗含了特质对认知和行为的影响。在一般情况下，特质是指用于区分人或物的特征或品质，尤其是指一种或多或少相一致的行为模式。个体拥有的这种特征或品质很可能在相关的

---

① Pervin L A. The Science of Personality[M]. New York：Wiley，1996：24.
② 高玉祥. 个性心理学[M]. 北京：北京师范大学出版社，1989：262-270.

情境中表现出来，如害羞、诚实、整洁、糊涂等。所以，特质成为人格心理学中用于研究人性本质的核心概念之一，用以指代人们通常一致的相互关联的行为模式，特别是表现性或风格性的行为。

后来，奥尔波特将个性的各种特质区分为一般特质和特有特质；特有特质又分为首要特质、中心特质和次要特质（图2-1）。[①]在奥尔波特看来，特有特质属个人所有，是个体拥有的影响行为的品质或特性，它被看作一种神经生理结构，即每个人都具有的内在的一般行为倾向，使个体以相对一贯的方式对刺激做出趋于一致的反应。特质之间是相互独立而又彼此重叠的，一系列特质相互交织整合在一起，就构成了人格。虽然我们看不见特质，但可以通过观察个人的行为的一贯表现而推断其存在，因为特质使人的行为反应有了一致性。

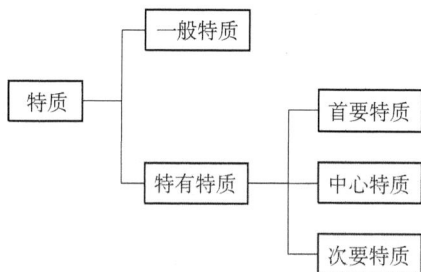

图2-1　奥尔波特的人格特质分类

卡特尔（R. B. Cattell）是继特质论创始人奥尔波特之后另一位重要研究者，高玉祥将他誉为"特质的主要建筑家和技师"[①]。卡特尔认为人格是一种倾向，可借以预测一个人在给定情景中的行为，它是与个体外显的和内隐的行为联系在一起的。而特质是指人在不同时间和情境中都保持的某种行为方式及其一致性；人格的基本结构元素就是特质。卡特尔受元素周期表的启发，以因素分析为手段，以特质概念为理论基础，对人格特质进行分析，通过表面特质找到背后潜在的根源特质，提出了特质网络结构（图2-2），制定了"卡特尔16种人格因素测验"。

---

① 高玉祥. 个性心理学[M]. 北京：北京师范大学出版社，1989：262-270.

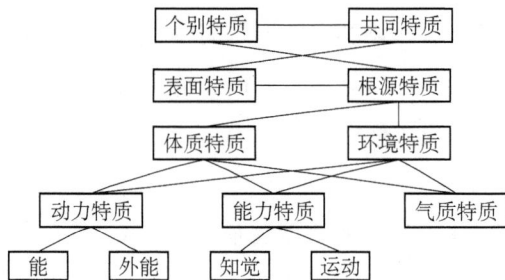

图2-2　卡特尔的特质结构网络

随后，艾森克（H. J. Eysenck）利用统计法和因素分析法及实验心理学的丰富性，吸收荣格的内外向概念，提出个性四层次结构和三因素模型，进一步推动了特质理论的发展。

图普斯（E. R. Tupes）和奇兹托（R. Chistal）运用词汇学的方法对前人提出的各种人格特质进行了再分析，提出了包括开放性、责任心、外倾性、宜人性和神经质或情绪稳定性的五因素模型理论。后来，阿尔玛格（M. Almagor）和特勒根（A. Tellegen）等又提出包括正情绪、负情绪、正价、负价、可靠性、宜人性、因袭性的七因素模型理论[①]。

正如奥尔波特自己一开始所承认的，特质的概念有其局限性，行为肯定要受各种环境因素的影响，事实上我们很难用特质准确地预测个体的行为。但是他又认为，"在一个人的活动倾向中，除了可变的那部分外，另外还有一部分是稳定不变的，后者正是我们力图用特质概念所说明的那部分"[②]。他还指出，人格特质在神经系统中具有生理性成分，通过深入分析个体神经系统的组织结构，科学家终有一天会发明一种识别人格特质的技术。很显然，无论是特质的概念或特质研究的方法，它们都为人格与认知关系的定量研究铺平了道路。

当然任何理论都有其局限性，许多心理学家对特质理论将人格结构归为简单的因素连锁、对人格因素测验的准确性、将共同特质只做量的比较、将人的特质差异只归为量的不同等观点提出质疑。但问题终归是问题，并不能由此否认特质理论对人格研究的卓越贡献。

---

① 彭聃龄. 普通心理学[M]. 北京：北京师范大学出版社，2001：432-433.

② Allport G W，Odbert H S. Trait names：A psycho-lexical study [J]. Psychological Monographs，1936，47（1）：1-171.

2. 启示

特质理论是致力于研究人类人格行为表现及其一致性的特征及根源的，也许它不能预言人类行为表现将来会如何变化，但是它能够对生活在现实社会中的人们持久的行为和总体的倾向给出比较细致和结构式的描述。所以，我们可以借鉴特质概念及理论来对教师特别是专家教师的教学行为及根源进行研究。

当然，教师的人格特质和教师的教学特质是不尽相同的两个概念。人格特质是指个人在生活历程中对环境的人、事、物所反映的独特个性，通常具有持久性和复杂性，教师人格特质是指一位教师生活整体行为的特性，而教师教学特质则是指其在担任教师角色过程中所表现出的教学行为特性，而且教师教学特质主要针对教师在课堂教学方面的行为反应和教学能力。尽管教师的人格特质往往会影响教学特质，但两者有时差异比较大。比如，某位教师可能在平时生活中是一位内向不爱说话的人，而在课堂上却滔滔不绝、能言善道，在生活与教学上呈现两种不同的行为表现。本书第一章第二节中有关教师特质的研究多是对优良教师人格特质的探讨，缺少对教学实践中的学科教师教学特质的研究。

特质理论给我们研究教师教学特质所带来的启示有两点。

1）教师总是以其最基本的教学行为特征来回应教学挑战，开展课堂教学工作，以其内隐的教学知识图式和教学思维特征来设计教学活动和组织教学经验。教师在教学行为、教学知识图式、教学思维和教学情意方面最基本的综合特征就是教师的教学特质，教师的课堂教学特质决定其教学效能水平，或者说教师课堂教学效能的根本在于教师的课堂教学特质。

2）研究教师的教学特质应回到研究教师专业生活主要现场表现——课堂教学行为及其影响因素研究，立足于学科教学内容，从整体视角去探讨教师如何探索和运用教学规律，实现有效教学。

二、图式理论及其启示

图式是个体对世界的知觉、理解和思考的方式，是为了应付某一特定情境而产生的认知结构。通过回顾图式的产生与发展的过程、图式的特征及功能，它给我们的启迪：研究教师的教学行为应该追溯其教学知识图式，教师个体教学知识图式结构既是应对教学情境反应的基础，也是应对教学情境行为的结果，教师教学知识图式结构的优劣与其应对教学情境的行为及能力水平密切相关。

（一）图式理论起源与发展

从图式概念的起源、图式理论的形成和发展过程可以看出，图式的产生和发展就是图式的合理内核和学习过程规律被逐步解释和反映的过程。图式在个体认知实践中是在不断被改造和发展的。

1. 图式概念的哲学和心理学探源

从哲学方面看，图式概念源于古希腊哲学家柏拉图的理念论。此理念即概念，是对一般事物的抽象。柏拉图主张概念是原型，事物是摹本，客观事物来源于理念世界，人们是通过理念来认识世界的[①]。图式概念最早是由德国哲学家康德（I. Kant）在 1781 年提出的[②]。康德认为，直观无概念则盲，概念无直观则空；直观和概念虽不同质，但统一于知识，图式是实现两者统一所需的中介或桥梁[③]。

心理学意义上的"图式"概念是德国心理学家巴特利特（F. C. Bartlett）于 1932 年提出的。他认为图式是对"过去反应或过去经验的一种积极组织，这种组织对具有良好适应性的机体的反应产生影响"。"无论何时，都存在一种行为的顺序或规律，图式并非单纯作为一个接一个的单个成分在起作用，而是作为一个组块在起作用。图式的决定作用是所有方法中最根本的。"[④]

2. 图式理论的形成与发展：从康德的图式说到 PDP 模型

康德视图式为具体的感觉表象与具有普遍性的概念范畴相联结的中介，这被研究者作为理解发生认识论的经典参考资料。由于受康德图式论的影响，格

---

① 张传开，辛景亮，邹林. 西方哲学通论[M]. 上卷. 合肥：安徽大学出版社，2003：97.

② 韦汉，章柏成. 图式理论和中国外语教学研究的回顾与前瞻[J]. 西安外国语学院学报，2004，（3）：63-66.

③ 周贵莲. 认识自然科学之谜的哲学家——康德认识论研究[M]. 北京：中共中央党校出版社，1994：150-164.

④ 弗雷德里克·C. 巴特利特. 记忆：一个实验的与社会的心理学研究[M]. 黎炜译. 杭州：浙江教育出版社，1998：259-280.

式塔理论的创始人韦特海默（M. Wertheimer）排斥经验而强调完形在学习中的作用，其完形即图式，是指人的一种心理组织结构。他强调"学习就是这种心理组织结构由混沌、模糊的状态转变为有意义有结构的状态，'顿悟'就是通过个体对有关事物的形式进行重新组织或重新建构实现的，这种重组或重构目的是要认清事物的内在联系、结构和性质"①。

皮亚杰（J. Piaget）以图式、同化、顺应和平衡概念建立其认知图式理论。他认为图式是动作的结构或组织，也可以看作心理活动的框架或组织结构。图式的形成和变化是认知发展的实质。个体的认知结构就是通过同化和顺应过程逐步建构起来的，并在"平衡→不平衡→再平衡"的循环中得到不断丰富，从而实现认知的发展。只有存在认知冲突即不平衡时，才会出现认知的发展。美国课程专家多尔将这种不平衡及其表现解释为"不平衡必须具有结构上的干扰性以促成再组的产生"，这种不平衡表现为"干扰、缺点、错误、困惑"②。

20世纪70年代中后期产生的现代图式理论视图式为具有信息加工功能的知识结构。例如，拉梅尔哈特（D. E. Rumelhart）把图式解释为：以等级形式储存于长期记忆里的一组"相互作用的知识结构"，或"构成认知能力的建筑砌块"③。安德森（C. Anderson）认为图式就是一种抽象的、完善建构好的结构。维特罗克（M. C. Wittrock）提出图式是知识的框架和结构，使记忆中表征知识的各个要素相互联系、相互作用形成具有一定心理结构的网络。20世纪80年代，拉梅尔哈特等提出并行分布加工（parallel distributed processing，PDP）模型，将图式的变量约束视为各种可能的值的分布；将图式加工过程（具体化过程）看作是变量自身的现状与变量之间相互影响而施加的限制达到优化整合状态的过程④。这种对图式具体化过程的解释是对比以往将图式视为对环境做出解释的超越。

当今，人们普遍认为图式理论是一种关于将人的知识如何表征，以及如何

---

① 施良方. 学习论[M]. 北京：人民教育出版社，2000：114.

② 小威廉姆·E. 多尔. 后现代课程观[M]. 王红宇译. 北京：教育科学出版社，2000：117.

③ Rumelhart D E, Ortony A. The representatiaon of knowledge in memory [M]//Anderson C, Spiro R J, Montague W E. Schooling and the Acquisition of Knowledge. Hillsdale：Erlbaum，1977：11.

④ Rumelhart D E, David E, Mccleland J L, et al. Parallel Distributed Processing：Explorations in the Microstructure of Cognition[M]. New York：The Massachuselts Institute of Technology，1986：7-57.

以特有的方式表征有利于知识应用的理论。人脑中的知识单元、知识组块、知识系统、核心概念与应用核心概念的知识之间的关系均可称之为图式。

图式中的知识是以某种方式或结构组织起来的，这种结构可用结点连线的方式表示（图2-3）。

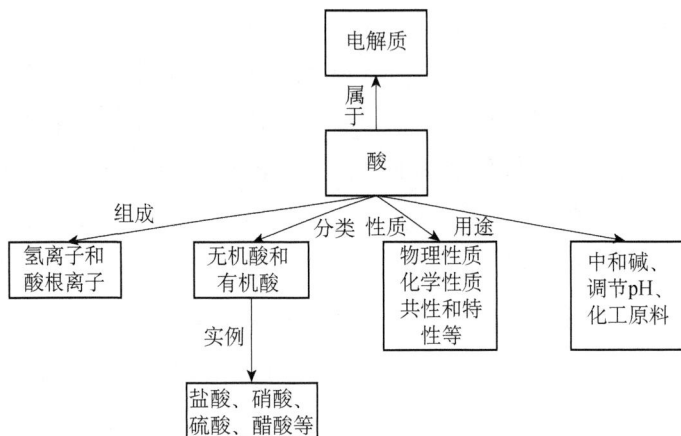

图2-3　"酸"图式的结点–连线

3. 图式的特征与功能

拉梅尔哈特和奥特尼（A. Ortony）曾列出图式的四个主要特征：图式含有变量；图式之间可以镶嵌；图式可以表征不同抽象水平知识；图式表征知识而非定义。此外，图式还有两个一般性特征：图式的变化是个能动的过程；图式是识别机制，它的加工目的在于评判图式同被加工的数据之间的拟合优度[①]。

图式具有剪辑和推理功能。剪辑可分为两级：一级剪辑和二级剪辑。一级剪辑指图式对输入信息的筛选和过滤，以及进行抽象获得其基本意义；二级剪辑指将经过一级剪辑的知识进行整理、归类和组织，建构出一个理想网络的过程。当面临认知冲突时，头脑中的图式就被激活，就要对当前知识状态作出解释，进行解释必然包含着预测和推理。图式也正是在发挥上述功能过程中得到发展和改进。

---

① Rumelhart D E. Schema：The building blocks of cognition[M]//Guthrie J T. Comprehension and Teaching：Research Reviews. New York：International Reading Association，1983：3-26.

4. 图式的习得与改进

图式是个体在接触很多实例的基础上形成的。面对实例个体通过有意识寻找不同实例之间的相似点，再对这些相似点进行编码表征，剔除实例之间存在的无关紧要的差异，最终在大脑中形成图式。图式的形成需要经过一系列的产生式过程，吴庆麟等提出：促进图式形成的教学条件是同时或相继地呈现图式的实例，并要求说出或写出有关实例的相似之处；选择在无关特征方面广为变化的实例；鼓励个体自己提出关于图式的新实例[①]。例如，某化学教师进行氧化还原反应配平教学，最终帮助学生形成关于氧化还原反应配平的产生式（表2-1）。

表 2-1 "氧化还原反应配平"的产生式

步骤	目标及内容
P_1	如果目标是配平氧化还原反应，那么建立使质量守恒和使得失电子守恒的子目标
P_2	如果子目标是使得失电子守恒，那么建立使化合价升降守恒的子目标
P_3	如果子目标是使化合价升降守恒，那么建立找出化合价变化的子目标
P_4	如果子目标是找出化合价的变化，那么标出各元素的化合价且找出元素化合价的变化
P_5	如果子目标是使质量守恒，那么根据原子数目守恒进行配平

图式改进指面临新情境，在必要的时候对图式的进行修正、扩展或限制。例如，进一步明晰突出图式中的变量；给图式增加变量，使图式具有更广泛的适应性；将图式中的变量变为常量，使图式对某些特殊情境做出更恰当的解释。

（二）图式理论的启示

对图式及图式理论的追溯使我们得到以下认识。

1. 教师是以其所拥有的相关教学知识图式为基础进行教学的

教师的教学知识图式是教师对学科知识进行教学化和心理学化的结果，它是教师教学知识和经验的组织结构，体现着教师对相关知识教学的知觉、理解和思考的方式。教师的教学知识图式是教师教学的起点和基础，它是教师基于自身的学科知识在教学活动情境中通过同化和顺应过程逐步建构的，并在"平

---

① 吴庆麟，等. 认知教学心理学[M]. 上海：上海科学技术出版社，2000：137-138.

衡→不平衡→再平衡"的循环中得到不断地丰富和发展。

2. 教师的教学知识图式水平与其教学行为及能力水平存在着某种一致性

教学知识图式既是教师应对教学情境反应的基础，也是应对教学情境行为的结果。由于教学知识、经验、思维方式及阅历的不同，教师个体建构的教学知识图式存在差异，这些差异反过来又影响教师对教学知识的理解和教学行为表现。若某教师的教学知识图式的概括水平高、包容范围广、容易找到新知识的固定点，并能分辨新旧知识的异同点、富含产生式和结构化知识组块，那么，该教师就能对教学情境中的问题作出及时恰当的判断和处理，表现出较高的教学效能水平。可见，良好的教学知识图式对教师的有效教学行为起着支撑作用，与教师的教学行为和能力水平存在某种一致性。

3. 如何恰当有效地帮助学生建构相关知识图式是教学的重要目标

人的认知和能力都是在原有图式的基础上，通过对新知识不断地同化和顺应而逐步建构和完善的。教师可通过实验、练习、情境再现等各种手段引发与学生原有图式不一致的事件，激发学生去寻找原有图式为何不能使用的理由或原因，在获得对某一图式更复杂、更精确的理解后改进和发展图式，真正获得认知的发展。

总之，研究教师的教学行为应该追溯至教学知识图式，因此我们将对教师教学知识图式的研究作为研究教师课堂教学特质的起点和基础。

第二节 核心概念的界定

一、双语教育与双语教学

1. 双语教育

广义的双语教育指学校中使用两种语言的教育。狭义的双语教育指学校中使用第二语言或外语教授数学、物理、化学、生物等学科内容的教育[①]。少数民

---

① 王斌华. 双语教育与双语教学[M]. 上海：上海教育出版社，2003：4.

族双语教育特指，以少数民族学生为教育对象，使用其本民族语和国家通用语言两种语言的教育体制。本书中双语教育是指新疆少数民族地区维吾尔语、国家通用语言双语教育。

2. 双语教学

我国的"双语教学"一般是指通过国家通用语言与英语两种语言教授非语言学科的教学形式。随着我国对外改革开放的深入，尤其是加入世界贸易组织后的教育教学改革的进一步发展和推进，英语学习的重要性日益提高，将英语作为教学的第二语言的"英汉"双语日益引起人们的重视。为此，在我国少数民族区域以外的大部分地区的"双语教学"通常指"英汉双语教学"。

然而，在我国多民族聚居区的双语教学是指用少数民族母语和国家通用语言两种语言作为教学媒介语，通过学习专业学科知识来达到掌握专业学科知识和增强国家通用语言能力的双重教学目的。从理论上看，进行双语教学的最终目标是让学习者能同时用本民族母语和国家通用语言进行思考，能在这两种语言之间根据交际对象和工作环境的需要进行自由的切换。为此，少数民族地区的双语教学通常指学科的教学语言以国家通用语言为主、少数民族母语为辅，教师在课堂中能熟练地用国家通用语言进行学科的教学与交流，力图达到能运用母语—国家通用语言两种思维方式进行学习、思考和研究的目的。

需要指明的是，少数民族地区的双语教学不等同于汉语教学，两者是有显著区别的。少数民族地区的双语教学是学科教学不是单纯的语言教学，其主要教学目标是完成学科教学目标，在此基础上，为学生创造学习国家通用语言的环境，提高他们的国家通用语言水平。而汉语教学是语言类学科的教学，指完全用汉语教授汉语言课。汉语教学是以综合汉语知识为主，着重讲解汉语的语音、语法、词汇和句法，解决在汉语学习过程中出现的语言问题的教学。例如，新疆各级各类院校开设的汉语言课是属于汉语教学。

双语教育与双语教学的内涵不同。一般来讲，教育的涵义比较广，是指按照一定目的要求对受教育者施以影响的综合性活动；而教学主要指的是课堂教学活动。因此，双语教学和双语教育的内涵是不同的[①]。双语教育是完整的教育

---

① 李儒忠. 新疆双语教育的界定[J]. 新疆教育学院学报，2010，（4）：5-10.

系统，而双语教学是双语教育的一个组成部分。在这个系统中双语教学是实施双语教育目标的主要途径。

二、中学化学少数民族专家教师与新手教师

1. 中学少数民族双语教师

双语教师通常是指在课堂教学过程中，能够熟练运用两种语言进行教学的教师，特指能用一门外语教授非语言课程的教师[①]。《新疆统计年鉴（2013）》数据表明：截至2012年年底，维吾尔族人口为1052.96万人，占少数民族总人口的76.04%。鉴于人口比例和学科背景，本书中的中学少数民族双语教师是指能较熟练地使用国家通用语言和维吾尔语进行中学化学课堂教学与管理工作的中学维吾尔族教师（以下简称双语教师）。

2. 中学化学少数民族专家教师与新手教师

基于新疆区情，对少数民族专家型化学双语教师的选择以联合提名为主要依据，即通过校长、同行的推荐，以职称、教龄及文献中专家教师的定义为参考依据，在推荐的基础上选择。中学化学少数民族专家教师（以下简称专家教师）是通过学校领导推荐、同行公认的教学效果优秀的、熟练掌握化学教学理论与实践知识、具有流畅的国家通用语言表达能力，其教龄在10年以上且双语教龄在4年以上，职称为中教高级的中学化学双语教师。中学化学少数民族新手教师（以下简称新手教师）是指教龄在4年以下，基本掌握化学教学理论与实践知识、具有较流畅的国家通用语言表达能力，能较为熟练地使用维吾尔语和国家通用语言进行化学课堂教学的中学化学双语教师。

三、课堂教学特质及其构成要素

1. 课堂教学特质

课堂教学特质是指学科教师基于自身的教学知识图式和教学情意，结合当

---

① 姜宏德. 试论双语教师的专业素质[J]. 当代教育科学，2003，（23）：41-64.

下课堂教学情境要素，借助恰当的教学思路对教学内容实施合理的教学实践操作，以达成教学目标、促进学生的学习和发展的教学组织结构（图 2-4）。可见，教师课堂教学特质是教师学科知识、教学思维、教学行为和教学情意的综合体现，因此，我们将教师课堂教学特质分解为教学行为、教学知识图式、教学思路、教学情意四大要素，其中教学知识图式是教师课堂教学特质的基础，教学思路是教师课堂教学特质的核心，教学行为是教师课堂教学特质的展现，教学情意是教师课堂教学特质的动力和调控。这四大要素之间既相互独立而又彼此联系，围绕课堂教学内容相互交织整合在一起，就构成了教师课堂教学特质。

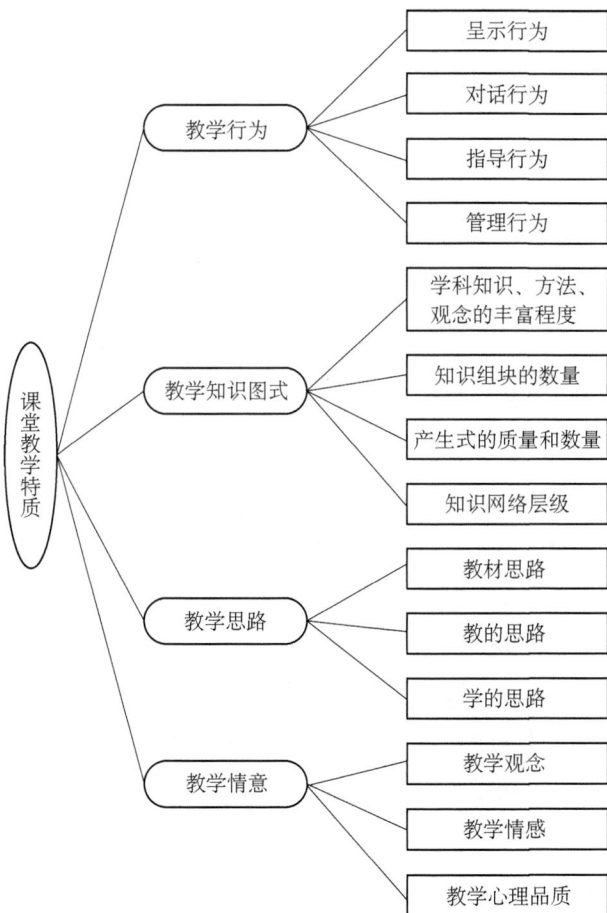

图2-4　教师课堂教学特质及构成要素

2. 教学行为

教学行为是指在课堂教学过程中，由教师引起、维持或促进学生学习的一系列具体的手段及操作，是教师为了促进学生完成学习目标而进行的支持性、服务性的呈示行为、对话行为、指导行为及管理行为的总和。

3. 教学知识图式

教学知识图式是指教师在教学实践中形成的，针对某一特定化学教学主题或核心概念的有层次的、整体性的教学知识与教学经验的组织结构。它以化学知识为基础，具有一般图式的特征，它是在教学实践中不断被丰富、发展的。教学知识图式是教师对学科知识进行教学化和心理学化的结果，它是教师关于学科教学内容知识及教学经验的组织结构，体现着教师对相关知识教学的知觉、理解和思考的方式。

4. 教学思路

教学思路是指教师在充分研究学生和教学内容的基础上，为达到教学目标而设计的学科知识内容展开程序、教师教的程序与学生学的程序的综合。教学思路由教材知识的发生发展思路（简称"教材思路"）、教师的教学思路（简称"教的思路"）和学生的学习思路（简称"学的思路"）构成，其中教材思路是依据，学的思路是中心，教的思路是桥梁。追求三条思路的顺畅和协调一致的过程，就是有序推进教学与优化教学的过程。

5. 教学情意

教学情意是指教师在学科教学实践中形成有关教学观念、教学情感和教学心理品质等方面的认识、态度、体验与心理品质的综合。其中教学观念影响着教师对教学活动的知觉、判断，进而影响其教学行为；以师爱为核心的教学情感和以教师自身主导情绪状态及自我调节能力为主的教学心理品质，则是产生感染震撼学生的教学艺术魅力之所在。

课堂教学特质及其构成要素概念的提出是为全面剖析教师有效教学的内涵提供的一个研究框架和研究内容。对于该框架（图 2-4），从宏观来看，要研究教师对学科教学目标与价值的认识及合理追求；对教学知识及教学规律的把握与创造性地运用；对教学过程中问题与事件的洞察、深思及敏锐感悟和机智应对能力。从中观来看，要研究教师是如何通过教学思维来优化课堂教与学的程序，促成师生、生生间积极主动、有效互动以实现教学目标的。从微观来看，要研究教师针对具体学科知识点进行激发兴趣、化解难点、点化提升、及时纠偏的策略。教师有效教学的根本在于教师基于自身优良的教学知识图式，借助恰当的教学思路和教学实践操作，合理利用一切教学资源，通过有效地帮助学生建构教学知识图式而促进学生全面和谐地发展。教师的教学知识图式越完善、教学思维水平越高、教学情意越浓越真挚，则该教师的课堂教学行为表现就越优异，教学效能就越高。

本书以教师课堂教学特质为核心，分析中学化学维吾尔族专家教师与新手教师有关学科内容知识的课堂教学行为，剖析其教学行为背后的教学知识图式、教学思维和教学情意特点，期望对中学化学维吾尔族专家教师的有效教学获得系统认识，为新手教师课堂教学实践提供具有针对性和可操作性的指导。

第三节 研究的基本思路

自 1990 年以来，教师教育研究者借鉴技能领域的专家-新手比较研究范式，从各自视角出发，采用不同方法研究了专家教师和新手教师在知识结构、问题解决、教学行为、教学心理及人格特质等各方面的特征和差异，其结论对教师的专业成长、教师资格认证、教师培训产生了积极的影响。其中有关教师课堂教学的研究大多是从不同侧面去研究和解释专家-新手教师的特征和差异的，在具体的学科课堂教学情境中进行专家-新手教师的教学特质的系统化研究成果较少，对中学化学少数民族专家教师与新手教师的教学特质进行系统化研究的成果更是鲜见。在梳理反思相关教师教学研究内容和研究方法的文献基础上，笔者以为，要研究教师教学行为，应该回归到教师真实的课堂教学情境中，去考察专家教师和新手教师教学实践行为及其背后的教学知识图式和教学思路及教学情意，分析他们对教学的基本规律的探究与运用水平等，期望对此类问题的研究能对教师教学实践特别是少数民族教师教学实践有现实的指导意义，这是笔者选题的出发点和研究意义所在。

一、研究的目标和问题

专家教师是教师队伍中最优秀的群体，在师德、教学和教研方面发挥着领军作用。专家教师的课堂教学是优质高效的，能博得绝大多数学生的喜欢及同行的首肯和赞叹，这是专家教师课堂教学魅力使然。如何解读专家教师优质高效的课堂教学呢？采用专家-新手比较研究的方法，观察并分析专家型化学教师和新手型化学教师的课堂教学行为，剖析行为背后的知识图式和教学思路特征，获得对专家型化学教师高效教学行为的恰当描述和解释，并对其课堂教学特质建立一个系统的认识。期望本书对新教师的教学实践和专业成长，以及化学教师培训具有可操作性的帮助和指导作用。我们将研究以下问题。

1）什么是教师的课堂教学特质？其构成要素是什么？

2）专家与新手教师在课堂教学行为、教学知识图式、教学思路和教学情意方面表现如何？有何差异？

3）新手教师的课堂教学特质如何？其构成要素间关系如何？

4）专家教师的课堂教学特质如何？其构成要素间关系如何？

5）专家教师与新手教师的课堂教学特质差异如何？

二、研究的假设和程序

围绕中学化学维吾尔族专家教师与新手教师的课堂教学实践，从理论和实证两个角度研究专家教师与新手教师课堂教学特质特点及差异，并提出以下基本假设。

1）专家教师与新手教师在课堂教学活动中都各有其共同特征，笔者将此共同特征称之为教师课堂教学特质。

2）教师课堂教学特质是教学知识图式、教学思路、教学行为、教学情意四方面特征的集合，其中教学知识图式、教学思路、教学情意相互影响、相互促进共同决定教师的课堂教学行为。

3）专家与新手教师教学效果差异产生的原因在于其课堂教学特质构成要素的差异。

基本程序有以下几个方面。

1）文献研究。

2）明确研究的理论基础与研究意义。

3）分析比较中学化学维吾尔族专家教师与新手教师课堂教学特质。

4）总结中学化学维吾尔族专家教师与新手教师课堂教学特质的特质及差异。

三、研究对象、内容和方法

（一）研究对象的选择

本书按照文献中专家教师、新手教师的定义、选择标准和方法来选择研究对象。专家教师均是具有 10 年以上教龄、4 年以上双语教学教龄，教学业绩突出（大都获得"特级教师"、市级或校级"学科带头人"等荣誉称号）的中学化学双语教师；新手教师均是教龄在 4 年以内的年轻的中学化学双语教师。他们分别是乌鲁木齐市 4 所重点中学（均属民汉合校类型）的中学化学教师。

研究团队对乌鲁木齐市 260 名中学物理、化学和生物学科的少数民族教师进行学科教学知识与技能来源展开了问卷调查（见第四章第一节）。研究成员分工，分别在 4 所民汉合校性质的中学调研听课持续 6～10 个月，以 20 余位中学化学专家教师和新手教师为个案研究对象开展听课和跟踪访谈。他们中的一些与笔者还成为交谈深入的朋友，后来因为精力所限，笔者最终选定其中 16 名教师的课堂教学素材进行比较研究。本书的比较具有相对意义，通过比较所得的结论不同于大规模问卷调查所得出的"普适性"结论，它更多的是对学科教师课堂教学实践的解读。

（二）研究者的角色定位

在进行课堂观察和跟踪访谈过程中，研究者尽可能"悬置"自己的观点，跟随研究对象听课，还观察其如何进行课外辅导、班会工作，以便了解他们的日常教学生活情况。比如，课余请他们谈谈自己的专业成长背景、经历及影响其成长的主要因素，尽可能鼓励对方以他的方式讲述自己的成长故事。对于研究者来说，这是为了了解教师，而不是改造教师。显然，没有这些教师的支持和配合，研究者的研究不可能进行，因此，研究者对他们心存感激，经常自问："我能为他们做点什么？"最后，研究者只能通过提供他们所需要的信息资料，认真呈上他们所询问的问题的观点和看法，赠送精心挑选的小礼物等方式向他们表达敬意和谢意。

（三）研究的方法与内容

1）文献研究法。采用文献分析法对有效教师教学、专家教师、教学专长、特质等已有文献进行分析后，提出教师课堂教学特质及构成要素，确立本次研究的研究框架。

2）观察法。通过访谈、调查了解研究对象的专业成长背景、教学观念和教学情感；通过课后追踪访谈了解研究对象对相关教学内容的认识和教学反思等特征。

3）访谈法。运用课堂观察、跟踪访谈、教学录像及教案分析等方法，对研究对象在化学事实性知识、理论性知识、化学计算三类知识的典型教学案例进行比较分析，概括他们在教学行为、知识图式、教学思路方面的特征，为探讨化学教师课堂教学特质及影响因素积累素材。

4）比较研究法。运用比较方法分析专家教师与新手教师课堂教学特质的差异，在此基础上进一步归纳中学专家教师与新手教师课堂教学特质的基本特征。

（四）资料收集与整理

收集资料的方式主要是课堂观察、跟踪访谈、教学录像及教案分析。为了获得一些研究对象专业生活的线索，研究者尽可能细心、共情地与合作教师交流，根据他们的陈述进行适当、灵活的提问。由于要同时听几位老师的课，而他们上课的时间常常冲突，于是就事先征得他们同意，并抄好课表，具体听哪节课随机进行，这样使得研究者所听的课尽可能是"常态课"。经过为期近一年的实地研究，研究团队做了近120节的课堂记录和40余次访谈记录。尽管这些资料杂乱而又丰富，能够直接应用于本书的素材很少，但它却满足了研究者对一线化学教师专业生活的好奇心和与他们深层沟通的愿望。

第三章 课堂教学行为的比较研究

　　课堂教学行为是教师课堂教学特质的主要外在表现，教师有效教学目标的达成要靠教师的有效课堂教学行为来实现。但是已有的对化学教师教学行为的研究基本停留在宏观理念或微观技术层面，缺少对教师课堂教学行为及其背后的学科知识、教学思维、教学情意的系统研究，更缺少对不同成长阶段少数民族化学教师课堂教学行为差异的比较研究。本章立足化学课堂教学现场，通过对文献梳理、课堂实录、课堂录像及教学图片等资料的分析，结合问卷调查和课后追踪访谈，着重比较三组中学化学维吾尔族专家教师与新手教师在进行不同类型学科知识内容教学中的课堂教学行为的差异，以促进中学化学少数民族教师反思、恰当选择和优化自己的教学行为，提升课堂教学的有效性。

第一节　研究基础与研究设计

一、教师课堂教学行为的研究

　　相对于国外学者对教师课堂教学行为的研究（见第一章第一节），国内学者的相关研究略显薄弱，研究成果主要集中在教学行为分类与系统研究、教学行为有效性研究、教学行为结构研究、教师行为变革研究、师生互动行为研究等方面，这些研究成为教师教学行为研究新的生长点，为教学行为的研究开拓了新的领域和思路。

（一）对教师行为的研究

1. 教师行为的分类与系统研究

研究者从不同的角度，对课堂教学过程中教师的教学行为进行分类研究。有的从教师行为的类型出发，有的从教师行为在课堂各个环节中的表现出发，有的从教师行为的结构系统出发，对教师行为做了从理论建构到实践操作的研究，然后再论述不同行为的实然与应然状态，试图以此对教师的教学产生影响。例如，傅道春教授从 1988 年筹划并于 1991 年着手进行的"教师行为培训计划"，就把对课堂教学行为的研究聚焦在教师行为上，他在审视教学设计、程序、手段、方式和方法的基础上，提出了可供借鉴的诸多教学技能和技巧[1]。他还从教师在学校组织环境中文化传统、教师需求、教师人格、教师角色认同等对教师行为的影响等问题进行了分析和论述，对教师行为训练寻找理论依据[2]。唐松林则从教师行为的基础系统、动力系统、效率系统和教师行为的成熟与促进等方面对教师行为进行了剖析[3]。柳夕浪则从言语、板书、问题教学、互动等各种行为的分析中，提出教师在应用这些行为时的方法、技巧等[4]。施良方则将教学行为划分为主要行为和辅助行为两大类，分别进行了分析和论述[5]。

2. 教师行为有效性的研究

研究教师行为的主要目的是提高教师行为的有效性，为此，研究者对课堂教学行为有效性展开了积极的探索，尝试寻找提高教师行为有效性的途径。王曦对有效教学教师与低效教学教师的课堂行为差异的比较研究表明：有效教学教师和低效教学教师在提问方式和回答方式上差别不明显，但两类教师在教学管理能力、教学监控能力、学生学习监控能力等方面差异较大。他还提出建议：教师在教学中要有正确的教学观和学生观，应注意自身教学技能与教学技巧的

---

① 傅道春. 教师技术行为[M]. 哈尔滨：黑龙江教育出版社，1996：81.
② 傅道春. 教师组织行为[M]. 上海：上海教育出版社，1993：52.
③ 唐松林. 教师行为研究[M]. 长沙：湖南师范大学出版社，2005：8.
④ 柳夕浪. 课堂教学临床指导——教学行为的分析与指导[M]. 北京：人民教育出版社，1998：8.
⑤ 施良方，崔允漷. 教学理论：课堂教学的原理、策略与研究[M]. 上海：华东师范大学出版社，1999：68.

训练，同时要培养学生"因教而学"的学习意识[①]。黄捷等采用弗兰德斯互动分析系统（Flanders' Interaction Analysis System，FIAS），对新课程背景下"沉淀-溶解平衡的概念应用"教学中新手型教师与专家型教师的教学语言行为进行了比较研究，发现新手型教师和专家型教师在课堂语言结构、教师倾向或风格、教师与学生情感气氛和课堂教学语言行为的组合等方面都存在较大差异，针对二者语言行为的特征和差异，对新手型教师语言行为的改进提出了建议[②]。连榕认为教师培训的核心是通过实践知识的获得、教学效能感的提高、教学监控能力的形成，来增强教师教学行为的有效性[③]。郑媛媛和照日格图通过对山东西北地区高中化学教师有效教学行为的调查，揭示了高中化学教师不同教学行为有效性的差异及化学教师教学行为不同形式的有效性和差异。调查发现，高中化学教师化学演示行为、化学实验教学行为及多样化教学行为的有效性较低。为了提高化学教师教学方面的有效性，在高中化学教师培训工作中应重视实践知识的培训，吸引更多一线化学教师投入到化学实验教学资源的开发利用上来，以改革化学演示实验，并增强化学探究实验的可行性[④]。

从现有成果来看，研究聚焦在两个方面：一是从教师行为对具体学科课程向课堂教学实践转化过程中的影响出发，分析教师行为的可能和必然，提出课程向实践转化过程中对学科教师课堂行为的技术要求，认为课程的实现主要取决于教师在课堂教学中体现出来的行为素质；二是通过对影响教师行为的内外因素的分析，明确教师行为既要受其教学观念、教学情境、学生行为等外部条件的影响，又要受教师的认知、情感等内在因素的影响。有些学者着力于研究教师行为与影响因素之间的相关性；另有学者对新手教师与专家教师课堂教学行为和教学效果进行比较，进而区分有效的教学行为与无效的教学行为，试图帮助教师找到改善自我教学行为的方向；还有学者从有效教学与低效教学的教师课堂行为的差异比较中，寻找到与教学有效性联系紧密的教师行为因素，以

---

① 王曦. 有效教学与低效教学的课堂行为差异研究[J]. 教育理论与实践，2000，（9）：50-53.

② 黄捷，郑长龙，盖立春. "沉淀-溶解平衡概念应用"课堂教学中专家型与新手型教师语言行为的比较研究[J]. 化学教育 2009，（8）：38-40.

③ 连榕. 教师培训的核心：教学行为有效性的增强[J]. 教育评论，2000，（3）：24-26.

④ 郑媛媛，照日格图. 鲁西北地区高中化学教师有效教学行为的调查与分析[J]. 化学教育，2007，（9）：41-43.

利于教师在教学中对其行为进行有效的选择和调控。

3. 探讨教师的微观行为

已往对教师行为的研究大多是从宏观层面进行的，但近年来已有学者对教师行为的微观层面给予了一定的关注，主要体现为对教师行为结构的研究。盖立春等使用"批判思维个人教学效能感"量表，对 103 名高中化学教师的批判思维个人教学效能感的发展规律和影响因素进行了研究。结果表明：在学校类型、教师性别、教龄和学历四种因素当中，教龄的影响最大，但不存在一个明显的分界点；教师的批判思维、个人教学效能感并不是随着教龄的增长而递增的，而是波动的；任教第 13 年，教师的批判思维、个人教学效能感最低[1]。林正范认为教师观察行为是教师的基本行为之一，教师观察行为是指教师在一个意义单元内搜集有意义的信息的过程。教师观察行为五个特征分别为：是以意义单元为单位，是搜集有意义信息的过程，是能动的建构过程，具有变化性和单向性。研究教师观察行为必须要研究观察维度，教师专业水平的提高是观察行为有效性的重要保障，观察维度的把握是教师专业水平提高的重要方面[2]。项阳认为理答是教师在课堂教学中进行问答时所表现的重要教学行为，它对整节课起着至关重要的作用，这一行为不仅涉及教师教学设计中的提问，更联系着学生的回答，是一个较复杂的教学行为，教师理答水平的高低与一节课的魅力程度直接相关，其作用并不亚于对文本的细读及教案的设计[3]。安敏认为强化是行为主义学习理论的重要组成部分，强化理论在教学中有诸多用途，在课堂教学中，教师要合理地运用强化理论实施强化行为，以促使教学达到更好的效果[4]。

4. 新课程中教师行为的变革

当走进化学新课程后，探讨化学新课程所要求的教师教学行为，以及如何在行为上落实新课程理念成为研究热点。一些研究者认为：化学教师的教学要以学生为主体，以提高学生化学素养为本，以学习过程为中心，引导学生自主

---

① 盖立春，郑长龙，林娟. 化学教师批判思维教学效能感的发展规律及其影响因素研究[J]. 化学教育，2008，（12）：42-44.

② 林正范. 试论教师观察行为[J]. 教育研究，2007，（9）：66-70.

③ 项阳. 智慧理答：精彩课堂的魅力修炼对六位著名特级教师理答行为的访谈评析[J]. 语文教学通讯，2009，（Z3）：20-25.

④ 安敏. 论强化理论在教学中的应用[J]. 教书育人，2007，（27）：92-93.

学习与合作交流，提高分析和解决问题的能力，以教学方式的转变促进学生学习方式的转变，将工业流程化、没有关注学生个性的教学转变为关注学生的基础水平和认知特点的差异，以鼓励学生个性化发展的教学①。

在研究化学教师的教学反思行为方面，有人提出通过研究教师的化学教历（即教师对自身以往行为与表现的纪录，它是一种经验积累的过程，可以为当前或以后的行为改进提供重要的参考）来达成改进教师教学行为进而提高化学教学质量的目的；也有人倡导化学教师不仅要以新课程理念来反思和改造惯常的教学行为和教学细节，而且还要在教学实践中形成和改善教学习惯和教学行为，通过重塑自己的教学行为来重建课堂②；还有人探讨教学反思的实质和作用，建议化学教师要做好教学的前瞻性反思、教学中的调控性反思及教学后的批判性反思③。

随着新课程的推进，人们开始反思新课程背景下化学教师教学行为究竟发生了什么变化。付立海调查发现：目前，化学教师对科学探究的认识、理解和实施与化学新课程的要求还有较大差距，讲解—接受—演练仍然是主流的化学教学行为；学生的学习方式局限在听课、记笔记、阅读教材、做练习等被动接受式学习上，新课程所倡导的主动参与、乐于探究、勤于思考的学习方式并没有在新课程实施过程中得到应有的落实④。郑媛媛对高中化学教师实验教学行为的抽样调查发现，化学教师实验教学中存在少作为、低效作为甚至不作为的现象⑤。卢颖智采用访谈法对某市几所高中化学课堂教师有效教学行为的现状、存在问题进行研究，结果表明：教师和学生对有效教学行为的关注点有所不同，中级教师与高级教师、中级教师与特级教师的教学行为存在差异⑥。这将为教师在新课程改革中反思与调节自身的教学活动提供依据，也为教师行为的应然提

---

① 娄善平，张得宁. 在化学课程改革中更新教育理念和教育行为[J]. 中小学教材教学，2004，(33)：28-31；江胜根，何穗. 新课程标准对化学教师课堂教学行为的要求[J]. 教育理论与实践，2004，(16)：63；张联合. 新课程理念下化学有效教学的建构[J]. 课程·教材·教法，2005，(1)：62-66.

② 朱菲力. 化学课堂教学细节的反思[J]. 教书育人，2005，(4)：67-68.

③ 朱增华. 化学教师如何在教学反思中改变自己[J]. 中小学教材教学，2005，(11)：63-66.

④ 付立海. 化学教师实施科学探究的调查报告[J]. 中小学教师培训，2005，(3)：26-28.

⑤ 郑媛媛. 呼和浩特市高中化学教师实验教学行为现状的调查与分析[J]. 内蒙古师范大学学报（教育科学版）2006，(4)：74-75

⑥ 卢颖智. 新课程背景下的有效课堂——高中化学课堂教师教学行为有效性访谈[J]. 化学教育，2009，(5)：15-17.

供事实依据。

盖立春等使用"创意教学行为"量表，分别对辽西和河北地区高中化学教师"创意教学行为"的现状、影响因素及发展规律进行了调查研究。结果表明：学校类型、教师的性别、学历、教龄和是否为班主任对其教学行为的创意程度有影响，但不显著；教学行为的创意程度随教龄增长呈周期性波动：如果以 3 年作为一个完整的周期，在每个周期开始的那一年，教学行为的创意程度明显偏高；而在每个周期的中间或者即将结束的那一年，教学行为的创意程度明显偏低[①]。

（二）师生互动行为研究

虽然国内关于师生互动的研究已经不少，但是大部分是围绕师生互动行为的类型、特点、影响因素和研究意义展开的。

1. 师生互动行为的类型、特点及本质研究价值

亢晓梅根据互动行为的主体和客体的关系对课堂互动行为类型进行了探讨，其互动行为类型的划分直观明了，易于观察，且与我国课堂中的实际情况相符[②]。佐斌按照问题—假设—验证的心理学研究思路，指出并验证了课堂师生互动行为具有双向性、情感性、同质性、教师主导型、非言语互动作用等显著特点，认为影响课堂师生互动的主要因素是背景因素、观念因素、特质因素和任务因素[③]。斐跃进和宋五好认为师生互动行为的本质内涵应该是，在一个富于人道主义、民族精神和服务理念的环境下，师生双方就教与学的过程所开展的一系列引导与咨询、帮助与学习、探索与建构的合作行为，其范围应当包括学习意义、学习内容、学习机制和学习方式等领域，而不仅局限于课堂学习环节[④]。

2. 师生互动行为的研究价值

张建琼认为师生互动行为研究是教学研究的微观研究，它是对教学中教师的行为进行的具体而深入的研究，其目的是通过探究师生互动行为的规律来提高教学行为的效率。它属于教学论，又是对教学论的具体化和深入，对加强教

---

① 盖立春，郑长龙，邝文波. 化学教师"创意教学行为"的发展规律及其影响因素研究[J]. 化学教育，2010，（9）：53-55.

② 亢晓梅. 师生课堂互动行为类型理论比较研究[J]. 比较教育研究，2001，（4）：42-46.

③ 佐斌. 师生互动论——课堂师生互动的心理学研究[M]. 武汉：华中师范大学出版社，2002：162.

④ 斐跃进，宋五好. 师生互动行为概念与范围的探究[J]. 教育探索，2006，（4）：55-56.

学理论与实践的联系及教学主体性教学评价的客观性有重要意义①。林正范和贾
群生认为，课程论和教学论在 20 世纪得到了巨大发展，同时也暴露出实践品性
不足的倾向。这种倾向既是课程与教学论发展的一个阶段性标志，也为课程与
教学论的进一步发展提供了空间。近年来，课程与教学论的整合研究越来越受
到重视，这为增强课程与教学论的实践品性提供了新的思路，也为教师行为研
究提供了新的理论基础。教师行为研究是一项实践性比较强的研究，已成为课
程与教学论整合的一个重要途径，为课程与教学论的发展开辟了一个新的研究
方向②。梁永平认为，培养学生正确理解科学本质是科学教育的目标之一。实现
这一目标的关键是理科教师具有相应的科学本质教学行为。理科教师科学本质
教学行为可以从显性教学目标、具有认识论水平的教学主题、显性区别观察和
推论、注重知识产生方式、反思性评价活动、评价性作业等六个方面进行发展
性评价。发展性评价的实施主要在理科教师科学本质教学行为自我监控系统指
导下进行③。

3. 师生互动行为的影响与受制因素

在师生互动行为对学生成长的影响方面，丁蕙和屠国元认为，期望效应是
在师生互动中实现的复杂的效应锁链：教师了解、掌握了学生的各种有关信息
后，通过自身的个性倾向、认知特点的过滤，形成一种优差分组的主观印象，
并表现为相应的态度和行为反作用于学生，学生感受到教师的期望，并结合自
己的信念及与教师的关系来解释教师的行为，从而对自己形成一种期望，推动
他沿着教师的期望发展，学生的态度和行为又作为新的信息反馈给教师。为了
调动学生的内部动力系统，实现期望效应的良性循环，教师应当相信学生的潜
能，建立期望教育观，并不断提高任务效价和确定新的合理的期望值④。黄慧
静和辛涛认为教师是影响学生学业成绩的重要因素，教师特定的行为因素，如
教学的准备、对作业的重视、对考试的重视、对推理和问题解决的重视、电
脑的使用确实能有效影响美国和瑞典的学生成绩，但对两个亚洲国家（地区）

① 张建琼. 教学行为研究的教学论意义[J]. 教育理论与实践, 2004, (17): 50-53.
② 林正范, 贾群生. 教师行为研究：课程与教学论的重要研究方向[J]. 教育研究, 2006, (10): 36-40.
③ 梁永平. 论理科教师科学本质教学行为的发展性评价[J]. 教育科学, 2007, (3): 48-53.
④ 丁蕙, 屠国元. 教师期望效应的理论解析及其应用[J]. 郑州大学学报（哲学社会科学版）, 2004, (1): 155-157.

没有影响；教师的性别、教龄、教育水平、所学专业和教师资格再次被证实对学生成绩没有显著影响；学生的家庭和自身的因素（如学生年龄、性别、完成作业的时间，对数学的自信和对数学的评价）能够对学生成绩产生重要影响[①]。

在有关师生互动行为的受制因素研究方面，马娟和陈旭选取教师行为中具有代表性、典型性的重要教学行为——课堂互动行为作为研究对象，考察了职业压力对中小学教师课堂互动行为的影响。结果表明，不同压力组教师仅在非语言行为方面存在显著性差异，中压力组教师非语言行为频数最高[②]。娄延果和郑长龙认为教学设计有内容式、教师活动式、师生活动式、愿景式之分，教学设计存在于教案、PPT、实物器材和教师的大脑之中；每一教学行为都由教与学两部分构成，教学行为可分为讲授、驱动、调控、展示、施动、交流、思辨 7 大类 19 种；教学设计是教学行为形成的源头，是课堂上师生互动行为运转和发挥作用的前提，是教学行为效率的保证[③]。

（三）专家-新手教师课堂教学行为的比较

关于新手、专家教师课堂教学行为的比较研究多利用理论研究与实证研究相结合的方法，采用课堂观察、课例研究的手段，或采用量表评价的方式从教学实践中获取量化数据进行比较。例如，范宗山对某中学的化学新手教师、骨干教师和专家教师的课前知识复习、课题引入、课堂提问、课堂活动评价、课堂小结等课堂教学行为进行了分析比较[④]。冯国英则对中学数学新手教师和专家教师从课堂教学中的言语呈示行为、文本呈示行为及提示行为进行了比较研究[⑤]。朱薇薇借鉴弗兰德斯互动分析系统对处于不同发展阶段的高中化学教师的课堂教学行为尝试从客观的角度进行分析比较与评价，给年轻教师的专业成长提供了方法和途径[⑥]。还有研究者以新手型与专家型数学教师为研究对象，在课前、

---

① 黄慧静，辛涛. 教师课堂教学行为对学生学业成绩的影响：一个跨文化研究[J]. 心理发展与教育，2007，（4）：57-62.

② 马娟，陈旭.职业压力对中小学教师课堂互动行为的影响[J]. 中小学管理，2006，（7）：30-33.

③ 娄延果，郑长龙.论教学设计对教学行为的影响[J]. 河北师范大学学报（教育科学版），2009，（3）：139-144.

④ 范宗山. 化学教师课堂教学行为的比较研究[D]. 山东师范大学硕士学位论文，2009.

⑤ 冯国英. 中学数学新手与专家型教师课堂教学行为比较研究[D]. 重庆师范大学硕士学位论文，2010.

⑥ 朱薇薇. 基于 FIAS 的不同高中化学教师的课堂教学行为分析[D]. 南京师范大学硕士学位论文，2011.

课中、课后三个阶段比较其语言行为、课堂时间和任务安排等行为[①]。孙郡博等以新课改高中一节常规教学为研究对象，运用教学行为分析方法对提问进行互评或自我分析，进而分析研究不同发展阶段教师的教学提问行为[②]。刘晶晶调查发现，处在"11～15 年"这个教龄段的教师对课程"三维目标"的理解和教学"三维目标"的设计情况要优于其他教龄段的教师[③]。

总之，国内有关教师教学行为的实证研究成果主要集中在教学行为有效性研究、教学行为结构研究、教师行为及变革研究、师生互动行为研究等方面。从这些研究中可以发现：教学实践中化学教师的具体教学行为与教育理念所倡导的教学行为还有很大的差距；研究者对化学教师教学行为研究从宏观理念层面开始转向学科实践场景中的微观测量与评价层面，特别值得关注的是东北师范大学郑长龙教授的研究团队立足学科教学实践，从教师的人口学变量、性格类型、学科观念及对学生学习主动性影响等视角出发，研究化学教师课堂教学行为，这对明确影响化学教师课堂教学行为的主客观因素及化学有效教学提供了事实依据，也为化学教师反思与调节自身的教学活动、优化教学行为提供了操作性指导。然而，对化学教师教学行为背后的教学思维，以及处于不同成长阶段教师的教学行为差异的比较研究还有待产出。

二、课堂教学行为及其划分维度

1. 课堂教学行为及其分解

基于课堂教学特质的研究框架（图 2-4），参考施良方、崔允漷教授对教学行为的划分维度，结合中学化学教学的特点和中学化学双语教师教学特色，本书将课堂教学行为阐释为：在课堂教学过程中由中学化学双语教师引起、维持或促进学生学习的一系列具体的手段及操作，是双语教师为了促进学生完成学习目标而进行的支持性、服务性的呈示行为、对话行为、指导行为及管理行为

---

① 田甜. 新手型数学教师与专家型数学教师教学过程的比较研究[D]. 华中师范大学硕士学位论文, 2009.
② 孙郡博, 李恬, 吴志华. 基于实证视角的高中生物课堂提问教学行为的分析研究[J]. 中学生物学, 2012,（11）: 54-57.
③ 刘晶晶. 高中化学教师教学目标观现状与对策[D]. 陕西师范大学硕士学位论文, 2013.

的总和。课堂教学行为的分类见图 3-1。

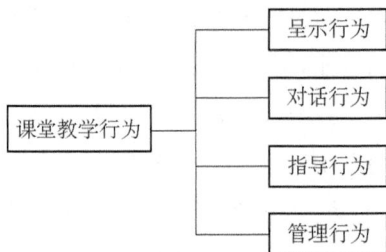

图3-1 课堂教学行为的分类

2. 课堂呈示行为及其分解

双语教师通过不同的媒体恰当地将化学知识呈示给学生的行为称作课堂呈示行为。课堂呈示行为是以教师为核心，单向向学生传递信息的行为。它能够示意教材内容，刺激媒介的受众，沟通师生关系，再现教师情意，并且可以引发课堂的双向互动。呈示行为是教师最核心的教学行为，教师呈示水平的高低直接关系课堂教学成效的高低。本书根据双语教师呈现教学内容手段的不同，从口语呈示行为、文字呈示行为、实验呈示行为 3 个维度进行观察统计和案例分析。课堂呈示行为的划分维度见图 3-2。

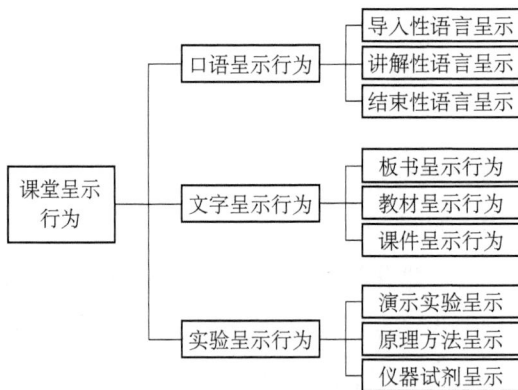

图3-2 课堂呈示行为的划分维度

3. 课堂对话行为及其分解

对话行为是教师与学生进行言语互动、分享信息、观点或者共同解决某个问题的教学行为。对话行为可分为问答行为、谈话行为和讨论行为 3 类；其中问答行为又可划分为提问行为、理答行为和候答行为。由于问答行为易于观测统计，其中的候答行为对于有经验教师来说无显著差异，所以，本书对双语教师课堂问答行为中的提问行为和理答行为进行统计分析。课堂问答行为的划分维度见图 3-3。

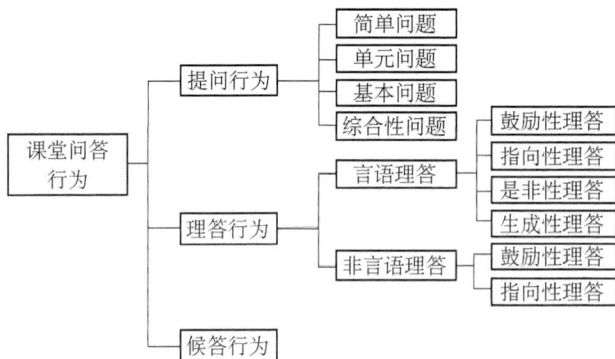

图3-3　问答行为的划分维度

4. 课堂指导行为及其分解

课堂指导行为从表现形式上可以分为广义的指导行为和狭义的指导行为。广义的指导行为指双语教师在化学课堂上对学生所有的指导行为，包括课堂练习指导、学生实验指导、探究活动指导等。狭义的指导行为指课堂练习指导。本书从广义角度界定课堂指导行为，针对双语教师课堂指导行为中的课堂练习指导行为和学生实验指导行为进行统计分析和案例研究。课堂指导行为的划分维度见图 3-4。

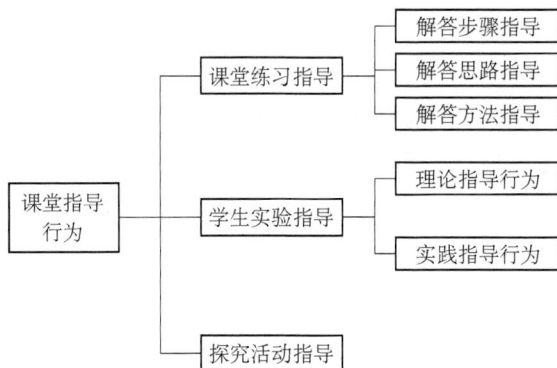

图3-4　课堂指导行为划分维度

5. 课堂管理行为及其分解

课堂教学中同时存在两种活动：一是教学；二是管理。任何一节常态课都离不开教师的课堂管理行为。课堂教学管理行为是指教师从学生的知识基础、能力条件出发，依据教学内容和学生的反馈信息，为保证课堂教学的有序和高效而作出的一系列调节与控制的行为方式。课堂管理行为可分为显性管理行为与隐性管理行为。化学课堂的显性管理行为主要包括实验问题管理、常规问题管理、问题行为管理和课堂时间管理；隐性管理行为主要包括教师积极期望、内在动机培养和课堂强化行为。本章主要研究双语教师的显性课堂管理行为和课堂强化行为，划分维度见图 3-5。

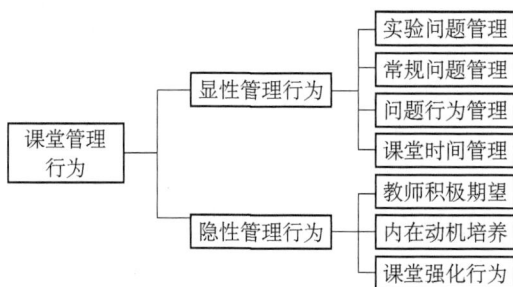

图3-5 课堂管理行为的划分维度

三、研究设计

1. 研究对象的选取

研究对象的选取包括问卷调查对象的选取和个案研究对象的选取两个部分。本书依照对中学化学少数民族专家教师与新手教师的界定，参照性别、年龄、教龄和受教育程度等人口学变量因素，选择了乌鲁木齐市的中学化学维吾尔族专家教师与新手教师各 20 名作为问卷调查对象，实施中学化学双语教师课堂管理行为问卷调查。结合前期调研工作基础，从乌鲁木齐市化学双语教学具有典型性的中学选取了专家教师（分别为 E1、E2、E3）和新手教师（分别为 N1、N2、N3）共 6 名双语教师作为个案研究对象（表 3-1），采用课堂观察和访谈对其课堂教学行为进行了较长时间的跟踪记录，从收集素材中探寻了双语教师课堂教学行为表现及特征。

表 3-1　个案研究对象的信息概况

研究对象	性别	学历	工作年限/年	职称及受教育背景
E1	男	研究生	20	特级教师，教育学硕士
E2	女	本科	18	高级教师，得到学校、同事、学生认可
E3	男	本科	15	高级教师，具有丰富的教学经验
N1	男	研究生	2	中教二级，化学教育学士、教育学硕士
N2	女	本科	3	中教二级，部属重点师范大学毕业
N3	女	本科	2	中教二级，省属重点师范大学毕业

2. 研究方法

1）文献分析法。基于对有关教师教学行为文献的搜集与分析，结合化学学科和化学教学特征，提出了中学化学维吾尔族教师课堂教学行为及构成要素维度划分方法，确立了课堂教学行为的研究框架。

2）课堂观察法。随堂听取研究对象的整体单元教学过程并进行录像，运用呈示行为、强化行为和练习指导行为的观察量表（附录1～附录3）和频数统计表，对研究对象课堂教学行为进行观察统计，比较专家教师与新手教师的教学行为差异。另外，选择研究对象有关化学事实性知识、理论性知识与技能性知识的典型课例进行有关教学行为的个案分析，结合对研究对象及其学生的访谈，即借助定性观察以补充和完善定量观察统计分析的结果。

3）问卷调查法。采用双语教师课堂管理行为调查问卷（附录4），调查分析中学化学维吾尔族20名专家教师和20名新手教师的课堂管理行为状况。

3. 研究目的与意义

（1）研究目的

通过问卷调查，在大概了解了乌鲁木齐市中学化学双语教师教学知识与教学技能来源和课堂教学管理行为的基础上，走进课堂选取3组新手教师与专家教师开展同课异构的课堂教学观察，主要针对新手教师和专家教师在课堂教学过程中的呈示行为、问答行为、练习指导行为和管理行为的差异，概括中学化学维吾尔族专家教师和新手教师课堂教学行为特征。

（2）研究意义

本章的实践意义在于，期望为新疆少数民族双语教师优化教学行为提供可操作的实践指导，为提高新疆少数民族双语教师培训实效提供参考。理论意义在于丰富少数民族学科双语教师教学行为研究素材，为探讨提升少数民族教师专业素养、促进其专业发展有效途径的研究奠定基础。

第二节 课堂教学行为的分析比较

一、课堂呈示行为的差异

对双语教师课堂呈示行为的研究从语言呈示行为、课件（即多媒体）呈示行为、板书和实验动作 4 个维度展开。需要说明的是，学界一般认为教师课堂教学语言包括教学口语、书面语和体态语 3 部分，而本节中的语言仅指教师的教学口语。

（一）课堂呈示行为的统计分析

1. 数据统计

对所选取的 3 组新手教师与专家教师进行了近半年时间的课堂观察、录像和跟踪记录，选择每组研究对象各 4 节同课异构课例（共计 24 节录像）作为分析评价样本，由研究小组成员和 2 位教研员组成 5 人评价小组，采用《中学化学维吾尔族双语教师课堂呈示行为评价量表》对上述课例进行整体评价，采取多节课跟踪打分的方式，5 人评价小组对每一节课用量表打分评判，取其平均值（表 3-2）。

表 3-2 新手-专家教师课堂呈示行为评价数据统计

呈示行为评价维度		新手教师				专家教师			
		N1	N2	N3	均值	E1	E2	E3	均值
语言呈示行为	语言流畅性	3	5	4	4	2	4	3	3
	语言精确性	5	5	5	5	4	5	3	4
	语言规范性	4	3	5	4	4	4	4	4
	语言情感性	2	4	3	3	5	5	5	5
	语言诠释性	1	2	3	2	4	3	5	4
	语言层次性	3	3	3	3	5	5	5	5

续表

呈示行为评价维度		新手教师				专家教师			
		N1	N2	N3	均值	E1	E2	E3	均值
板书呈示行为	板书协调性	2	4	3	3	5	5	5	5
	板书同步性	3	4	2	3	4	5	3	4
	板书多样性	2	2	2	2	4	4	4	4
	板书时机性	4	3	5	4	4	4	4	4
	板书条理性	2	1	3	2	5	5	5	5
	板书适切性	3	3	3	3	5	5	5	5
动作呈示行为	演示目的性	2	2	2	2	4	4	4	4
	装置安全性	2	2	4	3	4	5	3	4
	示范规范性	2	3	4	3	5	5	5	5
	实验引导性	3	3	3	3	4	4	4	4
	现象直观性	2	3	1	2	3	4	2	3
	操作流畅性	2	3	4	3	5	5	5	5
多媒体呈示行为	媒体清晰性	4	4	4	4	4	5	3	4
	理解形象性	5	5	5	5	3	2	2	3
	模拟真实性	1	2	3	2	4	4	4	4
	刺激感官性	3	3	3	3	4	5	3	4
	知识容量性	2	2	2	2	4	4	4	4
	学习趣味性	2	3	1	2	4	5	3	4

注：数据中 1、2、3、4、5 分别代表在课堂呈示行为中对教师行为的效果"很不赞同""不赞同""不确定""赞同""非常赞同"

2. 分析讨论

通过对数据和图形进行观察分析，可以得出专家教师与新手教师在课堂教学呈示行为各维度方面存在以下差异。

（1）语言呈示行为的差异

如图 3-6 所示。新手教师和专家教师都较多地使用语言呈示行为。专家型教师由于受其国家通用语言水平的影响，语言的流畅性和精确性明显不足，导致其在表述化学基本概念和化学用语时，会出现国家通用语言口语表达的流畅性、规范性及精确性弱于新手教师。例如，"处在化学平衡状态的正反应和逆反应是同样（时）发生的……"，"铜片和稀硫酸不生成（发生）化学反应"，"多用电池（多种用途的电池）"等。但相比新手教师，专家教师的口语表述更具情感性、诠释性和层次性。因为专家教师个性化的学科知识丰富，更善于把握学生的内心世界，对学科知识的来龙去脉把握地比较纯熟，并且善于对问题进行有逻辑层次的阐释。另外，专家教师善于运用维吾尔语诠释基本概念，并且能运用本民族的化学课程资源引导学生理解概念。

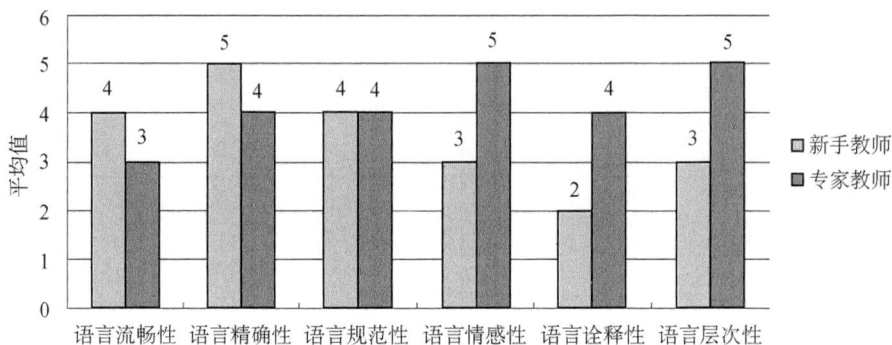

图3-6　语言呈示行为的差异

（2）多媒体呈示行为的差异

如图 3-7 所示。首先，相比新手教师，专家教师在制作多媒体课件中更善于创设教学情境、激发学生的学习兴趣、能恰当地把控教学知识的容量和对学生感官刺激的程度。其次，相比专家教师，新手教师使用多媒体技术更为熟练，其课件画面更为形象生动、制作更为清晰精美。再次，新手教师往往通过多媒体课件将知识点及其定义全部呈现给学生，不善于为突出重点和突破难点而留白或取舍；而专家教师的课件注重呈现核心知识的发生发展过程，以问题形式给学生留出思考的时间和空间。最后，专家教师则更注重多媒体的辅助性，即利用多媒体来帮助学生理解课堂中的重难点问题。例如，"在高中化学必修 2 第二章第二节'化学能与电能'中，进行'发展中的化学电源'教学时，新手型教师注重通过多媒体呈示给学生各种新型电池及其用途，专家型教师注重呈示氢氧燃料电池在不同电解液中原电池方程式和正负电极反应式"。这样，专家教师比新手教师就能更好地把控课堂知识的容量，并善于通过多媒体激发学生的学习兴趣。再如，"在原电池教学中，专家型教师通过多媒体展示探寻格林太太镶有不同金属的两颗紧挨的牙齿导致失眠、头痛原因的过程，导入原电池教学"，能够很好地激发学生学习的兴趣。

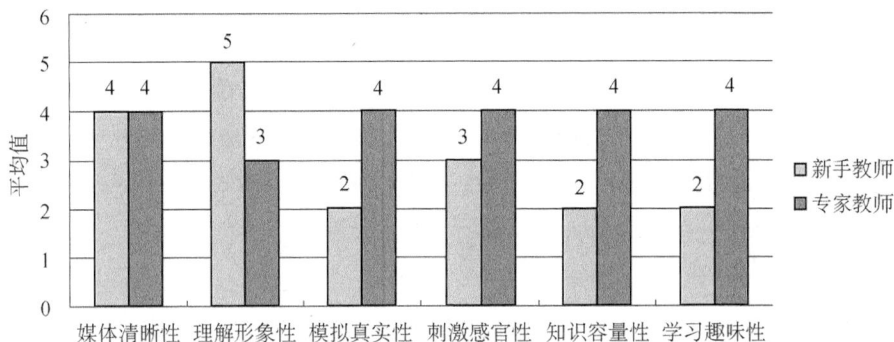

图3-7 多媒体呈示行为的差异

（3）实验动作呈示行为的差异

如图 3-8 所示。新手教师注重呈示知识，在实验操作过程中，对学生的规范操作引导不够，在演示过程中，对学生应该注意的问题（特别是实验安全问题）和观察的要点强调得不到位；专家教师更加注重演示的目的性和操作的流畅性，并且实验操作比新手教师更加规范，善于组织学生共同完成演示实验，注重演示过程的生成。专家教师的实验动作示范更为规范，而且善于引导学生自主探寻实验观察的重点，对演示过程中学生应该注意的问题一般诠释得比较清楚。例如，"在人教版初三化学下册，讲授粗盐的提纯这一实验时，专家教师在演示粗盐提纯过程中，注意强调溶解、过滤（一贴、二低、三靠）、蒸发的每一个环节，并用维吾尔语作进一步的解释，帮助学生理解操作要点"。

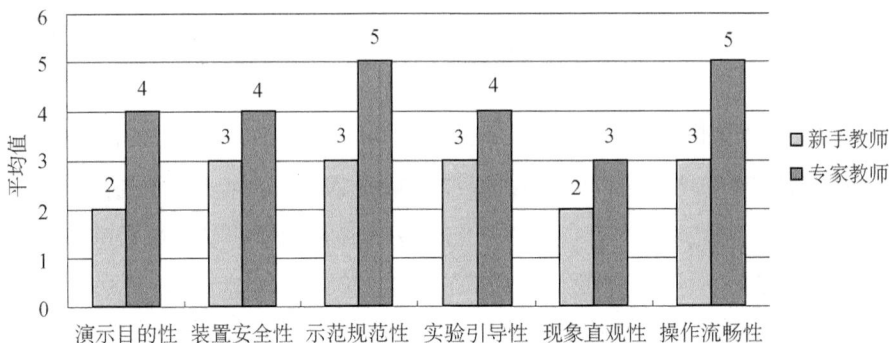

图3-8 实验动作呈示行为的差异

（4）板书呈示行为的差异

如图 3-9 所示。与专家教师相比，新手教师对板书的设计不够完美，在板书的协调性与呈示方式的适切性方面有所欠缺；专家教师比新手教师更加注重板书呈示行为的条理性和适切性，并且专家教师在板书呈示的协调性和多样性方面具有明显优势，这与专家教师对教学内容的透彻理解密切相关。另外，专家教师在板书重要化学专业术语词汇时善于采用维吾尔语、国家通用语言对照板书。

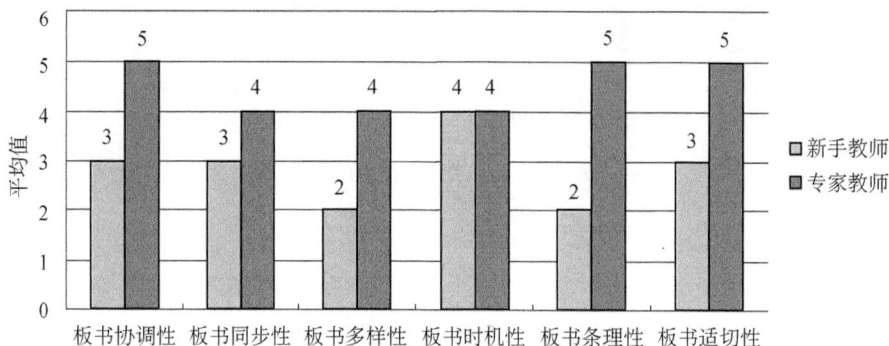

图3-9　板书呈示行为的差异

（二）课堂呈示行为的案例研究

1. 语言呈示行为的案例

对专家教师和新手教师语言呈示行为的案例分析是从导入语、结束语和讲解语三个视角着手的。表 3-3～表 3-5 呈现的案例片段均来自新手教师 N1 和专家教师 E1 在乌鲁木齐市某中学高一（6）班和高一（7）班进行人教版高中化学必修 1 第一章第二节"化学计量在实验中的应用（第一课时）"课堂教学实录。

（1）导入语的比较

对照表 3-3 中两位教师的导入语发现，新手教师 N1 由于国家通用语言口语水平较高，其国家通用语言口语表达的流畅性和精确性明显超过专家教师 E1，但是新手教师 N1 对学习"物质的量"的意义问题缺乏个性化理解与诠释，教学语言缺乏设计。专家教师则利用智力游戏创设情境，通过"陈述—交流讨论—建立模型—初步引导"教学活动开始"物质的量"的教学。由此可见专家教师 E1 更善于将教学知识进行个性化建构，相比新手教师 N1，专家教师 E1 的导入语言具有更强的情感性、层次性和生成性。

表 3-3　导入语的比较

新手教师 N1	专家教师 E1
【讲述】通过预习我们知道，原子、分子或者离子是按一定的个数比发生化学反应的。单个的这些微粒都非常小，用肉眼看不到，也无法称量。但在实验时总按定量称取或量取反应物。原理上微粒间按一定个数比反应，而实际上是可称量的物质反应。两者要有沟通，就要在粒子和可称量的物质之间建立联系。要想在微观粒子（原子、分子或离子）和宏观可称量物质之间建立联系，就要建立一种新单位	【讲述】在开始今天化学课之前，请同学们先回答我们布置的课前智力游戏：假定我们有一篓面值一元的硬币，假设每一枚硬币的形状、体积和大小都相同，我们通过哪些方法可以知道这一篓硬币的个数？ 【交流讨论】略 【建立模型】我把上述方法归结为两种模型 模型一：　直接计算 模型二：　引入中间物理量换算 【引言】下面我们来研究一个化学上经常遇到宏观物质的质量、体积与构成它的微观粒子数之间的关系问题

（2）结束语的比较

在表 3-4 结束语的案例比较中发现，新手教师 N1 通过提问相关名词概念和"怎么计算 1mol 物质的质量？"来引导学生进行复习巩固，这可以起到强化学生进一步复习理解物质的量相关知识的教学目的，该结束性复习巩固具有单调、机械的程式化特点。而专家教师 E1 则精确阐释了使用摩尔这一概念时应该注意"适用范围和使用准则"的问题，以及作为结束性语言，进一步从"大—小—广"三个方面对物质的量这一概念在使用时需要注意的问题予以详细地解释说明，可见，专家教师 E1 能对本节课的重难点知识进行个性化、富有逻辑的概括总结。另外，为了帮助学生更好地理解物质的量概念的重难点，专家教师 E1 用国家通用语言讲解的同时，还注重用维吾尔语进一步解释说明。

表 3-4　结束语的比较

新手教师 N1	专家教师 E1
【小结】 1. 什么是物质的量、摩尔、阿伏伽德罗常数？ 2. 怎么计算 1mol 物质的质量？	【小结】使用摩尔概念时的注意事项 适用范围：微观粒子或它们的特定组合 使用准则：须指明粒子符号或化学式 三个特征： 大——1mol 物质所含微粒数巨大； 小——摩尔计量的是微观粒子或其特定组合很微小； 广——应用范围极广，是联系微粒个体与微粒集体、不可称量的反应微粒与可称量的宏观物质的桥梁

（3）讲解性语言的比较

从表 3-5 可看出，在讲解性语言呈示的过程中，新手教师利用其流利的国家通用语言口语精确阐释了阿伏伽德罗常数的价值和意义，并通过阿伏伽德罗常数引入物质的量，说明物质的量在宏观世界和微观世界之间起桥梁作用，但新手教师 N1 的讲解语言只注重知识准确的传递，缺乏对知识意义生成过程的讲解。专家教师 E1 通过"建立模型—引导点拨—深化意义"的讲解过程，引导学生理解物质的量的桥梁作用，并通过"为什么要把 12g ^{12}C 中所含原子数称为阿伏伽德罗常数？"这一问题进一步加深了学生对物质的量的理解。同时通过建立数学模型给物质的量下定义，即"当物质所含的微粒数等于阿伏伽德罗常数时，就把该物质的物质的量定义为 1 摩尔"。并通过数学思维加深学生对物质的量概念的理解。并且专家教师 E1 在重难点处善于借助维吾尔语、国家通用语言两种语言的转换，通过利用本民族语言的解释，促进学生对概念的深化理解。

表 3-5　讲解性语言的比较

新手教师 N1	专家教师 E1
【讲解】近年来，科学家用 12g ^{12}C 来衡量碳原子集合体。^{12}C 就是指原子核中有 6 个质子和 6 个中子的那种碳原子。12g ^{12}C 中所含原子数叫阿伏伽德罗常数。阿伏伽德罗常数是实验测定值，近似表示为 $N_A = 6.02 \times 10^{23}$，科学家确定阿伏伽德罗常数个微粒作为一个集合体，确定一个物理量——物质的量。它像一座桥梁，把肉眼看不见的微粒跟极大数量（阿伏伽德罗常数个）的微粒集体、可称量的物质之间建立联系	【建立模型】把这一微观粒子集体所含微粒数目暂定为 N_A 个，建立如下数学模型。物质所含微粒数 ＝（物质的质量/粒子集体的质量）$\times N_A$。 【引导点拨】一定数目 N_A 究竟多少个比较适宜？国际上规定：12g ^{12}C 中所含原子数叫 N_A。$N_A = 6.02 \times 10^{23}$ 个。因质量大小适宜，便于换算和称量，有助于借助原子量，确定不同种类粒子集体的质量。 【深化意义】根据这种思想，国际计量大会引入"物质的量"。上述比值用一个特定的物理量——物质的量表示，单位摩尔（mol）。物质的量建立起了宏观物质和微观粒子之间的桥梁

2. 文本呈示行为的案例比较

笔者从双语教师的板书呈示、教材内容呈示和多媒体课件呈示三个视角来对专家-新手教师的文本呈示行为进行案例分析。表 3-6～表 3-8 呈现的案例片段节选自新手教师 N2 和专家教师 E2 在乌鲁木齐某中学高一（8）班和高一（9）班分别教授高中化学必修 2 第二章第二节"化学能与电能"（第二课时）"发展中的化学电源"的课堂教学实录。

（1）板书呈示的比较

从表 3-6 可知，新手教师 N2 的板书采用提纲式呈示，主要体现了原电池的分类和充放电性质，对原电池原理教学重点突出不够，并且板书与讲解同步性协调不畅，过程中未见用维吾尔语进行重点解释说明。专家教师 E2 的板书呈示的内容主次分明，注重通过板书具体呈示氢氧燃料电池在不同介质条件下的电极方程式，而且强调氢气换成甲烷（即变换为天然气燃料电池）时的电极方程式，通过分解和变式的板书呈示来达到突出教学重点原电池原理的目的。另外，专家教师 E2 在师生互动过程中，善于将讲解与板书协调一致来引导教学，并且给板书留白，在与学生就电极反应充分讨论的基础上进行精确阐释后，带领学生一起将电极反应式板书在留白处。当然，此过程中专家教师 E2 同样善于运用维吾尔语、国家通用语言双语进行板书，同时利用本民族的文化事例予以解释说明。

表 3-6　板书呈示行为的比较

新手教师 N2	专家教师 E2
（二）原电池用途 1. 干电池（化学能转化为电能） 2. 充电电池（多次性充电） 　　放电过程：化学能转化为电能 　　充电过程：电能转化为化学能 　　（1）蓄电池 　　（2）锂离子电池 3. 燃料电池 　　负极：失去电子的物质 　　正极：得到电子的物质 4. 氢氧燃料电池的电极方程式 　　负极：$H_2-2e^-=2H^+$ 　　正极：$O_2+4e^-+2H_2O=4OH^-$	（二）原电池用途 1. 干电池（化学能转化为电能） 2. 充电电池（多次性充电） 3. 燃料电池 4. 氢氧燃料电池的电极方程式 中性电解质　负极：$H_2-2e^-=2H^+$ 　　　　　　正极：$O_2+4e^-+2H_2O=4OH^-$ 酸性电解质　负极：$H_2-2e^-=2H^+$ 　　　　　　正极：$O_2+4e^-+4H^+=2H_2O$ 碱性电解质　负极：$2H_2-4e^-+4OH^-=4H_2O$ 　　　　　　正极：$O_2+4e^-+2H_2O=4OH^-$ 5. 当氢气被换成甲烷时 　　负极：$CH_4+10OH^--8e^-=7H_2O+CO_3^{2-}$ 　　正极：$O_2+4e^-+2H_2O=4OH^-$

（2）教材呈示行为的比较

从表 3-7 可知，本节课的教学内容与学生的生活密切相关，两位教师都能将教学内容与生产生活中的实例紧密结合，都强调教材呈示行为的作用。新手教师 N2 注重引导学生理解教材的基本概念，特别是原电池的用途，引导学生通过观察教材中各种电池的构造示意图理解原电池的结构。专家教师 E2 善于利用有声思维，让学生朗读原电池的基本概念、原理、用途等。在强化学生国家通用语言水平的同时也有利于学生对基本概念的理解，朗读化学教材中基本概念和基本原理的定义成为化学双语教师教学的特色之一。同时，专家教师 E2 还善于引导学生对教材呈示的内容进行归类和标注，注重引导学生充分利用好教材，真正发挥教材的价值和作用。

表 3-7　教材呈示行为的比较

新手教师 N2	专家教师 E2
1. 干电池的构造示意图	
2. 碱性锌锰电池的用途	1. 干电池的构造示意图
3. 铅蓄电池的用途和构造示意图	2. 铅蓄电池的用途和构造示意图
4. 镍镉电池的用途和回收利用	3. 镍镉电池的回收利用
5. 锂离子电池的用途	4. 锂离子电池的用途
6. 燃料电池的优点和用途	5. 燃料电池的优点和用途
课后习题呈示	

（3）多媒体呈示行为的案例比较

从表 3-8 的案例比较中发现，新手教师 N2 通过多媒体展示各种电池及其用途，其课件上的内容基本是对教材内容的复制，未体现对教学内容的深入思考和精加工，且课件与课堂板书的结合不够恰当，可见新手教师 N2 对教材的二次开发和利用能力较弱。专家教师 E2 借助多媒体呈示原电池的形成条件和过程，帮助学生理解如何设计和开发新的原电池，通过实例让学生真正体会原电池发生的反应是一种自发的氧化还原反应；同时利用课件呈示出氢氧燃料电池的燃烧装置和过程，帮助学生理解燃料电池的反应原理。专家教师 E2 能够深刻认识到课件只是起辅助课堂教学的作用，不是课堂教学的唯一手段，电极反应式和电池反应式选择通过板书来呈示，可以和学生的思维保持同步性。在课堂练习的设计方面，新手教师 N2 是通过限定性的常识类问题来组织学生练习的，未能凸显原电池的知识应用和设计方法的实践体验；而专家教师 E2 的课堂练习是围绕教学重难点"原电池原理及其应用"来设置有关知识应用的设计与计算习题的。

表 3-8　课件呈示行为的比较

新手教师 N2	专家教师 E2
1. 各种各样的电池和用途	1. 各种各样的电池和用途
（1）干电池	（1）干电池
（2）铅蓄电池	（2）铅蓄电池
2. 课堂练习	2. 课堂练习
（1）一次电池和充电电池的根本区别是什么？原因何在？	（1）根据方程式设计一个原电池 $Fe+2Fe^{3+}=3Fe^{2+}$
（2）如何判断原电池的正、负极？	（2）在稀硫酸溶液中，铜锌原电池工作一段时间后，锌片的质量减少 3.25g，铜表面析出了氢气＿＿＿L（标准状况下），导线中通过＿＿＿mol 电子
（3）废电池为什么不能随意丢弃？正确的处理方式是什么？	

3. 实验呈示行为的案例比较

对专家-新手教师的实验呈示行为的案例研究主要从实验原理的呈示行为、仪器试剂呈示行为、实验过程呈示行为三个方面进行案例分析。表 3-9～表 3-11 中所呈现的案例片段均节选自新手教师 N3 和专家教师 E3 在乌鲁木齐市某中学初三（2）班和初三（4）班，分别教授人教版义务教育教科书化学九年级上册[①]第二单元课题 3"制取氧气"的课堂教学实录。

（1）实验原理呈示行为的比较

从表 3-9 的案例比较中发现两类教师均是从反应原理和实验装置两个方面来解释实验室制取氧气的实验原理的。首先，在呈示实验装置原理方面，相比新手教师 N3，专家教师 E3 注重强调发生装置的类型（即固体和固体反应的加热）而不是操作细节；对待收集装置既强调类型又强调细节（如向上排空气），可见专家教师 E3 既注重细节又体现分类的学科思想。其次，在呈示设计方面，专家教师 E3 先让学生板书实验室制取氧气的三个方程式，师生共同纠错，这样既调动学生主动参与，又在师生及生生互动中完成教学任务，而且专家教师 E3 在每一个反应物和生成物名称下面注明了该物质的化学式，自然而然地进行化学式的渗透与铺垫教学。然而，新手教师 N3 采用的是先讲解之后，自己再集中板书实验室制取氧气的三个方程式，在呈示过程中未引发师生及生生讨论，并且板书呈示有一定的滞后性，不利于指导学生主动学习；另外，新手教师未体现分类的学科思想（如未指明反应装置的类型），也不注重细节（比如，除了排水集气法，还可采取向上排空气法），这说明新手教师 N3 的分类学科思想意识不够强。

表 3-9 实验原理呈示行为的比较

新手教师 N3	专家教师 E3
1. 反应原理： 高锰酸钾 $\xrightarrow{加热}$ 锰酸钾+二氧化锰+氧气 过氧化氢 $\xrightarrow{二氧化锰}$ 水+氧气 氯酸钾 $\xrightarrow[加热]{二氧化锰}$ 氯化钾+氧气 2. 实验装置： 发生装置：试管口向下倾斜 　　　　　加热时先预热 收集装置：排水集气法	1. 反应原理： 高锰酸钾 $\xrightarrow{加热}$ 锰酸钾+二氧化锰+氧气 　$KMnO_4$　　K_2MnO_4　MnO_2　O_2 过氧化氢 $\xrightarrow{二氧化锰}$ 水+氧气 　H_2O_2　　　　　H_2O　O_2 氯酸钾 $\xrightarrow[加热]{二氧化锰}$ 氯化钾+氧气 　$KClO_3$　　　　　　KCl　O_2 2. 实验装置： 发生装置：固体和固体的加热 收集装置：排水集气；向上排空气

---

① 为了行文方便，书中涉及教材书名均采用简写形式。

（2）仪器试剂呈示行为的比较

从表 3-10 可知，新手教师 N3 注重对药品的呈示，让学生分别观察了实验室制取氧气的各种药品，并说出药品的状态、颜色、气味等，同时新手教师对仪器的呈示也较为精确，介绍了每一种仪器的使用方法和注意事项。专家教师 E3 的突出优点在于引导学生回顾仪器的使用，同时让学生组装实验室制取氧气的装置，在组装过程中，引导学生发现并纠正存在的错误，强化其对实验室制取氧气装置的操作步骤和注意事项的认识，为学生做实验奠定基础。对于每一种化学药品，新手教师和专家教师都给出了国家通用语言和维吾尔语表达，特别对注意事项用维吾尔语进行解释。

表 3-10　仪器试剂呈示行为的比较

新手教师 N3	专家教师 E3
药品： 过氧化氢 氯酸钾 高锰酸钾 二氧化锰	1. 药品：过氧化氢、氯酸钾、高锰酸钾、二氧化锰 2. 实验装置 高锰酸钾制氧气

（3）实验过程中呈示行为的比较

从表 3-11 可知，新手教师 N3 在实验过程中注重强调学生容易出现的错误，且仅强调重要操作要领，可能会导致学生对其他操作细节疏忽大意而出现操作错误。同时新手教师 N3 自身操作技能与规范性不过关，如在演示"检查装置的气密性时"出现失误。专家教师 E3 在实验过程中注重配合讲解引导学生认真观察教师的示范操作，且演示时语言节奏与示范操作配合恰当，并便于学生观察。另外，专家教师 E3 注重通过问题逐步引导学生观察实验装置组装的各个环节和实验现象，调动学生全程参与的积极性，还让学生归纳各环节中应该注意的问题，这样可以培养学生对问题的有序思维。例如，在"氧气化学性质实验"演示过程中，让学生细心观察实验现象，做好实验记录，随后进行小组讨论，每组选出一人对实验现象进行描述，这样既有利于培养学生独立思维的能力，也体现了新课程所倡导的自主学习与合作学习的理念。

表 3-11　实验过程呈示行为的比较

新手教师 N3	专家教师 E3
1. 先取出导气管，后熄灭酒精灯	1. 实验装置连接的呈示
2. 加热高锰酸钾时，要先预热	2. 气密性检验的呈示（学生归纳）
3. 检查装置的气密性	3. 药品装入的呈示
4. 注意观察验满的操作	4. 酒精灯使用的呈示
5. 夹在试管的中上部	5. 实验过程：预热；收集气体；检验气体
6. 高锰酸钾制氧气时管口放棉花	6. 氧气验满的呈示（学生归纳）
7. 该反应属于固体加热装置	7. 排水集气法的呈示
8. 什么时候开始收集气体	8. 氧气化学性质实验的呈示
9. 试管口应该向下倾斜	（1）铁与氧气的反应现象（学生归纳）
	（2）硫与氧气的反应现象（学生归纳）
	（3）碳与氧气的反应现象（学生归纳）

（三）结论

通过上述对 3 组中学化学维吾尔族专家教师与新手教师课堂呈示行为的统计分析和案例研究，结合课后对他们的追踪访谈，现将两类教师课堂呈示行为的特征及差异总结如下。

1. 语言呈示

新课程理念要求教师由原来的知识传授者变为学生学习的引导者。首先，相比新手教师，专家教师讲解陈述所占比例小，在丰富教学组织形式的同时，能给予学生更多口语表达和参与教学活动的机会。其次，尽管专家教师的国家通用语言口语表达的流畅与精确弱于新手教师，但专家教师口语表达情感更丰富、逻辑性更强，诠释得层次更加分明。新手教师国家通用语言口语较为流畅和准确，但所表达的学科知识缺乏层次和个性化加工，且出现口误较多。最后，专家教师比新手教师更善于使用维吾尔语对化学专业名词术语进行适当的补充解释。

2. 文本呈示

两类教师文本呈示的关注点存在差异。专家教师注重书面呈示的条理性、多样性、与讲解的配合及与学生思维的同步。比如，板书内容不是照搬教材，而是经过个性化思维加工，注重突出教学重点和学生学习难点，并且层次分明；在呈现的过程中关注学生，引导学生说出板书内容，及时迅速地呈现教学重点内容。新手教师板书内容更多的是照搬教材，书写认真仔细，但教学重难点不突出，不善于协调讲解与提问的关系，也未使用专业术语的维吾尔语、国家通用语言对照的方法。针对教材中基本概念和原理的定义内容，两类教师都会安排学生大声朗读，加深理解并锻炼他们的国家通用语言朗读能力。

3. 多媒体课件呈示

专家教师利用多媒体课件创设教学情境，激发学生的学习兴趣，突出教学重难点，呈现知识容量适中且逻辑层次较为分明，注重体现分类的学科思想，制作课件页面简约、朴素。另外，专家教师呈示课件时善于利用"渐出"技巧以体现知识的生成过程，给学生留有思考的时间和空间。新手教师的课件生动形象、制作精美，且紧扣教材内容呈现知识点。但是，新手教师往往将一页内容全部呈示给学生，不利于学生进一步思考；重点难点知识突出不够，未展现对知识点的个性化加工。

4. 实验动作呈示

专家教师更加注重演示的目的性和操作的流畅性，并且实验操作比新手教师更加规范，善于组织学生共同完成演示实验，注重演示过程的生成。专家教师的动作技能示范准确、规范，而且善于引导学生自主探寻观察的侧重点，对演示过程中学生应该注意的问题了如指掌，且解释得比较清楚。新手教师注重呈示知识，在实验操作过程中，对学生的规范操作引导不够，在演示过程中，对学生应该注意的问题和观察的要点强调得不到位。

总之，优良的课堂呈示行为要求中学化学维吾尔族教师具有较高的国家通用语言水平和扎实的专业知识功底。国家通用语言水平的高低和专业知识是否优良影响着课堂知识呈示的效果和方式。新手教师要向专家型教师学习，使自己的呈示水平不断得到优化，同时要不断提高化学学科教学知识与技能水平并努力学习教育理论知识，强化自己对学生心理的把握和理解。

二、课堂问答行为的差异

良好的师生互动构成课堂和谐的音符，体现了师生的平等和课堂的生成性，而师生的良好互动来源于教师对问题的精心设计，巧妙的问题组将知识逐步深化，促进学生的思维不断深入，使课堂教学出现一个又一个高潮。化学课堂中的师生问答行为引发了师生之间的互动交流，教师提出问题的层次性和时机性，以及对学生作答的即时反应和处理称为课堂问答行为。教师的提问和理答能力的高低直接关系到一节课的成效。以下对双语教师课堂提问行为和理答行为的特征及差异开展统计分析和案例比较研究。

（一）问答行为的统计分析

1. 数据统计

选取乌鲁木齐市中学化学维吾尔族专家教师和新手教师各 5 名作为研究对象进行较长时间的课堂观察、录像和跟踪记录，选择每位研究对象的 4 节录像课（尽可能是同课异构课例，共计 40 节）作为分析样本，由研究小组成员和两位教研员组成 8 人小组，依据理答行为的分类视角，统计上述研究对象每节课出现的各类理答行为的次数，取其 4 节课出现次数的平均值，并计算出专家教师与新手教师各类理答行为的平均次数（表 3-12）。依据两类教师各类理答行为的平均次数在一节课中所占的百分比，对两类教师的言语理答行为、非言语理答行为做进一步的比较分析和讨论。课后还对两类教师代表分别进行了半结构性跟踪访谈。

表 3-12　专家–新手教师课堂理答行为分类及其统计

理答行为类型			专家教师的次数统计						新手教师的次数统计					
			E1	E2	E3	E4	E5	平均次数	N1	N2	N3	N4	N5	平均次数
言语理答	鼓励性理答	简单表扬	2	3	0	3	3	2.2	14	10	4	10	12	10
		激励表扬	15	10	5	12	17	11.8	10	3	9	10	1	6.6
	指向性理答	代答式	0	0	1	0	0	0.2	2	14	1	7	8	6.4
		引答式	0	1	0	8	0	1.8	3	1	8	2	12	5.2
		归纳式	14	13	6	12	7	10.4	10	4	14	10	9	9.4
	生成性理答	追问	18	8	23	20	9	15.6	3	3	1	5	8	4
		转问	3	0	8	2	12	5	10	8	6	7	5	7.2
		探问	2	14	1	7	8	6.4	0	1	0	8	0	1.8
		反问	2	0	0	0	1	0.6	4	5	1	5	2	3.4
	是非性理答	肯定 简单	4	1	7	3	6	4.2	18	15	22	11	12	15.6
		肯定 重复	10	2	2	3	6	4.6	10	2	2	3	6	4.6
		肯定 提升	18	15	22	11	12	15.6	4	1	7	3	6	4.2
		否定 简单	0	0	0	0	1	0.2	4	12	5	2	2	5
		否定 纠正	1	2	1	3	2	1.8	0	6	0	0	1	1.4
		否定 引导	4	18	5	2	2	6.2	1	2	1	3	2	1.8
非言语理答	反应性理答	动作理答	2	1	4	3	5	2.8	3	0	1	4	3	2.2
		神情理答	3	0	4	3	2	2.4	2	1	3	4	5	3
	无反应理答	障碍式	0	0	0	0	0	0.2	2	4	5	2	2	3
		留白式	2	11	15	6	6	8	0	8	10	4	4	5.2

2. 分析与讨论

对乌鲁木齐市中学化学维吾尔族专家教师和新手教师课堂理答行为分类统计数据（表 3-12）分析发现，两类教师在言语理答行为及其生成性理答行为和非言语理答行为三个方面的统计平均值差异较大，于是对两类教师这三类行为及其分解项行为所占百分比做进一步量化分析比较，得到图 3-10～图 3-12，结合图中数据进一步深入分析专家-新手教师理答行为上存在的具体差异，进而为新手教师和专家教师优化理答行为提供一定事实支持和合理化建议。

比较分析表图 3-10～图 3-12 中数据，可以归纳出专家教师相对于新手教师理答行为的突出特征如下。

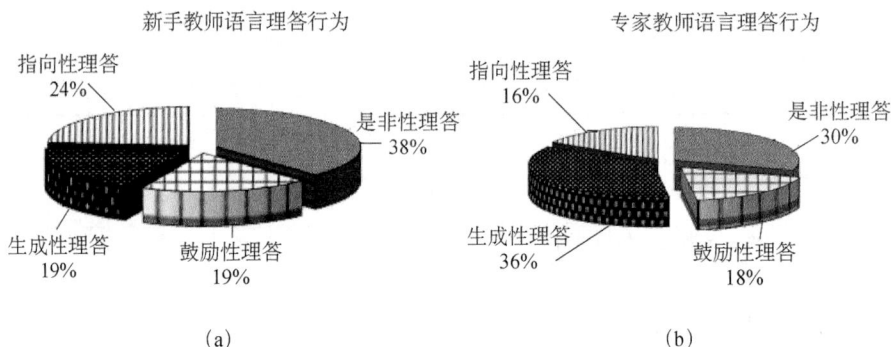

（a）   （b）

图3-10　新手–专家教师言语理答行为分项平均次数的百分比分布

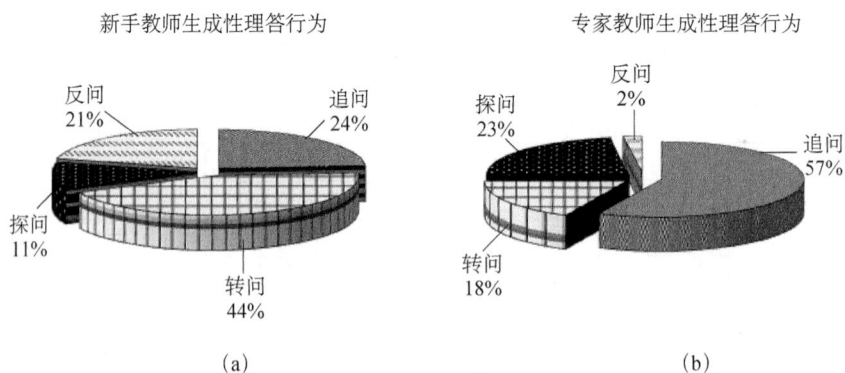

（a）   （b）

图3-11　新手–专家教师生成性理答行为分项平均次数的百分比分布

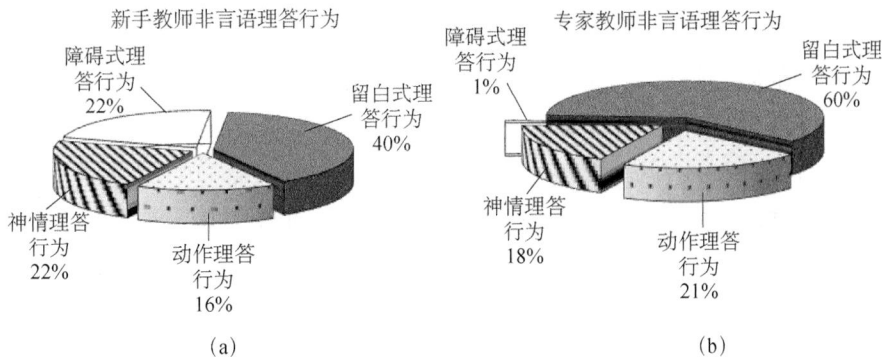

图3-12   新手-专家教师非言语理答行为分项平均次数的百分比分布

（1）善于积极理答

专家教师具有积极理答的明显特征。五位专家教师个人的激励表扬行为平均次数均高于简单表扬行为的平均次数；专家教师整体的激励表扬行为的平均次数（数值为 11.8）也远远高于简单表扬的平均次数（数值为 2.2）。可见专家教师善于使用对学生起积极促进作用的激励表扬行为，这源于专家教师多年教学经验的积累和理答智慧的不断提升。与专家教师相比，新手教师简单表扬行为平均次数（数值 10）高于激励理答行为的平均次数（数值为 6.6），这可能由于新手教师教学经验的不足导致其不能轻松驾驭课堂，在课堂教学的生成过程中也缺乏理答智慧。

（2）注重生成性理答

生成性理答是最能体现教师教学智慧、教学技能的理答类型，也是对学生的成长最有效的理答。适当运用一定形式的生成性理答，能促进学生进一步思考。专家教师生成性理答总和约占言语理答行为总和的 36%，而新手教师的生成性理答总和约占言语理答行为总和的 19%（图 3-10）。在生成性理答的四种形式中，专家教师的追问行为所占比例高达 57%，而新手教师的追问行为所占比例为 24%（图 3-11）。专家教师的多数生成性理答行为看似偶然、来自教师的灵感，但是通过对专家教师的课后访谈发现，追问行为与专家教师的教学设计密切相关，来自教师对教材的深度解读和精心预设。

（3）青睐肯定性理答

肯定性理答指对学生的回答做出肯定的判断，尊重学生，首先要肯定学生的优势和长处，因此肯定性理答是构建师生平等关系的重要方式。在肯定性理答的三种形式中，专家型教师提升肯定行为的平均值占总理答行为的 15.6%，显著高于简单肯定平均值和重复肯定平均值所占的比例。提升肯定理答不仅是对学生回答的一种认可，更能进一步打开学生的思路，引导学生把自己已有的判断提升到更高层次，这无疑对学生的成长具有积极作用。

（4）惯用留白式理答

非言语理答行为可分为动作理答行为、神情理答行为、障碍式理答行为和留白式理答行为四种。前两者属于反应性理答行为，是利用身体语言和目光表情语言对学生的回答作出评判、引导或激励的教学行为；后两者属于无反应理答，其中障碍式理答行为是指由于学生的回答超出课堂预设而教师短时内无法作出处置的行为，留白式理答是指教师为给学生留出思考的时间而有意保持的不理答行为。专家教师与新手教师的留白式理答分别占非言语理答行为的60%和40%，而专家教师与新手教师的障碍式理答分别占非言语理答行为的1%和22%（图3-11）。同样，在一节课中，专家教师与新手教师的留白式无反应理答的发生率分别为5.2%和8%，而专家教师与新手教师的障碍式无反应理答发生率分别为0.2%和3%。可见两类教师在非言语理答行为方面，比较习惯于留白式理答；而新手教师的障碍式无反应性理答行为发生率为3%。这充分体现了专家教师富有教学智慧，他们有能力化解课堂中出现的尴尬状况；而新手教师应夯实个人的化学学科专业知识和教学技能，降低障碍式无反应理答行为的发生率。

（二）问答行为的案例分析

对专家-新手教师问答行为的案例研究是从两方面入手：一是比较分析专家-新手教师对简单问题、单元问题、基本问题和综合问题设计上的差异及其理答行为的差异；二是比较专家-新手教师提问的对象、形式、时机及层次方面存在的差异。

1. 理答行为的案例分析

表3-13和表3-14呈现的案例节选自新手教师N4和专家教师E4在乌鲁木齐市某中学高二（9）班和高二（4）班分别教授高中化学选修1第二章第三节"化学平衡（复习课）"的课堂教学实录。

表 3-13 新手教师 N4 的理答行为的教学案例

类型	教师 N4 提问	学生的应答要点	教师 N4 的理答要点
简单问题	1. 什么是可逆反应？ 2. 可逆反应达到平衡的标志是什么？	"同等条件下既可向正反应方向进行，也可向逆反应方向进行的反应。" "各组分百分含量保持不变。" "不太清楚。"	1. 无反应 2. "不全面"；转问其他同学；直接说出答案
单元问题	1. 化学平衡移动的原因是什么？ 2. 外界因素是如何影响化学平衡移动的？	"不太清楚，可能是外界发生变化。" "如果改变影响平衡的条件，如温度、压强、浓度等，平衡将向减弱这种改变的方向移动。"	"上课没记笔记吗？"重复答案 "不够具体，具体应该怎么说？"
基本问题	分析利用漂白粉制氯气的基本原理对反应 $Cl_2+H_2O=HClO+HCl$ 的价值分析	"漂白粉可以跟水反应生成次氯酸和碳酸钙，次氯酸受热易分解，生成盐酸和氧气。" "应该是生成的次氯酸对上述反应的平衡移动有一定的影响吧。"	"回答错误"，转问其他同学 没有评判该学生的答案，教师自己直接说出答案
综合问题	用液氯消毒自来水时，为什么再添加液氨会更有效？近年来，某些自来水厂在用液氯消毒自来水时，还加入少量液氨，这是什么原因呢？	"因为氯气和水反应生成次氯酸和盐酸，加入液氨后，液氨与水反应生成氨水，氨水电离生成铵根和氢氧根，氢氧根中和次氯酸与盐酸电离出来的氢离子，从而促使平衡向正反应方向移动，有利于次氯酸的生成，消毒作用进一步加强。"	"好，请坐下。"教师简单重复学生的答案

表 3-14 专家教师 E4 的理答行为的教学案例

类型	教师提问	学生的应答要点	E4 的理答要点
简单问题	1. 什么是可逆反应？ 2. 可逆反应达到平衡的标志是什么？	"用可逆号连接起来的反应，反应既可向正反应方向进行，也可向逆反应方向进行的反应。" "同种物质的正反应速率等于逆反应速率。"	"水电解生成氢气和氧气，氢气和氧气在点燃条件下化合生成水，该反应是可逆反应吗？"教师追问，强化概念理解 "还有没有其他说法？你再想想？"老师在引导
单元问题	1. 化学平衡移动的原因是什么？ 2. 外界因素是如何影响化学平衡移动的？	"外界条件发生了变化。" "温度、压强、浓度。" "应该还与颗粒大小以及物质自身因素也有关。" "如果改变影响平衡的条件，如温度、压强、浓度，平衡将向着减弱这种改变的方向移动。"	"什么条件发生了变化？" "还有其他条件吗？这些条件是内因还是外因？" "呵呵，你回答得不错。" "这么高度概括啊，给点掌声，能不能再具体说说呢？比如说温度怎么影响？"教师降低问题梯度
基本问题	利用分析漂白粉制取氯气的基本原理对 $Cl_2+H_2O=HClO+HCl$ 反应进行价值分析	"可以提高氯气的产量。" "平衡移动原理。" "因为生成物中次氯酸的量不断增加，平衡就会逆向移动。" "因为漂白粉会和二氧化碳以及水发生反应生成次氯酸。"	"是的。怎么提高？"教师进一步追问 "为什么平衡会移动？"将问题逐渐引向深入。"次氯酸的量为什么会增加啊？"将学生的思维引向问题的本质。"回答得不错。"老师会心地微笑

续表

类型	教师提问	学生的应答要点	E4 的理答要点
综合问题	用液氯消毒自来水时，为什么再添加液氨会更有效？近年来，某些自来水厂在用液氯消毒自来水时，还加入少量液氨，这是什么原因呢？	"不太清楚。"学生低着头。 "反应生成氨水。" "氨水是弱电解质，可以部分电离成铵根离子和氢氧根。" "会和盐酸以及次氯酸电离出来的氢离子反应生成水。""老师我知道了，生成物浓度降低，平衡正向移动，次氯酸生成更多，消毒能力会进一步增强。"	"你说氨气和水反应吗？"老师降低问题的难度，进一步引导。"氨水会不会电离？"教师进一步追问 "氢氧根和上面这个反应中的谁反应？"老师指着黑板上的氯气与水的反应问道 "那不是降低了生成物的浓度"；"没错，继续加油啊！"老师满意地点头

比较以上两表中新手教师 N4 和专家教师 E4 的问答行为，发现存在如下差异。

（1）简单问题的理答

对于简单问题的理答，比如提问："什么是可逆反应？"专家教师的理答是追问："水电解生成氢气和氧气，氢气和氧气在点燃条件下化合生成水，该反应是可逆反应吗？"借此加深学生对概念特征的深刻理解，并且当学生回答不全面时，专家教师采用启发式问题进行引导："还有没有其他说法？你再想想？"

同样的问题，新手教师对学生的正确回答没有给予评判，其理答属于无反应。当学生的回答不全面时，未给予适当的引导，而是转问其他学生，当另一位学生还未能正确回答时，新手教师就直接给出答案。诸如此类的新手教师的无反应理答难以保护学生的自尊心，缺乏对学生的引导智慧。专家型教师则通过追问，让学生进一步理解概念，当学生回答不全面时，并不提供现成答案，而是给予恰当的引导。

（2）单元问题的理答

当学生不能给出单元问题 1"化学平衡移动的原因是什么"的答案时，新手教师给予指责后直接说出答案；面对学生回答得不全面时，专家教师则采用追问方式引导学生反思矫正，最终使学生得到正确答案。面对学生对单元问题 2 的回答，新手教师对学生的正确回答没有进行肯定答复，只是追问："不具体，具体应该怎么说？"面对学生的片面理解、有偏差的回答，专家教师依据学生回答所反映的认识偏差，及时修正自己追问的难度与梯度进行认识纠偏，帮助学生理解问题。专家教师通过不断追问来帮助学生完成知识的生成。

（3）基本问题的理答

针对学生对基本问题的有偏差、不清晰的回答，新手教师给予简单否定"回答错误"，接着转问其他同学。而专家教师的理答是："是的。怎么提高啊？"

并进一步追问："为什么平衡会移动？"从而将问题引向深入。"次氯酸的量为什么会增加啊？"又将学生的思维引向问题的本质。期间，专家教师还对学生进一步思考后的回答给予肯定评价："回答得不错。"并且会心地微笑。

新手教师的理答则是简单否定该学生不清晰有偏差的答案，既没有挖掘其中学生回答中的合理成分并给予恰当肯定评价，也没有对其中偏差进行纠正引导，只是进行简单否定后就自己给出正确答案。可见，新手教师的理答是缺乏智慧的。面对类似情景，当学生回答不全面时，新手教师没有加以引导和评判，而是直接给出了答案；专家教师则善于先给予恰当评价，再通过追问将学生的思维引向深处，最终揭示问题的本质，同时还善于利用面部表情来表达对学生的肯定。

（4）综合问题的理答

当学生回答正确时，新手教师给予了鼓励性理答"好"，只是简单表扬，并未点出学生回答的精彩之处。这种理答会降低学生回答问题的兴趣和热情。当学生对此问题不会回答时，专家教师没有给予批评，而是降低了问题的梯度，然后逐步引导学生分析问题，最终通过教师不断引导，学生完满回答了问题。从专家教师与学生的问答互动过程中可以看出，学生基础较为薄弱，专家教师不断降低提问难度进行恰当引导，并通过表情不断给予鼓励，最终使学生顺利解决该问题。可见，专家教师是富有理答智慧的。

2. 提问行为的比较

表3-15呈现的案例节选自新手教师N5和专家教师E5在乌鲁木齐市某中学高一（7）班和高一（8）班分别讲授人教版高中化学必修1第四章第二节"富集在海水中的元素——氯（复习课）"的课堂教学实录。

分析表3-15中新手与专家教师有关氯的复习课的提问发现两者存在以下不同。

（1）问题的层次性不同

新手教师的提问主要是单元问题和简单问题，提出实际应用型的问题如基本问题和综合问题较少。新手教师和专家教师对同一问题的理解的层次性有所不同，例如，新手教师的提问为"次氯酸是否具有漂白性"，属于回忆性问题；专家教师的提问为"强氧化剂能够漂白，它们与二氧化硫的漂白原理有何不同"，属于对比理解性问题。可见，新手教师的提问只能要求学生通过简单回忆进行迅速的反应，回答"是"或"不是"，学生未必能理解，这类提问会限制学生的高级思维能力。专家教师对比性的提问则要求学生不仅要知道氯气漂白的本质"是什么",还要知道"为什么",同时还要弄明白强氧化剂和二氧化硫漂白性的差异,这样可帮助学生完成中学化学漂白相关知识的系统建构。

表 3-15　提问行为的比较

新手教师 N5	专家教师 E5
【课堂提问流程】	【课堂提问流程】
1. 卤素的主要化学性质是什么？举例说明，并写出相关化学方程式。	1. 卤素性质相似及差异的原因是什么？
2. 氯水是纯净物还是混合物？与液氯有何区别？氯水中含有哪些离子？	2. 新制氯水与久置氯水在颜色、成分及性质上有何不同？举例说明。
3. 如何检验氯离子？为什么要进行酸化？写出化学方程式。	3. 如何检验卤素离子？写出离子方程式。
4. 次氯酸是否具有漂白性？	4. 强氧化剂能够漂白，他们与二氧化硫的漂白原理有何不同？
5. 实验室如何收集氯气？怎么进行验满？	5. 碘化银为什么可以用作人工降雨？
6. 氯气都有那些用途？请各举一例。	6. 请你设计一个简单的实验来制备溴蒸气、溴化氢气体。
7. 氯气可以做喷泉实验吗？一体积水溶解多少体积氯气？	7. 喷泉实验的原理是什么？有哪些因素？
8. 如何书写漂白粉的制法和漂白粉失效原因的化学方程式？	8. 有哪些气体可以做喷泉实验？你能归纳出一般规律吗？
9. 卤族元素及其化合物有哪些特性？请举例说明。	9. 若希望二氧化碳气体也能做喷泉实验，应该怎么办？
10. 关于氯气的实验室制法	10. 关于氯气的实验室制法
1）写出实验室制氯气的化学方程式。	1）写出实验室制氯气的化学方程式。
2）氯气的实验室制法是如何除去杂质气体的？	2）若没有浓盐酸，能否用其他物质来代替？
3）氯气是一种有毒气体，不能直接排到空气中，多余氯气如何处理？	3）若没有二氧化锰，能否用高锰酸钾等来代替，为什么？
4）氯气的实验室制法为什么要选浓盐酸？如果是稀盐酸能不能反应？为什么？	4）为了节约用品，能否用准备氧气后的残渣来制取氯气？
	5）实验室制氯气的操作流程是什么？

（2）对重难点提问的差异

尽管新手教师和专家教师的提问基本都覆盖了此教学内容的重点和难点,但其提问设计所体现知识的深度和广度不同。例如,关于氯气的实验室制法,新手教师针对反应原理、除杂、尾气处理来设问,而专家教师则在此基础上增加了对操作原理的提问,以及反应物的选择的拓展性提问。在喷泉形成原理的设问方面,新手教师提出了"氯气可以做喷泉实验吗？一体积水溶解多少体积氯气？"的识记型问题；而专家教师则提出了"喷泉实验的原理是什么？有哪些气体可以做喷泉实验？你能归纳出一般规律吗？若希望二氧化碳气体也能进行喷泉实验,应该怎么操作？"这样的理解型和综合型问题。

（3）提问技巧的差异

从表 3-15 中可以看出,新手教师的提问中识记型问题 4 个（问题 2、4、6、

7）、理解型问题 2 个（问题 1 和问题 9）、应用型问题 3 个（问题 3、4、8）、综合型问题 1 个（问题 10）；除了综合型问题 10 以外，其他的问题之间无紧密的逻辑关系。专家教师提问中理解型问题 2 个（问题 1 和问题 7）、应用型问题 7 个（问题 2、3、4、5、6、8、9）、综合型问题 1 个（问题 10）；问题 10 中的 5 个小问题及问题 7、8、9 之间呈现递进式关系，形成了问题链。这种阶梯型问题由易到难依次提出能全面深刻地揭示知识，将学生的思维引向深入。可见，相比新手教师，专家教师善于提出应用型问题和阶梯型问题，培养学生的思维能力。

（三）结论

通过对中学化学维吾尔族新手教师和专家教师课堂问答行为的比较和对课后的访谈内容的分析，我们可以得出以下几点结论。

1. 两类教师在提问行为方面的差异明显

在提问类型上，专家教师更倾向于提理解型问题、应用型问题和阶梯型问题，且注意所提问题之间的逻辑递进关系及层次性；新手教师则更倾向于提出识记型问题，且所提问题之间逻辑关系不明显。在提问水平上，专家教师强调针对教学重难点知识的理解、应用和概括归纳及拓展；而新手教师则重视对知识的识记，常常提出简单的是非问题来了解学生的掌握情况。

2. 两类教师在理答行为方面的差异较为明显

专家教师善于积极理答、注重生成性理答、青睐肯定性理答并惯用有反应理答；当学生的回答不全面时，专家教师擅长运用追问、转问启发学生深入思考；专家教师往往将口语与肢体语言相结合对回答问题的学生给予恰当的、有建设性的肯定评价。而新手教师常常对学生的回答给予无反应理答或简单的肯定答，不擅长生成性理答。

3. 两类教师在问答行为上的关注点存在着一定的差异

专家型教师善于精心设计问题的梯度和层次性，注重对学生的不断追问和发展性理答，促进学生高级思维。而新手教师对问题的设计缺乏层次性，不利于课堂教学的有效推进，其理答行为存在一定的被动性，缺乏深入的追问，并且只注重鼓励性理答和指向性理答，有时会出现障碍式无反应理答，这可能是因为新手教师缺乏对学生心理的精准把握和对教材知识的深化理解。

三、课堂指导行为的差异

随着学生思维能力和学习能力的逐步提高，学生自主学习的方式逐步走向主导地位。因此，教师的课堂教学行为不能只停留在呈示行为和问答行为方面，而应对教师的指导行为要求越来越高。在化学课堂中，教师的指导行为主要表现在课堂练习指导、学生实验指导和探究活动指导。教师的有效指导行为能够促进学生对教材内容的深化理解、建立良好的师生关系、营造良好的课堂教学氛围和教会学生学习。教师指导行为水平的高低对培养学生的自主学习能力有重要影响，对学生终身学习和未来发展起奠基作用。

（一）课堂练习指导行为的统计分析

1. 数据统计

选取乌鲁木齐市中学化学维吾尔族专家教师与新手教师各 20 名，采用课堂练习指导行为观察量表进行调查（附录 3）。为了避免量表信息给受试者带来一定的暗示而影响调查结果的准确性，笔者在设计量表时从正反两个方面设计问题；在数据统计时对数据进行分类处理，分别统计奇数题目与偶数题目，旨在探寻新手教师和专家教师在课堂练习指导行为上存在的差异。

2. 分析与讨论

通过对表 3-16 中学化学维吾尔族专家教师与新手教师课堂练习指导行为的量表测查结果的比较分析，有如下发现。

（1）生成性指导的差异

生成性指导是最能体现教师教学智慧的指导行为，也是对学生的成长最有效的指导行为。相比新手教师，专家教师更注重生成性指导。例如，题目 4 "能与学生共同完成独立练习中的前一两个问题" 统计数据表明，专家教师和新手教师的观点有较大的差异，结合追踪访谈发现：专家教师认为学生独立练习前教师的充分指导很关键，注重精心设计独立练习的题型和题量；学生在独立练习时教师应尽量保持沉默，给学生更多探索、思考和独立练习的机会；学生在独立练习之后教师应对学生出现的普遍错误问题进行充分地示范讲解，并运用变式进行纠错练习，以巩固示范讲解的有效性。新手教师则更关注例题讲解够不够细致，学生能否得出正确答案。

（2）协助性指导的差异

专家教师和新手教师在协助性指导行为上有一定的差异。例如，针对题目 5 "独立练习时如果学生有问题可以一直帮其解决"统计数据并结合追踪访谈发现：专家教师认为对需要帮助的学生及时给予点拨即可，但不能在一个学生旁边停留过长时间，否则会影响对全班练习过程的监控；同时过度地补充练习可能会打断学生的思维，不能给学生留下充足的练习时间，另外，练习过多也可能会影响练习效果。新手教师则认为应该及时充分地给予补充，进一步指导学生进行练习。

（3）调控性指导的差异

通过课堂观察与跟踪访谈发现，在学生独立练习开始前，专家教师通常告诉学生做完练习后应该干什么，以及学生如何得到教师的帮助；学生独立练习过程中，专家教师注重对全班学生进行监控，如时不时地扫视学生以维持学生专注练习；学生独立练习结束后，教师会及时告知学生练习的成效并对其练习专注程度给予恰当的评价。例如，对于题目 19 "练习中学生可以采取任何方式得到老师帮助"，专家教师的观点是，学生应该采取恰当的方式以得到教师的帮助，而较多的新手教师则认同：练习中学生可以采取任何方式去寻求老师的帮助。同时新手教师在题目 5 "独立练习时如果学生有问题时可以一直帮其解决"上与专家教师的观点非常不一致，这说明新手教师在对整个课堂宏观把控上缺少管理经验和管理策略。

表 3-16　课堂练习指导行为观察量表统计

题号	指导练习行为维度	专家教师	新手教师
1	独立练习的题量和题型不是很重要	5.0	4.1
2	复杂的知识应该分步进行讲解、示范和练习	1.2	2.8
3	独立练习的内容与指导练习的内容差距很大	5.0	3.8
4	能与学生共同完成独立练习中的前一两个问题	4.0	1.3
5	独立练习时如果学生有问题可以一直帮其解决	2.1	4.7
6	对一个问题能够充分地讲解、示范和指导练习	1.1	3.0
7	教师在独立练习阶段进行不断的大量补充	4.8	1.3
8	教师能够及时告知学生练习的成绩	1.5	1.8
9	教师在示范和指导练习所花的时间很短	4.6	3.1
10	教师能够给学生以合理的评价	1.0	1.0
11	教师喜欢滞后询问学生对重难点的理解	4.5	3.2
12	定期扫视独立练习的学生，维持学生专心学习	2.1	2.2
13	学生练习过程中，教师在板书或者看书	4.7	3.9
14	向练习中有问题的学生及时提供帮助	1.1	3.1

续表

题号	指导练习行为维度	专家教师	新手教师
15	教师注重学生练习题型的一致性	4.4	1.2
16	座位模式要有利于教师监控全班的学生	2.1	1.9
17	教师仅仅要求学生做完给定的练习	4.5	3.4
18	教师把学生掌握知识、提高能力作为练习的根本	1.8	2.0
19	练习中学生可以采取任何方式得到老师帮助	4.1	2.4
20	学生提前完成练习后，教师应该明确其该做什么	2.0	3.1

（二）课堂练习指导行为的案例分析

对专家-新手教师课堂练习指导行为的案例研究是从课堂练习准备的指导、课堂练习过程的指导和课堂练习总结的指导三方面进行的。表 3-17～表 3-19 呈现的案例节选自新手教师 N3 和专家教师 E3 在乌鲁木齐市某中学高一（9）班和高一（4）班分别教授人教版高中化学必修 1 第二章第二节"离子反应（第一课时）"的课堂教学实录。

1. 练习准备指导行为的分析

从表 3-17 可见，新手教师在指导学生书写离子方程式之前，注重对物质的分类，电解质的基本概念，酸碱盐的溶解性表，电离方程式的书写，水溶液中可以离解成离子的物质类别，离子反应的概念，离子方程式的概念等知识进行回顾。专家教师在知识准备阶段却并没有照搬概念，而是通过大量的实例来复习概念，指导学生通过对实例的逐一判断来回忆概念的相关知识。专家型教师帮助学生将概念内化，使基本概念的复习不再枯燥，因为学生真正要掌握的是如何运用概念作出恰当的判断，而不是对概念的机械记忆。

表 3-17　练习准备指导行为的比较

新手教师 N3	专家教师 E3
【知识准备】	【知识准备】
1. 物质的分类	1. 将下列物质分类
酸、碱、盐和氧化物等基本概念	Na_2SO_4；CO_2；HNO_3；H_2O；H_2CO_3；$NaOH$
2. 电解质的基本概念	2. 下列物质是不是电解质
3. 酸碱盐溶解性表	Na_2SO_4；Cu；CO_2；H_2；HNO_3；H_2O
4. 电离方程式的书写	3. 下列物质在水溶液中能否离解
5. 水溶液中可以离解成离子的物质	$CuSO_4$；CO_2；H_2CO_3；$Cu(OH)_2$；HCl
6. 离子反应的概念	4. 写出下列物质的电离方程式
7. 离子方程式的概念	H_2SO_4；$CuCl_2$；H_2CO_3；KOH；Na_2SO_4

2. 练习过程中指导行为的分析

从表 3-18 发现，新手教师注重练习过程基本步骤的训练，首先写出化学方程式，其次寻找在水溶液中可以离解成离子的物质，再删去方程式两边相同的离子，最后检查离子方程式的电荷和原子数目是否守恒，紧接着让学生做一定量的练习。而专家教师先从离子方程式的概念出发，采用逆向思维的方式，先给出和化学方程式对应的一个离子方程式，让学生观察两者的差异，然后让学生模仿练习如何把化学方程式变成离子方程式，最后归纳离子方程式的一般书写步骤，进一步做大量练习。对比可知，新手教师注重通过规范化的步骤引导学生练习，而专家教师则注重培养学生观察问题、分析问题和解决问题的能力。

表 3-18　练习过程中指导行为的比较

新手教师 N3	专家教师 E3
【方法步骤】 离子方程式书写的一般步骤 1. 写出反应化学方程式 $Na_2SO_4+BaCl_2 == 2NaCl+BaSO_4\downarrow$ 2. 将可拆分的物质拆分成离子 $2Na^++SO_4^{2-}+Ba^{2+}+2Cl^- == 2Na^++2Cl^-+BaSO_4\downarrow$ 3. 删去两边相同的离子 $SO_4^{2-}+Ba^{2+} == BaSO_4\downarrow$ 4. 检查两边原子个数和电荷总数是否相等 【学生练习】 写出与化学方程式对应的离子方程式 $8HNO_3+3Cu == 3Cu(NO_3)_2+2NO\uparrow+4H_2O$ $CaCO_3+2HCl == CaCl_2+H_2O+CO_2\uparrow$	【方法步骤】 1. 离子方程式的书写 对比离子方程式和化学方程式 $Na_2SO_4+BaCl_2 == 2NaCl+BaSO_4\downarrow$ $SO_4^{2-}+Ba^{2+} == BaSO_4\downarrow$ （1）将可以拆分的物质全部拆分成离子 （2）消掉两边相同的离子 （3）保留在水中不能拆的物质 （4）离子方程式两边的电荷总数依然相等 2. 模仿练习 $8HNO_3+3Cu == 3Cu(NO_3)_2+2NO\uparrow+4H_2O$ $CaCO_3+2HCl == CaCl_2+H_2O+CO_2\uparrow$ 3. 自我总结 4. 变式练习

3. 练习总结指导行为的分析

由表 3-19 可知，新手教师和专家教师最终都归纳出书写离子方程式的一般步骤和应注意的问题。但新手教师是自己归纳后板书给学生，专家教师则是先让学生归纳、教师纠正学生的错误并板书。对于"在水溶液中可以离解的物质到底有哪些？"这一问题，新手教师让学生通过酸碱盐的溶解性表进行判断，专家教师将其进一步细化为"盐（可溶性盐）、强碱（可溶性强碱）、强酸（全部可以拆）"，随后进一步提出如何通过离子方程式书写化学方程式的问题，给学生留下思考空间。

表 3-19　练习总结的指导行为的比较

新手教师 N3	专家教师 E3
【写法指导】 1. 离子方程式书写的一般步骤： 　　写；拆；删；查 2. 水溶液中可以拆开的物质： 　　酸碱盐溶解性表 3. 写离子反应前提：会写电离方程式 4. 离子反应不仅表示一个特定化学反应，也可以表示一类化学反应 5. 离子方程式和化学方程式的对应	【写法指导】 1. 离子方程式书写的一般步骤： 　　写；拆；删；查 2. 归纳出哪些物质在水中可以离解： 　　可溶性的盐（酸碱盐溶解性表） 　　可溶性强碱（酸碱盐溶解性表） 　　强酸（全部可以离解） 3. 如何将离子方程式改写成对应的化学方程式

（三）课堂实验指导行为的案例分析

对专家–新手教师课题实验指导行为的案例分析是从学生实验开始前、进行中和结束后三个视角着手的。表 3-20～表 3-22 呈现的案例片段节选自新手教师 N2 和专家教师 E2 分别在乌鲁木齐市某中学初三（2）班、初三（4）班教授人教版义务教育教科书化学九年级上册第六单元课题 3 "二氧化碳制取的研究"的课堂教学实录。

表 3-20　对学生实验操作前的指导行为的比较

新手教师 N2	专家教师 E2
【撰写预习报告】 依据二氧化碳的实验室制法认真撰写实验报告 【实验反应原理】 实验室一般用石灰石或大理石与稀盐酸反应制取二氧化碳 $CaCO_3 + 2HCl == CaCl_2 + H_2O + CO_2\uparrow$ 【实验装置展示】 介绍二氧化碳实验室制法装置图 稀盐酸 石灰石 【实验注意事项】 长颈漏斗必须液封 导气管露出橡皮塞不能过长 导气管要伸到集气瓶的底部	【反应原理选择】 制取应简便迅速,所制气体纯度较高,操作简便、安全,易于收集。能生成二氧化碳的化学反应很多,但不一定能用于实验室制二氧化碳气体 【反应装置选择】 实验室制取气体装置选择的思路,取决于反应物状态和反应的条件 1. 看反应物的状态：有固体与固体反应的,也有固体与液体反应的 2. 看反应的条件：有加热的,也有不需加热的 【收集装置选择】 实验室收集气体装置选择的思路,决定气体的物理性质 1. 密度小于空气且不与空气中气体反应的气体,可用向下排空气法收集 2. 密度大于空气且不与空气中气体反应的气体,用向上排空气法收集 3. 难溶于水的气体,用排水法收集

1. 操作前的指导行为分析

从表 3-20 可以看出，新手教师在实验操作前要求学生拿出预习报告进行检查，之后，再向学生依次呈示实验室制取二氧化碳的反应原理、反应装置和注意事项，并且对实验装置图进行了详细的解释说明。专家教师则考虑到学生已经学习了氧气的实验室制法，所以，先向学生呈示实验室制取气体的基本要求，再提问学生可以利用哪些化学反应原理来制取二氧化碳气体，并带领学生分析讨论各种反应原理的利弊。对于实验室制取气体的反应装置，专家教师则向学生呈示反应装置的选取要求与反应物的状态和反应物的条件有关。对于气体的收集装置，专家教师向学生强调选择收集装置与气体的物理性质和化学性质有关，即需要具体考虑该气体是否与空气反应、密度大小、是否溶于水等。

2. 实验操作中的指导行为分析

比较表 3-21 中的案例发现，新手教师在学生实验的过程中，不断纠正学生的错误，并且在讲台上重新演示了实验，口头强调学生将要观察到的实验现象，而不是引导学生自己去观察实验结果。专家教师在学生实验的过程中基本保持沉默，不重复讲解注意事项，在学生遇到困难时，给予其一定的指导，但并不告诉学生现成的答案，尽量让学生自己去尝试，探究选择各种试剂制取二氧化碳的利弊。专家教师没有给学生提供现成的操作步骤和实验方案，要求学生自己先选取试剂，再确定反应装置，进而选取收集装置，最后组装仪器、加入试剂完成实验。专家教师这样的指导行为有利于培养学生的实验观察能力和分析解决问题的能力。

表 3-21　对学生实验操作中指导行为的比较

新手教师 N2	专家教师 E2
【纠正错误操作】	【指导药品选择】
药品加入方法的错误	【指导反应装置选择】
仪器连接的错误	【指导收集装置选择】
收集气体方法的错误	【指导产物验证】
检验气体方法的错误	【解答学生疑难】
【重新演示实验】	【气体验满的方法】
【强调实验现象】	不给学生提供现成答案
有气体产生	不给学生程序化的操作
澄清石灰水变浑浊	不给学生重复性的讲解

3. 实验结束后的指导行为分析

实验结束后，比较表 3-22 中案例片段发现，新手教师强调实验现象和关键性操作，重复实验主要步骤，并对学生实验操作中的错误归纳总结，即"归纳实验现象—强调关键操作—重复实验步骤—总结主要错误"的过程。

表 3-22　对学生实验完成后的指导行为比较

新手教师 N2	专家教师 E2
【归纳实验现象】 无色气体产生；澄清石灰水变浑浊 【强调关键操作】 气体收集；气体验满；气体检验 【重复实验步骤】 连接；检验气密性；装药品；强调关键操作；验满；气体验证 【总结主要错误】 长颈漏斗没有液封；导气管露出橡皮塞过长；导气管没有伸到集气瓶底部	【组织学生讨论归纳】 学生归纳实验现象；学生归纳探究步骤；学生归纳实验中的错误 学生归纳主要操作要点：①气体收集方法；②气体验满方法；③气体检验方法 【引导学生归纳制气的主要步骤】 反应原理、发生装置、收集装置

为了强化实验过程中的注意事项和学生应该掌握的知识，专家教师在实验结束后引导学生归纳探究实验的一般步骤，并让学生各抒己见，完成探究过程，然后让学生认真撰写实验报告，比较各种实验室制法的优缺点及学生在实验中出现的错误。对于实验中的主要操作要领，让学生自己归纳总结，教师适时地纠正学生表达中的错误。

（四）结论

通过对上述中学化学维吾尔族新手教师与专家教师课堂指导行为的统计分析与案例比较，结合课后追踪访谈，我们可以得出以下几点结论。

1）中学化学双语教师课堂指导行为是否恰当、有效受制于双语教师对化学专业知识的理解程度和自我建构。尽管新手教师的国家通用语言表达具有一定优势，但化学专业知识、自我建构及其个性化解释表达方面是其"短板"。专家教师凭借扎实的化学专业知识和丰富的个性化化学教学经验，能够较为精确地阐释化学概念和原理，且较为娴熟地指导学生的学习。

2）中学化学维吾尔族新手教师和专家教师在指导行为上的关注点存在着一定的差异。新手教师注重鼓励性指导和指向性指导，但其指导存在一定的被动性，也会出现障碍式无反应的指导。专家教师则善于积极指导，注重对学生的肯定性与发展性指导，这与专家教师对教材知识深刻理解和对学生学习心理及学习状况的准确把握有密切关系。

3）中学化学维吾尔族新手教师和专家教师在指导过程中注重运用本民族语言来突出重点，也善于运用本民族的化学课程资源帮助学生理解化学学科知识。

四、课堂管理行为的差异

课堂管理行为主要包括实验课堂安全管理、课堂问题行为管理、课堂时间管理等。课堂管理行为能够体现教师的教学智慧，再现教师的教学情意，在规定的课堂时间内实现课堂效益的最大化，同时有利于维持良好的课堂教学秩序，约束和控制学生的问题行为，引导学生有序开展学习活动，以激发学生的学习潜能，提高其学习效率和质量。对中学化学维吾尔族新手教师与专家教师课堂管理行为的差异研究聚焦在显性课堂管理行为和课堂强化行为方面。

（一）显性课堂管理行为的统计分析

1. 问卷调查

采用中学化学双语教师课堂管理行为调查问卷（附录4）对乌鲁木齐市中学化学维吾尔族专家教师与新手教师各20名进行问卷调查，利用 Microsoft Office Excel 2003 对调查数据进行分类统计，以探讨中学化学维吾尔族新手教师和专家教师在常规问题行为管理、课堂问题行为管理、课堂有效时间管理和学生实验问题管理方面存在的差异。

2. 分析与讨论

（1）班级常规问题管理行为的差异

分析表 3-23 的数据发现：首先，在制定课堂规则时，85%的专家教师采用尊重学生的建议，注重和学生进行商讨共同制定，以便学生自觉遵守课堂规则；而采取师生商讨方式制定课堂规则的新手教师只有40%，约30%的新手教师是自己构思化学课堂规则的。其次，超过半数的新手教师和专家教师认为，规则在具体执行时应灵活多变，具体问题具体分析；但约35%的专家教师认为课堂规则应该始终如一地执行。最后，超过八成的专家教师和新手教师都注重鼓励良好行为，以便形成榜样的力量，他们均反对惩罚学生。

表 3-23　班级常规问题管理行为的数据统计　　　　单位：%

题号	问题	选项			
1	制定课堂规则	师生商讨	自己构思	利用学校规则	自然形成
	专家教师	85	0	15	0
	新手教师	40	30	13	17
2	课堂规则执行手段	始终如一	公平差异	灵活多变	有时不执行
	专家教师	35	0	65	0
	新手教师	7	38	53	2
3	课堂规则执行方式	间接暗示	强令制止	鼓励良好行为	惩罚
	专家教师	5	0	95	0
	新手教师	12	5	83	0
4	课堂规则的作用	规范行为	维护秩序	培养良好行为	促进学习
	专家教师	0		25	75
	新手教师	15	5	60	20
5	违反规则的原因	思想模糊	管理失范	教学偏差	行为失控
	专家教师	0	43	0	57
	新手教师	25	22	35	18

专家教师与新手教师的差异主要表现在：对于课堂规则作用的认识和导致学生违反规则的因素方面。75%的专家教师认为课堂规则的作用是促进学生学习，而 60%的新手教师认为课堂规则的作用是培养学生的良好行为；专家教师认为导致学生违反规则的主要因素是学生行为的失控和教师自身管理的失范，新手教师则认为导致因素是多方面的。以上比较说明，相对新手教师，专家教师的常规问题管理行为具有现实的目的性，且驾驭课堂能力强。

（2）课堂问题行为管理的差异

在课堂问题行为管理策略上（表 3-24），超过六成的专家教师经验丰富且注重采取事先预防策略；而接近半数的新手教师则是积极寻求有效的转变方式以维护有效的课堂教学。面对学生出现的不良行为，两类教师都善于采用多种手段（如转移注意、创设情境、信号暗示等）正面终止学生的不良行为，均不倡导使用惩罚手段来终止学生的不良行为；约有 25%的新手教师选择有意忽视的方式来终止学生的不良行为，而专家教师选择的是移除不良媒介的方式来终止学生的不良行为。新手教师采用有意忽视方式的原因可能是其对课堂的突发事件不能很好地驾驭，或者为了按时完成课堂教学任务而有意忽视，这种有意忽视可能会强化学生的不良行为，给课堂教学带来更大的干扰。

表 3-24　课堂问题行为管理策略的数据统计　　　　单位：%

题号	问题	选项			
	课堂问题行为管理策略	事先预防	及时终止	有效转变	有意忽视
6	专家教师	63	7	30	0
	新手教师	25	20	50	5
	正面终止不良行为方式	信号暗示	使用幽默	创设情景	转移注意
7	专家教师	25	0	25	50
	新手教师	15	17	40	28
	反面终止不良行为方式	移除媒介	批评教育	利用惩罚	有意忽视
8	专家教师	68	22	0	10
	新手教师	60	10	5	25
	强化良好行为的方式	社会强化	活动强化	行为协议	替代强化
9	专家教师	0	88	2	10
	新手教师	5	65	20	10
	问题行为校正原则	鼓励良好	训斥不良	奖励多于惩罚	不予理会
10	专家教师	100	0	0	0
	新手教师	55	8	35	2

在强化学生良好行为方面，两类教师主要采用活动方式来强化学生的良好行为；还有约 20%的新手教师选择行为协议来强化学生的良好行为，其认为协议规则能够更好地约束学生的不良行为，间接地达成强化良好行为的目的。对于学生出现的问题行为矫正原则方面，100%的专家教师和55%的新手教师认为应该鼓励学生的良好行为，发挥正强化作用；还有35%的新手教师认为奖励应该多于惩罚，他们认为奖励可以鼓励学生的良好行为，惩罚则会强化学生的不良行为，并且会伤害学生的自尊心，对学生改正错误起到消极作用。

（3）课堂有效时间管理的差异

课堂有效时间管理是教师促进课堂有效教学、提高课堂教学质量的重要保证。分析比较表 3-25 中数据发现：第一，80%的专家教师认为，影响学生学习时间的主要因素是学生的理解教学能力及其自学能力，这两者的比例比新手教师高出两成。第二，67%的专家教师认为，影响学生学习专注时间的主要因素是学生的学习兴趣，此比例比新手教师（30%）高出37%，因为兴趣是最好的老师。第三，对于浪费教学时间的主要原因，专家教师认为是检查出勤和维护纪律；而新手教师更多地认为是课堂教学缺乏完美的教学设计。第四，专家教师认为高效利用课堂时间的最好方式是精心设计提问（55%）和凝练语言（40%）；而新手教师却认为高效利用课堂时间的最好方式是精心准备（40%）和凝练语言（30%）。因为专家教师常常通过精心设计有梯度问题组来推进课堂教学进程。第五，专家教师一致认为，课堂教学最佳时间域为 5～25 分钟；而只有 40% 的新手教师认同此最佳时间域。可见，专家教师在导入新课后迅速利用最佳时间域完成新知识技能的教学。

表 3-25　课堂有效时间管理的数据统计　　　　　单位：%

题号	问题	选项			
11	影响学生学习时间的因素	自学能力	理解教学能力	教师教学质量	家长监督
	专家教师	37	43	10	10
	新手教师	25	35	40	0
12	影响学生专注学习的因素	学习动机	教学质量	学习兴趣	课堂实践
	专家教师	33	0	67	0
	新手教师	18	17	30	35
13	教师浪费教学时间的原因	检查出勤	媒体使用不当	缺乏教学设计	维护纪律
	专家教师	63	0	0	37
	新手教师	17	10	60	13
14	高效利用课堂时间的途径	精心备课	按时上课	精心提问	凝练语言
	专家教师	5	0	55	40
	新手教师	40	13	17	30
15	课堂最佳教学时域/分钟	0～20	5～25	15～30	20～35
	专家教师	0	100	0	0
	新手教师	5	40	37	18

（4）学生实验管理行为的差异

对学生化学实验管理行为不仅关系到学生化学实验知识技能，还关系到学生的身心健康与安全。

比较分析表 3-26 中的数据发现：第一，学生在实验预习中，强调应该注意操作事项和实验安全常识的专家教师分别为 50% 和 43%，此比例明显高于对应的新手教师（其分别为 15% 和 12%），这说明专家教师具有更强的化学实验安全防范意识。第二，超过 60%的新手教师和专家教师认为学生实验课最容易出现的问题就是基本操作不规范，因此要不断纠正和强化学生的基本实验操作技能。第三，专家教师与新手教师对实验首要问题的认识有明显不同，93%的专家教师都认为实验的首要问题是注意安全，而持同样观点的新手教师仅占 32%，另有 38%的新手教师认为最重要的是认真观察实验现象，可见新手教师更加注重教学目标的达成。第四，在对实验课最需要解决问题的认识上，88%的专家教师和40%的新手教师认为是纠正学生错误的操作，进一步培养学生严谨认真的态度和良好的实验操作能力；如果学生的操作出现错误，专家教师一致认为应该纠正学生的操作错误，而57%的新手教师认为应该指出学生错误，即引导学生发现错误并自我纠正。这说明新手教师能够更快地适应课程改革，接受课程理念的变化。

表 3-26　学生实验管理行为的数据统计　　　　　　单位：%

题号	问题	选项			
	实验前的准备	预习报告	注意操作事项	了解实验安全	理解原理
16	专家教师	5	50	43	3
	新手教师	40	15	12	33
	实验中易出现的问题	只看不做	乱加试剂	基本操作失范	乱倒废液
17	专家教师	20	0	75	5
	新手教师	5	25	60	10
	实验中的首要问题	注意安全	认真观察现象	熟练基本操作	记录数据
18	专家教师	93	3	2	2
	新手教师	32	38	28	2
	实验中最亟待解决的问题	缺乏仪器	纠正操作错误	注意规范演示	强化操作
19	专家教师	0	88	0	12
	新手教师	10	40	22	28
	学生操作失范的处理	严厉批评	纠正其错误	让其终止实验	指出错误
20	专家教师	0	100	0	0
	新手教师	5	30	8	57

（二）课堂强化行为的差异

强化行为指教师依据操作条件反射的心理学原理，对学生的反应采取的肯定和奖励的方式，其目的是，在教学材料的刺激与所期望的学生反应之间建立一种动态的平衡关系，帮助学生形成正确的学习行为，促进学生思维发展。通过文献研究和观察大量化学课例发现，课堂强化行为从表现形式上可以分为广义强化行为和狭义强化行为。广义强化行为是指教师对学生所有的强化行为，包括语言强化、体态语强化、标志强化、沉默强化和活动强化；狭义强化主要指语言强化。以下将从广义的强化行为角度分析比较中学化学维吾尔族新手教师与专家教师在语言强化行为和非语言强化行为的各个层次上存在的差异。

1. 数据统计

采用教师课堂强化行为观察记录表（附录2），以中学化学维吾尔族3名新手教师和3名专家教师各4节同课异构课例（共计24节）的录像为分析样本，由研究小组成员和2位教研员组成5人评价小组，依据量表对研究对象的课堂强化行为进行了频数统计。基于每节课的频数统计，得出各类强化行为在每节课中的平均次数（表3-27），进而探寻两类教师在强化行为各个维度上的差异。

表 3-27　各类课堂强化行为的平均频数的统计

教师课堂强化行为的维度		专家教师				新手教师			
		E1	E2	E3	均值	N1	N2	N3	均值
语言强化	口头表扬或批评	2	1	3	2.0	9	4	7	6.7
	口头表扬或批评并讲明理由	5	12	11	9.3	3	9	10	7.3
	示范学生的回答	0	3	3	2.0	14	1	7	7.3
	让学生告诉其他学生如何做	2	8	3	4.3	1	1	2	1.3
体态语强化	面部表情强化（鼓舞/疑惑/赞同）	6	12	7	8.3	4	2	4	3.3
	站位变化强化（注意/关注/强调）	7	9	9	8.3	3	1	5	3.0
	身态变化强化（肯定/否定/关注）	8	9	9	8.7	8	6	2	5.3
	手势变化强化（注意/安静/停止）	1	7	8	5.3	1	0	8	3.0
标志强化	教师对学生的板演进行评价	10	12	8	10	5	1	5	3.7
	在黑板上对重难点的彩色标注	7	10	6	7.7	2	1	4	2.3
	在实验中，对观察重点进行标注	5	8	6	6.3	2	2	3	2.3
	对学生的练习进行评价和标注	13	9	12	11.3	2	7	3	4.0
沉默强化	表示对不良行为的反应	3	4	1	2.7	12	5	2	6.3
	给学生留有足够的时间思考	7	5	9	7.0	3	1	0	1.3
	表示给学生充分的时间讨论	5	2	4	3.7	1	1	0	0.7
活动强化	学生帮助老师进行演示实验	3	3	1	2.3	0	1	2	1.0
	让学生阐述自己的见解	8	5	7	6.7	1	3	4	2.7
	让学生把解答写在黑板上	1	0	3	1.3	4	5	2	3.7
	对其他学生的发言给予评价	15	6	6	9.0	3	5	4	4.0

2. 分析与讨论

以表 3-27 化学双语教师课堂强化行为的频次统计数据为依据，对两类教师的语言强化行为、沉默强化行为、标志强化行为、活动强化行为和体态语强化行为五个方面分别进行了比较，如图 3-13～图 3-15 所示。

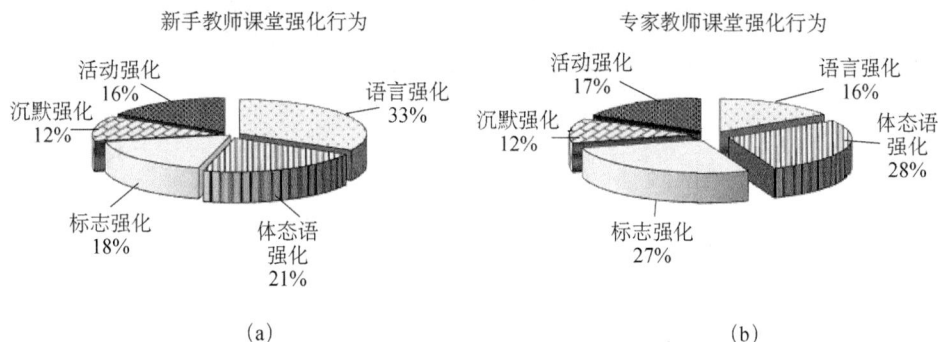

新手教师课堂强化行为

专家教师课堂强化行为

(a)　　　　　　　　　　　　　　　　　　(b)

图3-13　新手教师与专家教师课堂强化行为的比较

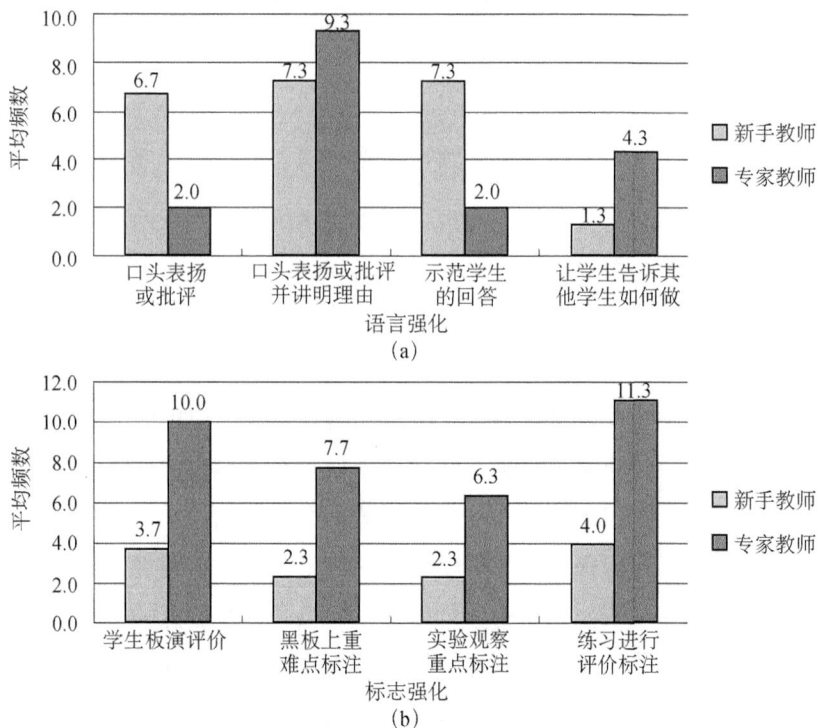

(a)

图3-14　新手教师与专家教师语言强化和标志强化行为的比较

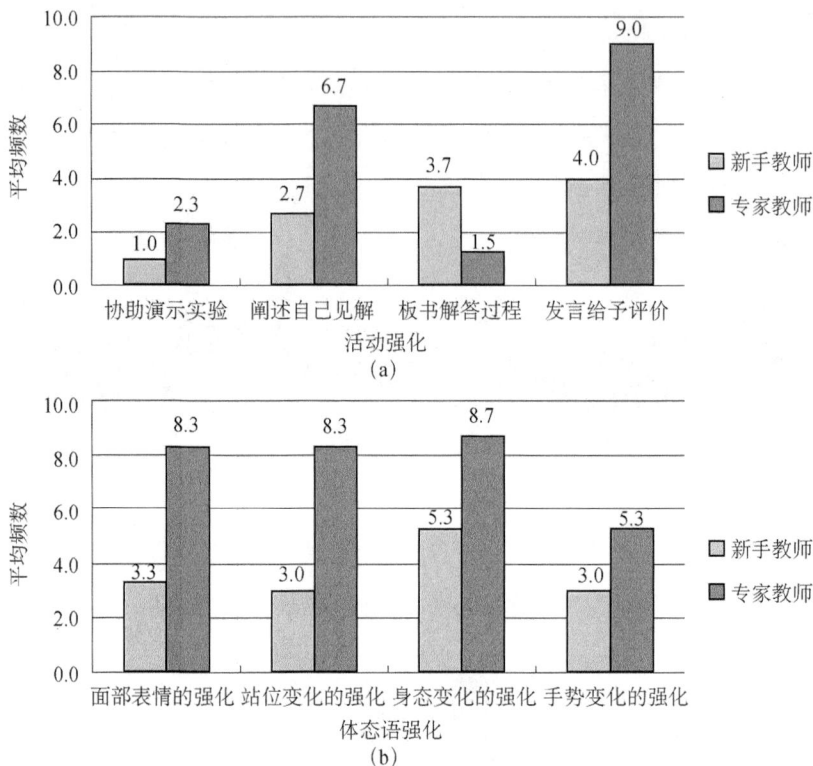

图3-15　新手教师与专家教师活动强化和体态语强化行为的比较

通过对以上图表的分析比较发现，中学化学维吾尔族新手教师与专家教师课堂管理强化行为的差异如下。

（1）新手教师注重运用语言强化，而专家教师注重运用标志强化和体态语强化

尽管两类教师都注重采用多样化的强化管理行为，但他们的侧重点有所不同。新手教师比较注重语言强化，说明新手教师具有较好的语言表达能力，这也与其国家通用语言口语水平相对较高有关。专家教师注重运用标志强化和体态语强化，说明专家教师善于把握学生的内心世界，注重通过自己的体态语来加强和学生的亲密联系。强化行为的多样化是教师教学智慧的体现也是促进学生学习的有效方式，它可以使课堂变得富有生机和魅力，并且可以进一步帮助学生形成良好的学习行为。因此，应该鼓励新手教师使用多样化的强化管理行为，以优化教学效果。

（2）新手教师常用消极语言强化，而专家教师善用积极语言强化

专家教师善于运用对学生起积极促进作用的语言强化行为，而新手教师在激励强化方面有所欠缺，较多采用消极语言强化行为。相比新手教师，专家教师在"口头表扬或批评并说明理由"和"让学生告诉其他学生如何做"方面具有显著优势，这说明专家教师注重引导学生对其出现的错误进行归因，善于激励学生去反省、展示自我，培养学生的成就感。新手教师习惯于批评或重复学生的回答，可见，新手教师在激励强化方面智慧不足。

（3）专家教师善于发挥标志强化和体态语强化的辅助教学作用

专家教师在运用标志强化和体态语强化的频次，以及发挥其辅助教学功能方面占有明显优势。在课堂教学中，专家教师对教学重点和难点知识不仅善于运用维吾尔语、国家通用语言双语进行精确阐释，而且还运用维吾尔语、国家通用语言双语将化学术语或核心概念进行板书和彩色标注，引起学生的注意，强化学生的理解。与此同时，专家教师也善用体态语强化，通过这种无声语言走进学生的内心、建立师生心灵之间的桥梁。而新手教师在课堂上运用标志强化和体态语强化的频次较低，更谈不上发挥其辅助功能。为此，新手教师应该在课堂教学中体验并运用标志强化和体态语强化。

（4）专家教师注重运用以学生为中心的活动强化

活动强化行为有助于培养学生的思维能力和语言表达能力，但是不能过于急切和频繁，当活动强化行为过于急切时，就会分散学生的注意力，影响学生思路的流畅性。专家教师在"让学生阐述自己的见解"和"对学生的发言给予恰当评价"两方面优势明显，说明专家教师活动强化是以学生为中心的，给学生创造了表达、展示的机会，同时也给自己创造了倾听学生的想法与观点的机会，这样能培养学生的成就感和积极探究的学习兴趣。新手教师选择"让学生板书解答过程"方面频率较高，说明新手教师比较注重运用学生配合教师讲解的活动强化，这样能促进师生合作，培养学生的动手能力。

（三）结论

通过对中学化学维吾尔族新手教师和专家教师课堂管理行为的统计观察比较和课后访谈内容的分析，可以得出以下几点结论。

1）国家通用语言口语水平的高低对中学化学维吾尔族新手教师和专家教师的课堂管理行为影响不大。在课堂管理过程中，化学双语教师注重使用本民族语言，以便更好地与学生沟通。

2）两类教师的管理行为关注点存在一定的差异。专家教师注重通过管理达到促进学生学习的目的，这与专家教师对教学目标和内容及学生心理的准确把握密切相关；新手教师注重通过管理行为达到维护课堂教学秩序的目的，这与新手教师处于专业成长初级阶段密切相关。

3）两类教师在课堂管理过程中都注重运用本民族语言向学生破解教学重点和难点、表达激励学生的正确行为和积极感情，在实现有效教学与课堂管理的同时，使学生增进对本民族文化及语言的理解和认同。

总之，新手教师要善于向专家教师学习其课堂管理行为和艺术，使自己的教学管理水平不断得到优化，让自己的课堂管理过程成为促进学生探索知识发展能力的过程，同时要不断学习教育理论知识和心理学专业知识，增加自己对学生内心世界的了解和把握。

五、新手-专家教师课堂教学行为特征

（一）新手教师课堂教学行为特征

在呈示行为方面，新手教师的总体国家通用语言口语水平较高，但其对化学双语教学存在片面理解，在板书中表现为单语呈示特点；同时，由于板书缺乏前期的精心预设，新手教师板书呈示行为存在一定的被动性。在问答行为方面，由于新手教师设计问题缺乏层次性，不利于以问题有效推进课堂教学，造成新手教师易出现被动性理答行为，缺乏深入的追问；新手教师较为注重鼓励性理答和指向性理答，有时会出现障碍式无反应理答。在指导行为方面，新手教师注重鼓励性指导和指向性指导，但其指导存在一定的被动性，有时会出现障碍式无反应指导。新手教师的课堂管理行为以维护课堂教学秩序为目标，还无法准确理性地把握影响课堂教学环境的主要因素。

（二）专家教师课堂教学行为特征

专家教师不仅具备精湛的学科知识结构，还拥有一定的教育学、心理学通识类知识。在呈示行为方面，专家教师注重呈示的多样性和互动性，在呈示知识生成过程时，注重与学生思维的同步。在理答行为方面，专家教师善于精心设计问题的梯度和层次，注重在对学生的不断追问过程中实施发展性理答。在指导行为方面，专家教师能精确阐释化学用语和概念，善于积极指导，注重对学生实施肯定性指导和发展性指导，优化其课堂指导行为。在管理行为方面，专家教师注重通过管理行为促进学生学习的成效，准确把握学生心理世界，有效提升课堂教学效率。

第四章 教学知识图式的分析比较

　　教师知识的发展是一个非常复杂的问题，学科教学知识作为教师知识的核心部分，是区分学科新手教师与学科专家教师一种独特的内容。教学知识图式是教师在教学实践中形成的，针对某一特定教学主题或核心概念有层次的、整体性的知识结构。本章基于中学化学双语教师的教学知识，为新手教师专业成长提供了有效的指导。一方面，通过问卷调查法和访谈法分析中学化学双语教师的教学知识与技能来源，并定量分析新手和专家教师在教学知识与技能来源上的差异；另一方面，通过分析双语教师教学知识图式来研究课堂教学中的学科教学知识，比较新手和专家教师教学知识图式的差异，探讨专家教师化学学科教学知识图式的特征。

第一节　双语教师知识与技能来源的调查分析

一、问卷设计与调查方式

　　通过问卷调查并定量分析中学化学双语教师的学科教学知识与技能来源，有效地探索促进中学化学双语教师专业发展的途径。问卷的设计借鉴范良火博士的《教师教学知识发展研究》中教师教学知识来源问卷调查表，在此基础上结合中学化学新疆双语教师的专业教学特点形成了本研究的调查问卷（见附录5）。问卷由指导语、背景资料和问题组成。指导语是说明调查的目的意义及填写方法；背景资料包括性别、学历、年龄、双语教龄等方面；问题涉及两部分，第一部分是有关职前经验的，第二部分是有关在职经验的。通过六大范畴（即从教后接受的专业培训、有组织的专业活动、和同事的日常交流、阅读专业书刊、自身的教学经验和反思、网络查询及对教师学科教学知识的作用）的问题来确定双语教师学科教学知识与技能的来源。

研究小组成员还深入乌鲁木齐、和田等地的双语学校，通过访谈、课堂观察了解双语学校概况，特别关注化学双语师资（学历和教学经验），双语教师对双语教学的看法、双语教学中存在的困惑及解决对策，学校对双语教育的重视程度（例如，学校为提高学生和教师的国家通用语言水平而采用的措施和办法）及学校所开展的教研活动，学生对双语教学和双语教师的看法等。本次调查采用问卷调查、访谈、课堂观察相结合的方法，来确定双语教师在双语实施过程中学科教学知识与技能的来源。

二、问卷调查结果与讨论

问卷调查的对象主要是南疆喀什地区与和田地区中学化学双语教师，采用简单随机抽样法选取52名中学化学维吾尔族双语教师，共发放问卷52份，收回52份，有效问卷49份，回收率为100%，有效率为94.23%。使用Microsoft Office Excel 2003对问卷进行统计分析。

（一）调查对象基本概况

对调查对象的背景信息资料统计发现（表4-1），教龄在4年及以下、4年以上至8年的双语教师所占比例分别占51.0%和47.0%，学历在本科及以上的占83.7%。结合对专家教师和新手教师的界定，对两种类型教师进行对比分析。

表 4-1 调查对象的基本情况

名称	项目	人数/人	比例/%
性别	男	10	20.4
	女	39	79.6
双语教龄	4 年以下	25	51.0
	4~8 年	23	47.0
	8 年以上	1	2.0
学历	专科	8	16.3
	本科	40	81.7
	研究生	1	2.0
职称	三级教师	2	4.1
	二级教师	33	67.4
	一级教师	11	22.4
	高级教师	3	6.1
类别	新手教师	35	71.4
	专家教师	14	28.6

（二）职前经验的统计分析

1. 当学生时经历过的与成为教师后使用的教学策略

表 4-2 说明，双语教师在他们教学中使用的教学策略的百分比都比在作为学生时所经历过的相应教学策略的百分比高，尤其是多媒体演示和网络查询差异较大。产生这种差异的原因是显而易见的，因为计算机技术和网络信息技术正普及和被用到课堂教学中。图 4-1 说明，专家教师在学生时代经历过的讲授新课和阅读教材策略频次分别比新手教师高 16%和 15%。但是，总体来看，除了受计算机和网络信息技术普及的影响外，新手教师和专家教师在学生时代经历过的教学策略差异不大，但是受到外界环境的影响较大。

表 4-2 当学生时经历过的和成为教师后使用的教学策略的统计

教学策略	作为学生时经历过的人数/人	作为学生时经历过的百分比/%	作为教师时使用过的人数/人	作为教师时使用过的百分比/%	百分比差异/%
复习旧课	46	93.88	47	95.92	2.04
讲授新课	40	81.63	49	100.00	18.37
课堂讨论	32	65.31	40	81.63	16.32
演示实验	37	75.51	42	85.71	10.20
小组实验	30	61.22	35	71.43	10.21
阅读教材	37	75.51	44	89.80	14.29
多媒体演示	10	20.41	30	61.22	40.81
网络查询	6	12.24	37	75.51	63.27

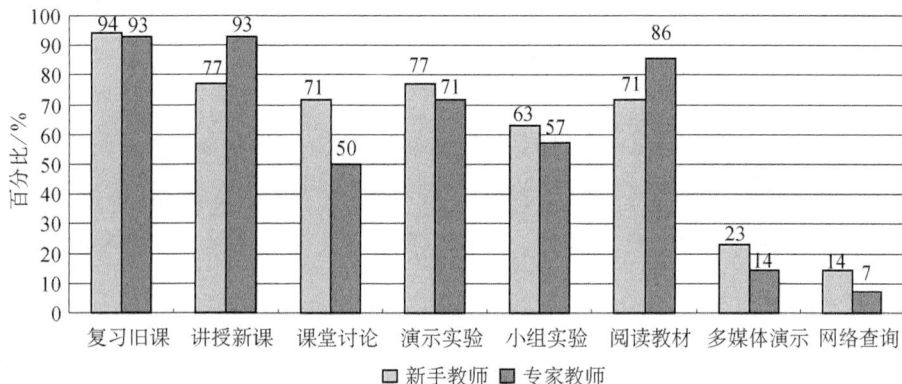

图4-1 两类教师当学生时经历过的教学策略的统计

2. 专业学习期间接受过的知识与技能的训练情况

图 4-2 表明，在专业学习期间超过半数的调查对象经历过怎样讲授、怎样进行课堂管理、怎样利用实验进行学科教学、怎样使用多媒体进行教学、怎样使用教辅教材进行教学、发现教学法、问题教学法、自学辅导教学法、怎样教具体的教学内容这些知识与技能的训练。但是新手教师和专家教师在某些方面存在不同程度的差异，差异程度较大的为怎样使用教辅教材进行教学（20%）、问题教学法（17%）、怎样利用实验进行学科教学（14%）、自学辅导教学法（14%）、怎样讲授（13%）、怎样进行课堂管理（12%）。其中专家教师经历过问题教学法的比例比新手教师比例高17%，其余项目新手教师训练人数比例高于专家双语教师。总体来说，双语教师基本都接受过以上知识与技能的训练。

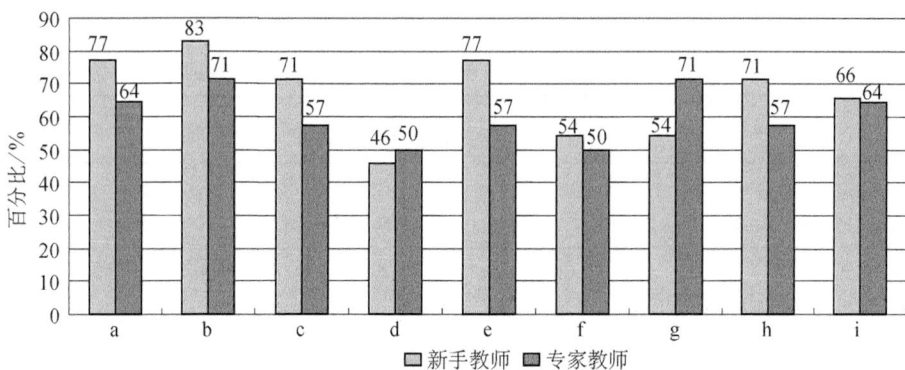

图4-2 专业学习期间接受过教学知识与技能训练的统计

a=怎样讲授，b=怎样进行课堂管理，c=怎样利用实验进行学科教学，d=怎样使用多媒体进行教学，e=怎样使用教辅材料进行教学，f=发现教学法，g=问题教学法，h=自学辅导教学法，i=怎样教具体的教学内容

3. 专业学习期间课程类型对增进教师教学知识的作用

对新手教师和专家教师有关职前课程类型及效能认可程度的统计（图 4-3）发现：约九成的调查对象认为教育学和心理学课程、学科教育课程、教育实习、信息技术培训对改善教师学科教学知识与技能都有很大的帮助；相比新手教师，专家教师对教育学和心理学课程、学科教育课程、信息技术培训课程增进教学知识作用的认可度要高出 9~11 个百分点。

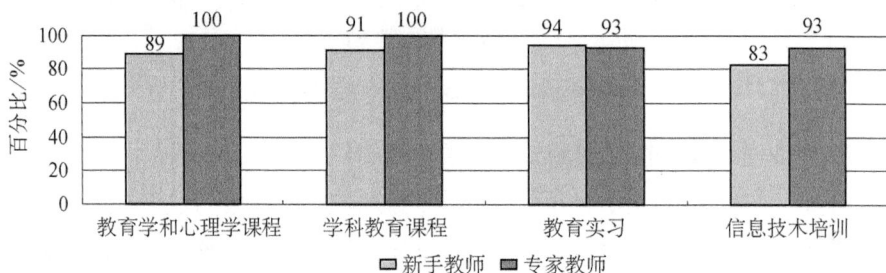

图4-3　专业学习期间课程类型对增进教师教学知识作用的评价统计

（三）在职经验的统计分析

1. 学科专业培训活动的频次

表 4-3 显示，新手教师与专家教师在参与学科专业培训活动的频次上具有一定的差异。近 5 年来，约 25.71%的新手教师没有参加过学科专业培训活动，而专家教师则是 100%的都参加过学科专业培训。

表 4-3　近 5 年来学科专业培训活动的频次统计　　　单位：%

频数 类别	0 次	1 次	2 次	3 次	4 次	5 次	5 次以上
新手教师	25.71	34.29	17.14	14.29	2.86	5.71	0.00
专家教师	0.00	42.85	35.72	7.14	0.00	14.29	0.00

2. 非组织的专业活动

从图 4-4、图 4-5 调查对象参与的非组织专业活动类型及次数统计来看，专家教师在和同事的日常交流、阅读专业书刊和网络查询方面比新手教师的频数要高。尤其是在阅读专业书刊方面，50%的专家教师每天都要阅读专业书刊，而只有 34%的新手教师每天阅读一次专业书刊，37%的新手教师每星期阅读专业书刊 2～3 次。所以新手教师应提高阅读专业书刊的频率，这样可以增加新手教师学科教学知识与技能，促进新手教师向专家教师转变。

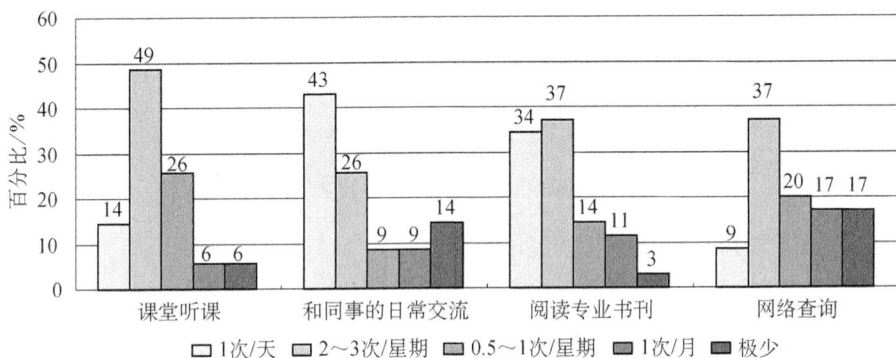

图4-4　新手教师参与非组织专业活动的频次统计

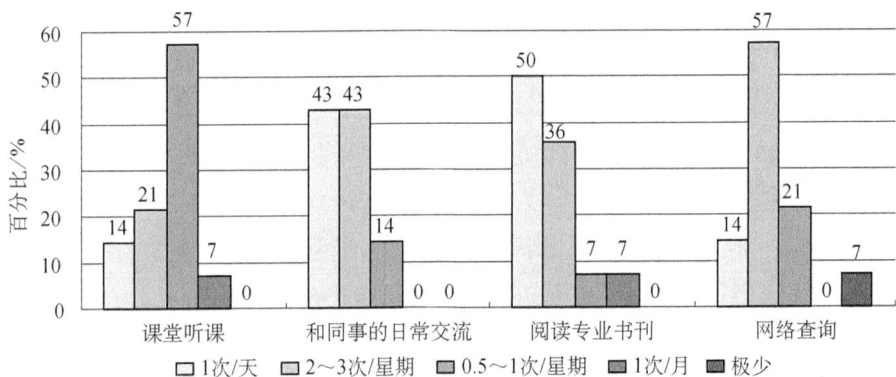

图4-5　专家教师参与的非组织专业活动频次的统计

3. 使用实验或其他实物教学频数

从图 4-6 发现，专家教师总是使用实验或者其他实物材料教学的人数百分比要比新手教师高出 9 个百分点；在大多数时间都使用实验或实物教学的专家教师人数百分比要新手教师高出 4 个百分点。使用实验或者其他实物材料教学能增加教学的直观性，激发学生学习化学的兴趣，提高学生学习的积极性。在课堂观察中，我们也发现专家教师是善于使用实验或实物开展教学的。在此方面相比专家教师，新手教师还有欠缺和不足之处。

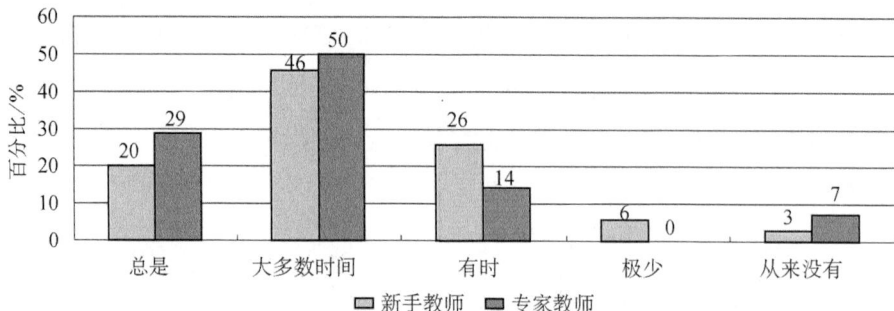

图4-6 使用实验或其他实物材料教学的频数统计

4. 增进学科教学知识与技能的来源

图 4-7 显示，新手教师和专家教师在关于各种不同来源对其使用实验或其他实物材料进行教学的知识和技能的贡献方面存在差异，来源不同此差异的显著程度不同。两类教师差异程度较大的有：和同事的日常交流（31%）、有组织的专业活动（23%）、阅读专业书刊（20%）、作为中小学学生时的经验（16%）、网络查询（13%）、自身的教学经验和反思（11%），其中网络查询为新手教师高于专家教师。从图 4-8 可以看出，新手教师和专家教师关于各种不同的来源对其使用教材教学知识和技能的贡献程度差异较大的有：自身的教学经验和反思（28%）、网络查询（14%）、作为中小学学生时的经验（14%）、有组织的专业活动（7%）、职前培训（7%），其中网络查询和作为中小学学生时的经验为新手教师高于专家教师。图 4-9 表明，新手教师和专家教师关于不同的来源对其使用教学方法与课堂管理的教学知识和技能的贡献程度差异较大的有：自身的教学经验和反思（37%）、网络查询（24%）、有组织的专业活动（17%）、职前培训（7%）、作为中小学学生时的经验（7%），其中网络查询为新手教师高于专家教师。

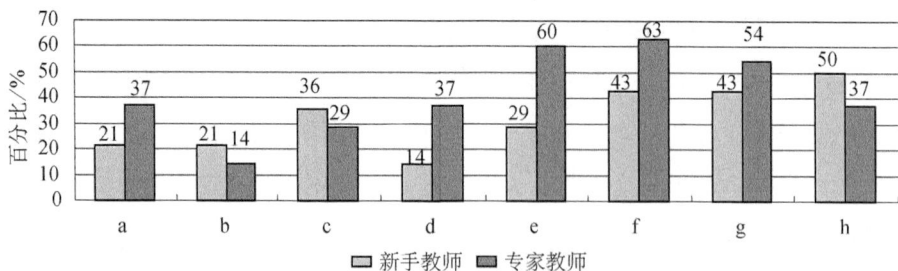

图4-7 关于不同来源对使用实验或其他实物材料教学知识和技能的贡献

a=作为中小学学生时的经验，b=职前培训，c=从教后接受的专业培训，d=有组织的专业活动，
e=和同事的日常交流，f=阅读专业书刊，g=自身的教学经验和反思，h=网络查询

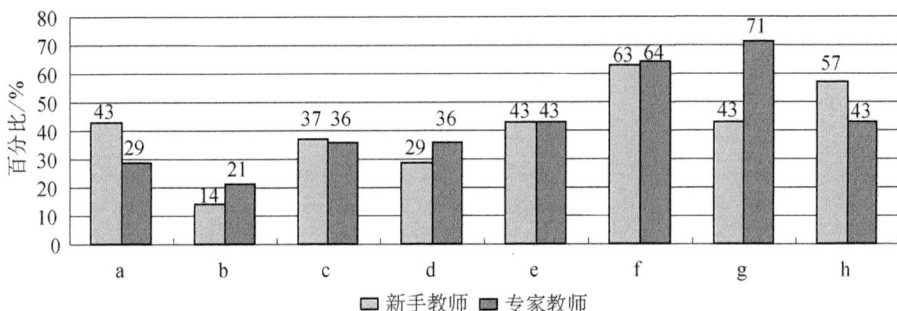

图4-8　关于不同来源对调查对象使用教材教学知识和技能的贡献

a=作为中小学学生时的经验，b=职前培训，c=从教后接受的专业培训，d=有组织的专业活动，
e=和同事的日常交流，f=阅读专业书刊，g=自身的教学经验和反思，h=网络查询

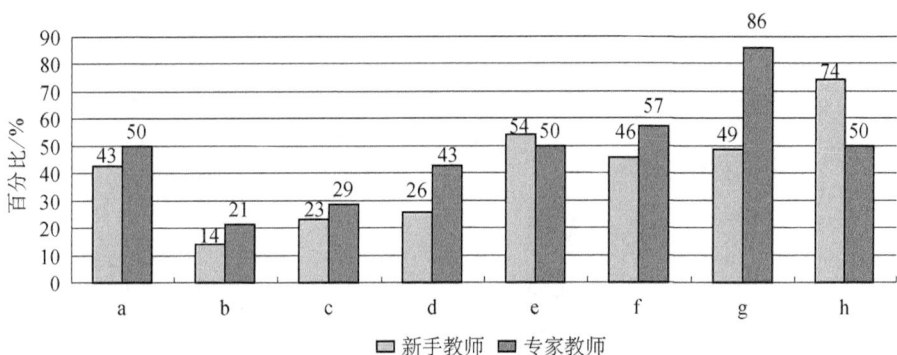

图4-9　不同来源对使用教学方法与课堂管理教学知识和技能的贡献

a=作为中小学学生时的经验，b=职前培训，c=从教后接受的专业培训，d=有组织的专业活动，
e=和同事的日常交流，f=阅读专业书刊，g=自身的教学经验和反思，h=网络查询

通过对比图 4-7～图 4-9 可明显看出，专家教师认为自身的教学经验和反思是其增进学科教学知识与技能贡献的主要来源。美国心理学家波斯纳提出：教师成长=经验+反思，反思对教师的成长具有显著的促进作用，是教师专业发展的必由之路，是新手教师向专家教师转变的重要环节。对自身教学经验反思的重视程度是新手化学双语教师和专家化学双语教师之间的显著差异，可见自身的教学经验和反思是教师专业成长的重要影响因素。此外，新手教师与专家教师知识来源差异最大的依次是对自身教学经验和反思、和同事的日常交流及阅读专业书刊。

5. 教学设计时学科教学知识的来源与贡献

从图 4-10 和图 4-11 数据统计发现，调查对象进行教学设计均用到上述不同来源的学科教学知识，根据利用程度由高到低排序，依次为：教材/教师参考书（94%）、自身的知识与经验（84%）、专业书刊（67%）、和同事交流（63%）、网络查询（51%）。

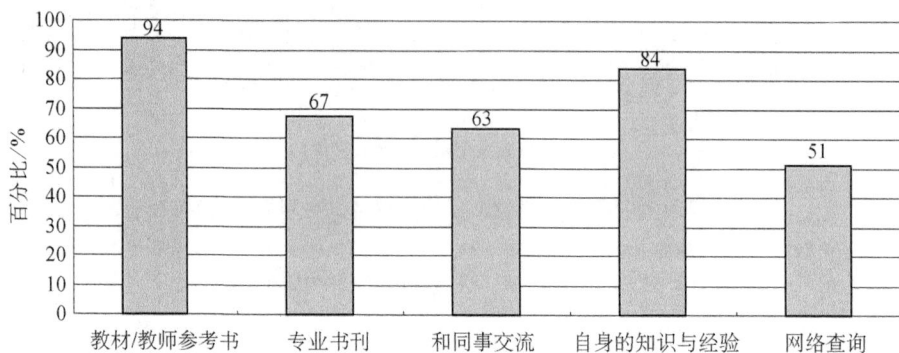

图4-10　教学设计时学科教学知识来源的利用程度

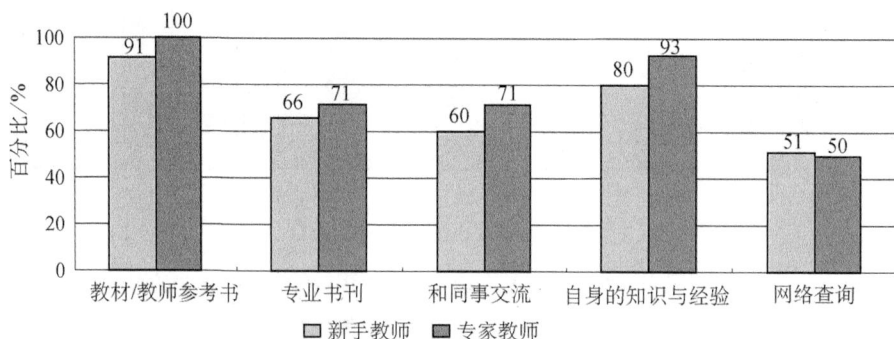

图4-11　不同学科的教学知识来源对教学设计的贡献程度

尽管无论是新手教师还是专家教师，在设计教学时均主要用到上述学科教学知识的来源，但专家教师对上述各学科教学知识来源的贡献的认可程度比新手教师要高（除在网络查询的贡献程度上新手教师略高于专家教师），两类教师在对不同学科教学知识来源的贡献认可度之间存在差异。专家教师与新手教师相比，所认同的不同来源贡献利用程度的差异由高到低依次为：自身的知识与经验（13%）、和同事交流（11%）、教材/教师参考书（9%）、专业书刊（5%）。可见，新手教师与专业教师相比，不太善于利用身边的教学知识与技能来源。

（四）新手教师与专家教师学科教学知识来源的特点

通过上述问卷调查，分析中学化学双语教师的学科教学知识与技能来源发现，新手教师与专家教师的学科教学知识来源之间存在相似与不同。

双语教师学科教学知识来源相似之处在于其学生时代的经验作用显著。人们普遍认为"教师们总是按照他们自己被教的方式教别人"，或者说"教师的一言一行对学生的成长与发展都起到至关重要的作用"。图 4-1 的统计结果显示，无论专家教师还是新手教师基本都能记得在学生时代经历过的教学策略，并且在走上教师岗位后都曾使用过。由于硬件设施的限制，教师在学生时期对多媒体演示和网络查询教学策略不太熟悉，走上教师岗位后使用较少。70%的教师在学生时期都经历过其余的教学策略，成为教师后 90%都在使用这些教学策略。

从新手教师和专家教师对学科教学知识不同来源的利用及贡献所存在的差异发现，两类教师的学科教学知识的主要来源有所不同。

（1）网络查询是增进新手教师学科教学知识的主要来源

如图 4-7～图 4-9 所示，网络查询对增进新手教师学科教学知识的贡献比专家教师更大。比如，50%的新手教师认为，网络查询对增进其使用实验或其他实物材料教学知识和技能的有重要贡献（比例高出专家教师 13%）；57%的新手教师认为，网络查询对增进其使用教材教学知识和技能的有重要贡献（比例高出专家教师 14%）；74%的新手教师认为，网络查询对增进其使用教学方法与课堂管理教学知识和技能的有重要贡献（比例高出专家教师 24%）。总之，无论处在职前培训或在职经验阶段，新手教师均认为网络查询有助于增进其学科教学知识。随着信息技术和网络化的普及，教育信息化逐渐成为教育发展的趋势。一方面，新手教师利用网络查询快速收集学科资源，整合资源，共享资源；另一方面，新手教师通过网络交流，互相学习，共同解决难题，有助于提高其专业成长。

（2）非组织的专业活动类型是新手教师学科教学知识来源的手段

图 4-12 表明，绝大多数新手教师和专家教师均认为，非组织的活动类型（课堂听课、和同事日常交流、阅读专业书刊、网络查询）有助于增进其学科教学

知识与技能。其中，100%的新手教师认为课堂听课对增进其学科教学知识的贡献较大，97%的新手教师认为，和同事的日常交流和网络查询对增进其学科教学知识与技能的贡献较大。由此可见，通过课堂听课和与同事的日常交流及网络查询有助于双语教师自我反思，弥补教学中的失误或者不足，便于双语教师提升自身的学科教学知识。与此同时，网络查询能协助新手教师完善自己的学科教学知识的结构，开拓各方面的视野，提升学科教学知识与技能，对其教学水平的提高有很大帮助。非组织的专业活动往往随意性较大，且发生于教师的日常生活中。由于新手教师刚入职不久，他们比较容易受新事物的影响，认为非组织的专业活动能增进其学科教学知识，并改善其日常教学。

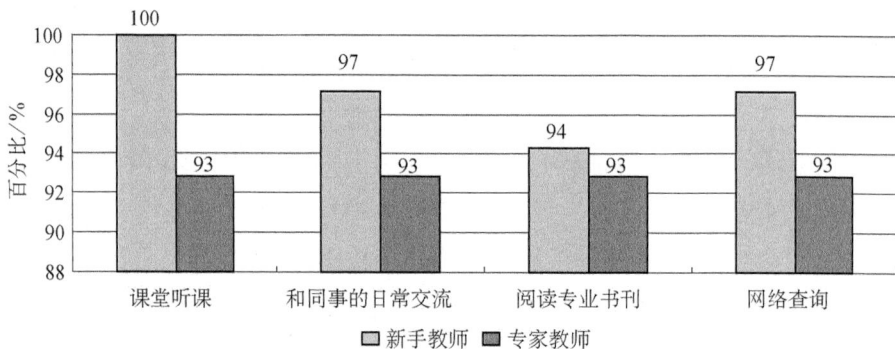

图4-12 非组织的专业活动类型对于增进调查对象学科教学知识与技能的贡献

专家教师学科教学知识的主要来源有以下方面。

（1）教师自身教学经验和反思是专家教师增进其学科教学知识的重要途径

图 4-7～图 4-9 的统计数据表明，专家教师增进其学科教学知识的主要途径是自身的教学经验和反思。反思是教师以自己的教学活动为思考对象，对教学中所作出的行为，以及由此所产生的结果进行审视和分析的过程。通过反思自身教学经验，自我提升，重新审视自身的不足之处，完善双语教师的知识结构，有助于增进双语教师的学科教学知识与技能。

（2）有组织的专业活动是专家教师增进其学科教学知识的有效渠道

从图 4-7～图 4-9 的数据统计发现，四成左右的专家教师认为，有组织的专业活动是增进其学科教学知识与技能的主要来源之一。有组织的专业活动主要是由一些特定的机构组织的，如全国性的、自治区的、乌鲁木齐市的或者学区的活动等。专家教师特别期望从这些专业性活动中增进其学科教学知识和技能，探寻影响其专业发展的因素及问题对策，进而促进自身专业成长。专业活动类型的培训或交流有助于教师完善学科知识和教学知识，开拓其知识面，不断扩大学科知识夯实专业基础，为积累学科教学知识提供有效的渠道。

（3）专业学习期间的教育教学类课程是专家教师增进学科教学知识的保障

在我国，师范院校是未来教师的摇篮，其主要负责教师培养与培训，是国家教师培养的主力军。为了促进教师专业化发展，师范院校为师范生设置了体现师范特色的专业课程（知识与技能的训练、公共课、教育类课程、学科专业类课程和教育实习）和专业实践。图4-2和图4-3的数据统计结果表明，60%的双语教师都接受过专业知识与技能的训练（如怎样进行课堂管理、怎样教具体的教学内容等），93%的双语教师都认为教育学课程、心理学课程、学科教育课程、教育实习、信息技术培训对于改善教师的学科教学知识与技能有着重要的作用，但专家教师对这些课程的重视程度高于新手教师。所以，为了加快双语教师专业化发展的速度和提升其质量，师范类高校应当设置有针对性的、合理的培养双语教师的专业课程。

三、访谈纪要

采用对双语教育教学认识的访谈提纲（附录6），以乌鲁木齐市与和田市12名中学化学维吾尔族双语教师为访谈对象，就教师对双语教学的看法、双语教学中存在的困惑，以及采取什么样的措施解决困难、学校对双语教育的重视程度等方面进行访谈，访谈内容可概述如下。

1. 对"双语"概念的理解

通过访谈了解到，大多数双语教师认为双语授课是课堂教学中既要有维吾尔语又要有国家通用语言，不能固定维吾尔语和国家通用语言两种语言的比例，要根据学生和教师国家通用语言水平的实际情况来使用两种语言。不同的地区国家通用语言和维吾尔语使用量应该不同，如国家通用语言水平普遍较高的地区要加大国家通用语言在课堂教学中的使用量，但对于学科的专业词汇、核心概念等抽象知识要使用维吾尔语进行解释。

2. 双语教师所面临的困难

（1）教辅资料太少及网络硬件设施不足

由于高中化学教师对化学选修教材中许多知识较为陌生，需要参考资料辅助教师备课上课，但是学校没有相关配套资源，网络查询也不方便。例如，某中学有 7 名双语教师，而中学化学课程标准书只有 1 本，难以满足教师同时使用；尽管学校有电子备课室，但是很少给教师开放使用，教师课堂使用的幻灯片大多数是从网络下载并结合学生的实际整理出来的。

（2）学生的整体素质不高

一方面是学生化学基础知识不过关，也有个别学校由于师资缺乏而不能保障开设初中化学课程。访谈中个别来自边远乡镇的高一学生反映，"初中没有开设化学这门学科课"……这样是难以保证学生进入高中阶段能顺利学习化学的。另一方面，学生的依赖性比较强，不够认真，现阶段独生子女较多，学生变得有些懒惰，什么事都想坐享其成。

3. 学科教师认同双语教学的优势

尽管推行双语教育面临许多困难，但是大家还是看到了优势和希望。因为学校现在已经送出一批批内地高中班毕业的优秀学生。一方面，双语教育给双语教师带来了丰富的国家通用语言教材及教科书，有助于教师和学生学习国家通用语言；另一方面，有些化学专业知识用国家通用语言讲解更便于学生理解。比如，有些化学专有名词若用国家通用语言读出来，再书写化学式就比较简单，便于理解记忆（像一氧化碳 CO），但是若只用维吾尔语读就很可能解释不通。在讲解一些化学用语知识时，化学双语教师可巧妙地使用国家通用语言。

不同类型的双语教师有其独特的双语教学方式。大多数专家教师能够依托教材按照自己的教学经验对教学内容进行设计展开教学，而新手教师较多采用用国家通用语言读教材这种照本宣科的方式讲解新知识，遇到新概念和较难理解的词语或知识才对学生进行讲解，个别新手教师能按照自己的学科逻辑思维有效地解读教材。和田市某中学化学双语专家教师的双语教学方式就很能体现以学生为中心、先学后教的新课程理念。比如，她的"预习→讨论→精讲"模式的具体做法：上新课前，让化学课代表先预习新课并提出问题报告任课教师，再让化学课代表利用自习课引导全班同学共同预习新课提出问题；上课时，先分小组解决预习中的疑惑，小组解决不了的问题提交全班共同探讨，任课教师在就全班讨论未解决问题进行讲解之后，再精讲总结。还有她针对高三学生学习成绩参差不齐的状况，实施"分组→互测→滚动互助"模式，其具体做法：教师用同一份试卷进行测评，成绩出来后进行排名分组，前 30 名为 A 组和后 30 名为 B 组；A 组用教师出的试卷考试、B 组用自己同学出的题目考试，A 组的后 5 名和 B 组的前 5 名互换……依次循环。这样将竞争互助机制引入教学，激励学生努力学习，争取进入 A 组。

4. 学校对提高双语教师的素养采取的措施

面对双语教学中存在的困难，学校也采取了相应的措施。比如，每周每位教师要上两节汉语课，授课教师是学校的汉语教师；有的学校每周组织开展教师之间、班级与班级之间"结对子"活动等一些提高教师国家通用语言水平的活动。同时，还要求每个学校每个学科组每周都安排固定的时间讨论双语教学的进展和问题。

5. 双语教师的专业素养水平有差异

尽管一些学校存在不能给教师发放课时费、补课费等现象，但是多数双语教师尤其是其中的专家教师仍把学生当成自己的孩子一样，尽其最大努力去培养学生。一位专家教师坦言："许多维吾尔族双语教师很喜欢孩子，喜欢学生，他们跟学生在一起时间比跟自己孩子在一起时间还长。担任双语实验班的教师，从没有想过或者感觉到辛苦。他们说，他们从不后悔从事教师这个职业，还是比较喜欢，心情再不好，只要一走进教室，看到孩子的面孔心情就好起来了。"但是有些新手教师认为，学校分配的任务重，很多学生不认真学习，从而忽视教师教学的重要示范作用，只是把教材中的知识点照本宣科讲给学生。新手教师的这类做法，不仅难以保证教学质量，更谈不上培养学生的整体素质。

通过上述的问卷分析和访谈我们了解到，双语教师的学科教学知识与技能的来源存在差异，同时也了解到双语教师对双语教学的认同感、双语教学的看法和做法，以及在双语教学中的不足之处。我们希望双语教师进一步深入理解双语教学概念的深刻内涵，与此同时还要反思提炼双语课堂上有效的教育教学方式方法并加以推广利用。尽管双语教育教学的健康发展和质量提升需要教育部门给予大力支持，但关键在于提高双语教师的专业素质。

第二节 教学知识图式的分析比较

前面章节通过问卷调查法和访谈法，对比分析了双语教师学科教学知识与技能来源。本节通过分析中学双语教师教学知识图式来研究课堂教学中的学科教学知识，比较新手教师和专家教师在教学知识图式的差异，探讨专家教师化学学科教学知识图式的特征。

按照双语教师的定义，主要从乌鲁木齐市与和田市维吾尔族中学选择 3 名新手教师和 3 名专家教师作为研究对象。通过问卷调查和课堂观察记录对维吾尔族化学教师的基本情况有了初步了解，选择了一些有代表性的学校进行了前期的调研工作，并根据男女比例、年龄比例和教龄比例等变量确定了个案研究对象。记录其课堂教学内容及板书，同时通过课堂观察法和访谈法深入探寻了新手教师和专家教师在同一知识的教学知识图式，并分析其差异，探讨出中学化学专家双语教师的教学知识图式。个案研究对象基本情况见表 4-4。

表 4-4 教学知识图式个案研究对象的概况

教师类别	研究对象	性别	学历	工作年限/年	说明
专家教师	E4	女	本科	6	高级教师，具有丰富的教学经验
	E5	男	研究生	5	中教一级，教育硕士研究生
	E6	女	本科	6	中教一级，得到学校、同事、学生认可
新手教师	N4	女	本科	3	中教二级，省属师范大学毕业
	N5	女	本科	3	中教二级，部属师范大学毕业
	N6	女	本科	3	中教二级，省属师范大学毕业

本项研究内容主要围绕以下三个主题展开。

1）化学事实性知识的教学知识图式比较——以铝的化合物为例。

2）化学理论性知识的教学知识图式比较——以元素周期律为例。

3）化学技能性知识的教学知识图式比较——以反应热的计算为例。

针对每项主题将从知识的数量和逻辑结构、知识组块和产生式、图式的层次及整体排布特点和深度、三维目标的体现这四个方面来分析新手教师和专家教师的教学知识图式。

一、化学事实性知识教学知识图式的分析

化学事实性知识是指反映物质的性质、存在、制法和用途等多方面内容的元素化合物知识，以及化学与社会、生产和生活实际联系的知识。[①]中学化学课程中的事实性知识主要包括典型主族元素、副族元素及其化合物和各类有机物及其代表。这类知识都是物质及其变化的宏观表现，具有生动具体、形象直观的特点，学生理解起来一般不存在困难，但由于涉及的元素及其化合物种类较多，内容相对零散庞杂，往往导致学生记忆的困难，这也是学生感到化学好学难记的重要原因。使学生在理解的基础上记忆有关物质的性质、制法、用途等元素化合物知识，并形成比较系统的知识结构，已经成为化学事实性知识学习的关键。

（一）铝的重要化合物的教学知识图式

金属知识是无机化学中很重要的元素化合物知识，其中有关钠、镁、铝、铁、铜的知识具有典型代表性，它们在工农业生产、科学实践和日常生活中都有广泛的用途，与人们的生产生活密切相关。在初中化学学习阶段，学生对其中的镁、铁、锌和铜的知识已经有了一定的认识和了解，且学生的日常生活经验也能帮助学生把相关的书本知识和日常生活中的应用结合，或者利用已有的生活经验对将要学习的有关金属问题进行思考。表 4-5 和表 4-6 呈现的教学设计分别节选自新手教师 N4 和专家教师 E4 在乌鲁木齐市某中学高一（3）班和高一（5）班教授人教版高中化学必修 1 第三章第二节"几种重要的金属化合物（第二课时）"的课堂教学实录（附录 7）。以下是对两者的对比分析。

---

① 刘知新. 化学教学论[M]. 第 3 版. 北京：高等教育出版社，2004：6.

表 4-5　新手教师 N4 铝的重要化合物的教学设计

教学环节	提出问题	学生活动	学习成效
1. 回顾：铝的化学性质	铝制品为何有广泛的用途？	讨论铝制品表面物质的性质	铝的性质比较活泼，但是铝制品表面有一层致密的氧化膜，阻止了内部的铝跟其他物质反应
2. 介绍：氧化铝的三高（密度、硬度、熔点）特征	氧化铝的溶解性如何？	观察讨论	氧化铝难溶于水，熔点很高，也很坚固
3. 鉴别：氧化铝和氧化镁	氧化铝和氧化镁，用什么方法加以鉴别？	讨论两者的化学性质，分别完成与盐酸和氢氧化钠溶液反应，观察现象，写出方程式	（1）Al_2O_3 能溶于酸，又能溶于碱，溶于碱后生成沉淀，再加碱前沉淀溶解 $Al_2O_3+6HCl = 2AlCl_3+3H_2O$, $Al_2O_3+2NaOH = 2NaAlO_2+H_2O$ （2）MgO 能与酸反应 $MgO+2HCl = MgCl_2+H_2O$
4. 实验：制取氢氧化铝	如何制得氢氧化铝？	分组讨论方案，做实验验证	（1）氯化铝与氨水反应，生成白色絮状物质，继续滴加氨水，沉淀没有溶解 $AlCl_3+3NH_3·H_2O = Al(OH)_3↓+3NH_4Cl$ （2）氯化铝与氢氧化钠反应，先生成白色沉淀物质，之后继续加氢氧化钠，沉淀全部溶解 $AlCl_3+3NaOH = Al(OH)_3↓+3NaCl$, $Al(OH)_3+NaOH = NaAlO_2+H_2O$
5. 氢氧化铝的化学性质	氢氧化铝有无两性？热稳定性如何？	观察实验，写出化学反应方程式	两性： $Al(OH)_3+3HCl = AlCl_3+3H_2O$, $Al(OH)_3+NaOH = NaAlO_2+2H_2O$ 受热分解： $2Al(OH)_3 \xrightarrow{\Delta} Al_2O_3+3H_2O$
6. 氢氧化铝的用途，十二水合硫酸铝钾的作用	（1）为什么氢氧化铝可用于治疗胃酸过多？ （2）生活中十二水合硫酸铝钾的用途是什么？	阅读教材，解决问题	（1）因为氢氧化铝的碱性不强，不会对胃产生强烈的刺激或腐蚀作用，但可与酸反应，中和过多胃酸 （2）十二水合硫酸铝钾 $KAl(SO_4)_2·12H_2O$ 俗名明矾，在水中电离产生的 Al^{3+} 在天然水中生成氢氧化铝，氢氧化铝可以和悬浮于水中的泥沙形成絮状不溶物沉降下来，使水澄清，所以它可以作净水剂 $KAl(SO_4)_2 = K^++Al^{3+}+2SO_4^{2-}$
7. 应用拓展	阅读胃舒平的说明书，设计实验，验证其主要成分——氢氧化铝	课后作业	—

表 4-6 专家教师 E4 铝的重要化合物的教学设计

教学环节	提出问题	学生活动	学习成效
1. 回顾铝的存在形态和性质	铝在自然界存在形态是什么?	回忆	铝元素在自然界中只能以化合态存在
2. Al_2O_3 的性质	(1) Al_2O_3 的物理性质如何? (2) Al_2O_3 的化学性质如何? Al_2O_3、CO_2、SO_2 与碱的反应有何不同?	(1) 观察讨论; (2) 完成 Al_2O_3 分别与盐酸、碱的反应实验,写出方程式; (3) 讨论两性氧化物	氧化铝是白色粉末、难溶于水、熔点高、硬度大 $Al_2O_3+6HCl = 2AlCl_3+3H_2O$ $CO_2+2NaOH = Na_2CO_3+H_2O$ $Al_2O_3+2NaOH = 2NaAlO_2+H_2O$ 两性氧化物及其性质
3. $Al(OH)_3$ 的制备和检验	(1) 如何制备 $Al(OH)_3$? (2) 最佳试剂是什么? (3) 如何检验 $Al(OH)_3$? (4) 其反应本质是什么?	(1) 分组讨论、实验、观察现象、写出制备方程式; (2) 实验验证归纳 $Al(OH)_3$ 的两性及检验方法; (3) 练习相关离子方程式	$Al_2(SO_4)_3+6NaOH = 2Al(OH)_3\downarrow+3Na_2SO_4$ $Al(OH)_3+NaOH = NaAlO_2+H_2O$ $Al_2(SO_4)_3+6NH_3 \cdot H_2O = 2Al(OH)_3\downarrow+3(NH_4)_2SO_4$ $Al(OH)_3+3HCl = AlCl_3+3H_2O$ $Al(OH)_3+NaOH = NaAlO_2+2H_2O$ $Al(OH)_3+3H^+ = Al^{3+}+3H_2O$, $Al(OH)_3+OH^- = AlO_2+2H_2O$
4. 总结 $Al(OH)_3$ 的性质	$Al(OH)_3$ 的性质如何?	归纳整理	两性氢氧化物(与酸或与碱反应生成了盐和水);吸附性;受热易分解
5. $Al(OH)_3$ 及其盐的用途	(1) 为何 $Al(OH)_3$ 可作胃药使用? (2) 有哪些重要的铝盐? (3) 偏铝酸钠溶液与盐酸反应发生什么变化? (4) 为何 $KAl(SO_4)_2$ 能净水?	(1) 阅读讨论; (2) 实验观察,讨论,写反应式; (3) 总结熟记反应式和离子方程式	氢氧化铝的碱性不强; 氯化铝、硫酸铝、偏铝酸钠、明矾等; $NaAlO_2+HCl+H_2O = NaCl+Al(OH)_3\downarrow$ $Al(OH)_3+3HCl = AlCl_3+3H_2O$ 离子方程式: $AlO_2^-+H^++H_2O = Al(OH)_3\downarrow$ $Al(OH)_3+3H^+ = Al^{3+}+3H_2O$
6. 总结	铝的化合物有哪些?性质如何?它们之间如何转化?有何用途?	讨论总结	氧化铝的两性 氢氧化铝的两性 铝盐的用途及其相互转化关系
7. 应用	(1) 制备 $Al(OH)_3$ 与加入碱的量成正比吗? (2) 分别向 $MgCl_2$ 和 $AlCl_3$ 溶液中滴加 NaOH 溶液有何不同? (3) $Al(OH)_3$ 与 $NaHCO_3$ 的两性相同吗?	完成一组从易到难的练习题	从定性和定量认识铝的氧化物和氢氧化物的两性本质

基于上述新手教师 N4 的教学设计,结合其板书和教学实录(附录 7 中的教学案例 1),整理出其教学知识图式,见图 4-13。

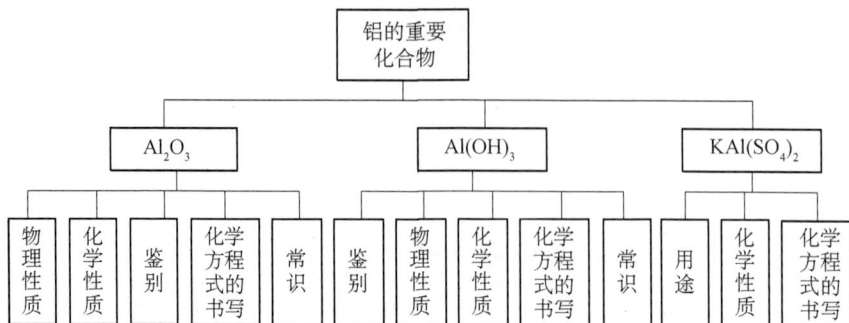

图4-13　新手教师N4的铝的重要化合物的教学知识图式

基于上述专家教师E4教学设计，结合其板书和课堂教学实录（附录7中的教学案例2），整理出其教学知识图式，见图4-14。

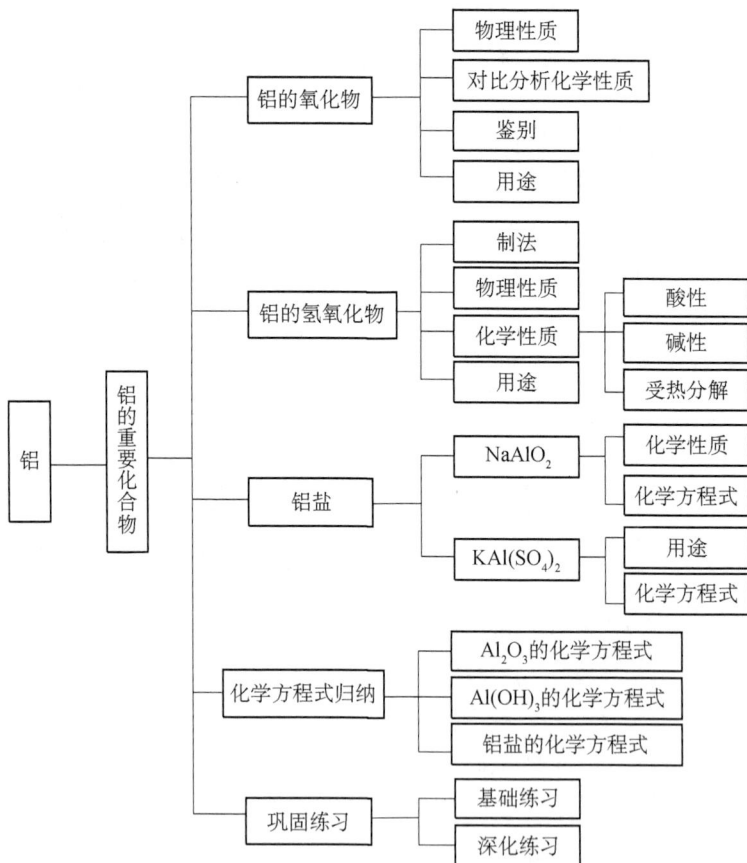

图4-14　专家教师E4的铝的重要化合物的教学知识图式

（二）专家–新手教师有关铝的重要化合物的教学知识图式的比较

1. 相关核心知识点差异不大

关于铝的重要化合物的知识点主要有：两性氧化物 Al_2O_3，两性氢氧化物 $Al(OH)_3$，含氧酸根离子 AlO_2^- 的盐，明矾及净水作用，Al^{3+}—$Al(OH)_3$—AlO_2^- 之间转化的本质及计算等。从课程标准和教材来看，两位教师有关铝的重要化合物的知识点均有涉及。

在铝的重要化合物教学知识图式方面，两位双语教师都体现了铝的重要化合物的分类［Al_2O_3、$Al(OH)_3$ 和 $KAl(SO_4)_2$］，各类物质的物理性质、化学性质、用途、制法，以及各类物质之间相互转化的化学方程式。两者之间在核心知识点及相关概念方面差异不大，但是专家教师的教学知识图式在知识点数量上更多、更丰富些。比如，专家教师在铝盐的分类上，不仅有硫酸铝钾，还有偏铝酸钠等铝盐的化学性质及用途；讲解每一类物质时都强调其广泛的用途；而且讲解新知识之后还有对应的练习以巩固知识。

2. 知识结构的逻辑性不同及图式的层次不同

化学事实性知识内容多、分布广、材料琐碎，学生常常感到知识杂乱无章，记忆困难。如果学生在学习过程中不注意及时整理、归纳，而是简单、机械地记忆，就会导致学习的困难。孤立、零散的知识在头脑中堆积越多，越不利于提取，无法提取的知识就变成了僵化的、无价值的知识，无法利用它去解决问题。教师若将事实性知识按照一定的线索进行归类、整理，使零散、孤立的知识变为彼此间相互联系的整体，就能形成一个系统化、结构化的知识网络。经过结构化组织的材料能给学生一种形象直观、简明扼要的感觉，有利于一目了然地把握知识之间的复杂关系或内在联系。它储存在头脑中，犹如图书馆经过编码的书，可"信手拈来"，减轻学生的记忆负担，提高解决问题的效率和能力。

有效的课堂教学不仅有丰富的教学知识，而且在知识与知识的衔接或转换方面更重要，如果不能有效地过渡或转换，将会导致学生在课堂教学过程中不能顺利地衔接或有效地掌握所学学科教学知识。对比两位双语教师的教学知识图式就会发现，他们的教学逻辑结构有很大的差异，即教师的产生式形成过程不同。专家教师的逻辑结构比较缜密，有较严谨、较灵活的产生式；新手教师的教学知识结构相对较弱。例如，如何从铝的单质到 Al_2O_3、$Al(OH)_3$ 和 $KAl(SO_4)_2$，专家教师在此让学生类比金属钠或镁的化合物都有哪些分类，回忆包括金属氧化物、金属氢氧化物、金属盐类，从而得到 Al_2O_3、$Al(OH)_3$、$KAl(SO_4)_2$；然而新手教师只是平铺直叙地将三类物质直接呈现给学生，让学生感觉知识比较孤立，不能有效地贯穿成一条线，不利于学生的学习。

3. 在落实三维目标方面

要落实新课程倡导的三维目标，要求教师首先对教学内容要有深入的理解和领悟——理解核心知识是什么、为什么、有何价值、怎么获取等。备课不仅应该梳理学生应知应会的知识点、技能点，还要思考采用哪些方法、开展什么活动可以帮助学生容易获取与运用这些知识点及技能点，同时确定本课要渗透的过程与方法目标、情感态度价值观目标。

从两位教师的教学知识图式来看，他们在三维目标上基本都有所体现。新手教师对教学目标的陈述集中在知识目标上，缺乏与上位化学理论及学科思想方法的衔接，其知识结构层次感、产生式和学科思想方法凸显不够。专家教师更善于寻找知识点的理论渊源和上位概念，利用化学理论和方法去引导学生学习具体学科知识。例如，专家教师比较注重渗透类比的学科思想，讲解两性氧化物 Al_2O_3 与碱的反应时类比 CO_2、SO_2 与碱的反应，讲解 $Al(OH)_3$ 的两性时类比 $NaHCO_3$ 的两性。专家教师在关于 $Al(OH)_3$ 两性的探究过程中，引导学生从宏观实验现象到微观离子反应本质特征再到检验和应用，最后上升至 $Al(OH)_3$ 的沉淀量与碱的加入量之间关系的把握，自然而然地渗透现象与本质、宏观与微观、定性与定量等方法意识。在情感态度价值观方面，专家教师在讲解 Al_2O_3 的用途时提醒学生减少铝制炊具的使用，保护身体健康。

这些均表明专家教师的教学知识图式包含了个性化的学科知识、技能、过程与方法、情感态度价值观，为课堂教学实现三维课程目标奠定坚实的基础。

（三）事实性知识的教学知识图式特征

通过对上述专家教师 N4 和新手教师 E4 关于铝的化合物的教学知识图式的比较分析，结合专家教师和新手教师有关事实性知识教学的课堂观察素材及文献资料，我们将专家教师与新手教师的事实性知识图式特征概括如下。

新手教师的事实性知识图式是对事实性知识基本要素的概括和汇总，缺乏对相关知识点的上位概念进行概括和对下位的具体知识点学习方法的渗透，以及解决具体问题的知识组块。而专家教师的事实性知识图式是对事实性知识的表现、形成、本质及应用等比较全面的概括，而且对上位核心概念的概述和对下位具体知识点的延伸都有比较清晰的思路和知识脉络，注重现象与本质、宏观与微观、定性与定量、分类与类比等学科思想和方法的渗透。

二、化学理论性知识教学知识图式的分析

化学理论性知识是指反应物质及其变化的本质属性、内在属性和内在规律的化学基本概念和基本原理。化学理论性知识是中学化学教学内容的精髓，体现化学学科的基本观念，在化学教材中起着统领和制约全局的作用。学生掌握一定的化学理论性知识，一方面，可以使他们对事实性知识的学习不只停留在描述性的水平上，而且能够比较深入地认识这些化学现象的本质，从而预见某些化合物的性质和发生化学反应的趋势，解释产生某些事实和现象的原因；另一方面，化学理论性知识的学习有助于培养学生的思维能力，知识的形成过程体现着丰富的科学观念、科学方法和科学态度，是对学生进行科学方法训练和情感教育的良好素材。

（一）元素周期表的教学知识图式

元素周期表是高中化学最基础的化学理论性知识。对此理论性知识的学习可以帮助学生系统地认识元素类别与其位置、原子结构与其位置、周期与族、元素性质与原子结构之间的关系，它不仅内在逻辑性极强，而且富含哲学思想和化学方法，能指导中学化学学习全过程并且是高考的考试热点。因此，元素周期表和元素周期律知识一直都是中学化学教学的重中之重。表 4-7 和表 4-8 呈现的教学设计分别节选自新手教师 N2 和专家教师 E5 在乌鲁木齐市某中学高一（4）班和高一（6）班教授人教版高中化学必修 2 第一章第一节"元素周期表（第一课时）"的课堂教学实录（附录 8）。以下是对两者的分析。

表 4-7　新手教师 N5 元素周期表的教学设计

教学环节	提出问题	师生活动	学习成效
1. 元素周期表	什么是元素周期表？	教师引导学生阅读教材，寻找元素周期表的内容，并用维吾尔语和国家通用语言相结合讲解元素周期表的概念	了解元素周期表概念，把电子层数相同的各种元素，按原子序数递增的顺序从左到右排成横行，再把不同横行中最外层电子数相同的元素，按电子层数递增的顺序由上而下排成纵列，这样得到的表，称为元素周期表
2. 周期	什么是周期？周期有哪些类型？	教师带领学生寻找周期的概念，直接告诉学生周期的分类，之后引导学生填写不同类别周期的起止元素、核外电子层表格	学生只能死记什么是周期，周期与核外电子层数的关系，以及每一周期包含的元素种类
3. 族	什么是族？族有哪些类型？包括哪些列？分别用什么符号表示？各族有何特点？	教师用幻灯片展示，引领学生填写族所要求掌握的知识点（定义、原子结构、最外层电子数、表示符号）	在教师的引导下，学生依据元素周期表，基本能正确完成与族相关的填空题
4. 原子结构与元素在周期表中的位置关系	如何根据已知元素的原子序数推断出它在元素周期表中的位置？	教师用幻灯片展示，以零族为基准给元素进行定位，填写原子序数与元素周期表的关系	学生基本能根据原子序数推断元素在周期表中的位置，写出元素符号和名称（知识难度相对较大）
5. 为元素的性质呈现周期性变化规律设疑	钠与钾的性质有什么相似性和不同之处？	教师演示 Na、K 的燃烧实验，Na、K 与水反应的实验	学生能够通过观察 Na 与 K 的实验现象，比较其相似与不同之处，并总结出其性质之间的递变规律
6. 归纳小结	本节课学习的主要内容是什么？	学生总结，教师纠正补充	元素周期表的结构 元素周期表和原子结构的关系

　　基于上述新手教师 N5 的教学设计、课堂教学实录（见附录 8 中的教学案例 3）及板书，整理出其教学知识图式，见图 4-15。

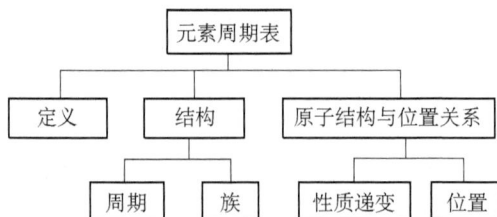

图4-15　新手教师N5元素周期表的教学知识图式

表 4-8　专家教师 E5 元素周期表的教学设计

教学环节	提出问题	师生活动	学习成效
1. 故事引入：门捷列夫制出的元素周期表	门捷列夫的伟大成就是什么？	学生观看多媒体，思考回答问题	让学生感受到：化学就在我们身边，让学生体会到科学探索的道路是充满艰辛也是充满乐趣的
2. 提问	什么叫原子序数？它与原子结构有何关系？	教师提问；学生阅读教材回答问题	按照元素在周期表中的顺序给元素编号，得到原子序数原子序数=核电荷数=质子数=核外电子数
3. 探究元素周期表的编排	1~18号元素原子结构上有哪些相同点与不同点？编排元素周期表的依据是什么？	（1）画出 1~18 号元素原子的结构示意图；（2）结合教材中图示讨论、分析，得出元素原子核外电子排布的规律；（3）画出核电荷数与最外层电子数的关系图	学生发现：（1）按原子序数递增的顺序从左到右排列；（2）将电子层数相同的元素排列成一个横行；（3）把最外层电子数相同的元素排列成一个纵列
4. 认识元素周期表的结构、周期和族	什么是元素周期表？什么是周期？什么是族？如何分类？如何命名？	（1）观察元素周期表，数出行数和列数，以及包含的元素个数；（2）教师适时点拨学生探究元素周期表的其他编排方式	（1）学生认识到元素周期表的周期及其类别、符号和内涵，族及其类别、符号和本质；（2）学生发现原子核外电子排布有一定的变化规律，每隔一定数目，出现周而复始的变化
5. 探究元素性质与原子结构——碱金属族的性质递变规律	碱金属元素的化学性质如何？变化趋势如何？	（1）学生完成钠和钾单质的实验，验证"物质的性质主要取决于原子的最外层电子数"；（2）学生归纳总结：碱金属的化学和物理性质的相似性和规律性	了解元素的物理性质、化学性质及其周期性变化规律
6. 类推元素金属性和非金属变化规律	……	……	……
7. 作业	—	学生完成由易到难的一组题	学生大多基本能正确完成练习题

　　从专家教师的教学设计内容、课堂教学实录（附录 8 中的教学案例 4），结合教师的板书内容，整理出专家教师的教学知识图式，见图 4-16。

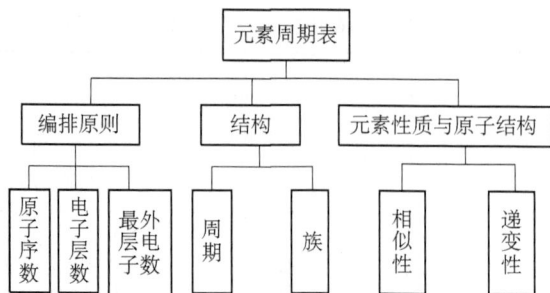

图4-16　专家教师E5元素周期表的教学知识图式

（二）专家-新手教师元素周期表教学知识图式的分析比较

结合教学实录，比较上述表 4-7 与表 4-8、图 4-15 与图 4-16，分析新手教师和专家教师元素周期表教学知识图式的特点与差异。

1. 核心知识点的选择相差不大，但专家教师剖解知识更为合理和深入

新手教师和专家教师均有较为完整的知识体系，呈现了要求学生掌握的原子序数、元素周期表、周期、族、电子层数等基本概念和基本架构，表明了两位教师在核心知识点的选择方面基本到位且差异不大。在核心知识点的处理上，新手教师较多采用依照教材照本宣科进行解释的方式。比如，针对元素周期表定义的教学，新手教师开门见山地告诉学生："目前人们已经发现和人工合成的元素有 110 多种，它们排列成元素周期表，为什么会这样排列呢？"接下来就直接让学生阅读教材寻找元素周期表的定义，这样没有为学生提供思索与想象的空间。而专家教师上课伊始用多媒体播放门捷列夫发现元素周期表的史实，提问元素周期表是如何编排的，先提取元素周期表定义中的关键词，如原子序数、原子结构、电子层、最外层电子数等概念，引导学生回顾、辨析、建立相互关系，在思考体验元素周期表编排依据与原则的基础上学习理解元素周期表的定义，期间还用维吾尔语向学生做补充解释。专家教师这样剖解元素周期表的定义、帮助学生建构元素周期表原子结构，不仅能激发学生学习兴趣，还能促进学生以思维为核心进行理解性的学习。

2. 知识组织的层次性和逻辑性差异明显

新手教师对元素周期表相关知识组织是围绕元素周期表的定义、结构及

原子结构与位置的关系线索展开的，未揭示元素周期表的本质（即体现元素原子结构决定元素性质的变化规律），停留在单线条的知识表层，每部分知识的分解组块并不是很丰富，且第三部分"原子结构与位置关系"的分解组块"性质递变"与"位置"三者之间的逻辑关系不明确，并未凸显元素周期表本质内涵。整体来讲，新手教师的教学内容密度小，知识组织的层次性和逻辑性体现不充分。专家教师则是围绕元素周期表的发现史、编排原则、结构，以及元素的性质与原子结构之关系这四个部分组织的，在每一部分知识的讲解上，又分为更细的知识组块。比如，在元素周期表的编排原则部分又分为原子序数、电子层数、最外层电子数；在元素周期表的结构方面，分为周期和族；在元素的性质与原子结构方面，分为相似性和递变性。因此，专家教师的知识图式在组织上表现得更为到位，从元素周期表的发现、形成、结构和本质等层次来解析构建知识，这样由易到难、层层深入，较好地体现了知识的层次性和逻辑性。

3. 落实三维目标的方式与效果不同

新课程要求教师的教学活动要围绕并落实知识与技能、过程与方法和情感态度价值观三维课程目标。新手教师和专家教师都比较重视知识与技能目标的落实，特别是新手教师不仅注重知识讲解，还注重传授学习技巧。比如，过去记忆元素周期表结构的口诀，"横看：三长三短一不全，镧系锕系列下边；纵看：七主七副八与零，镧系锕系挤当中"。还有微粒半径比较的"三看"规则。但是相比新手教师，专家教师更重视培养学生的学科思维方法与科学探究精神。比如，专家教师在讲解元素周期表这个核心概念时，先带领学生体验编排元素周期表的过程（包括：①画出 1～18 号元素原子的结构示意图；②认真观察分析原子结构有哪些相同点与不同点；③将上述 1～18 号元素排列成合理的元素周期表，说明编排的理由；④归纳出元素周期表的三个编排原则），这样有利于学生深刻理解元素周期表的形成过程。另外，专家教师进行第三部分元素的性质与原子结构教学时，给学生提供两次动手做实验的机会，让学生通过观察分析实验现象来比较碱金属元素的相似性和递变性。总之，专家教师在整个教学过程中以学生为中心，善于提出问题，让学生在实验过程中思考、讨论、分析问题、解决问题，同时在体验活动中感悟习得方法，还培养学生勇于探索的精神和严谨求实的态度，新课程倡导的三维目标在此得到真正的综合体现和落实。然而，新手教师常常习惯直接给出具体的知识和技巧，给学生提供的思考、实验、体验、讨论的时间和空间较少，这样不利于学生落实过程与方法和实现情感态度价值观目标。

（三）新手-专家教师的理论性教学知识图式特征

通过对上述新手教师 N5 和专家教师 E5 有关元素周期表教学知识图式的比较分析，结合专家教师和新手教师有关理论性知识教学的课堂观察素材及文献资料，我们将专家教师与新手教师的理论性知识图式特征概括如下。

1. 新手教师理论性知识的教学知识图式的特征

1）新手教师的理论性教学知识图式比较简单，习惯将教材中的知识点简单地贯穿在一起，缺乏一些辅助知识来勾连与支撑，致使知识点与知识点之间缺乏逻辑关联，难以形成一个多层次的、较完整合理的知识体系。

2）新手教师教学知识图式体现了过程与方法、情感态度价值观教学目标的要素不足。尽管新手教师非常重视知识点的讲解和学习技巧或策略的传递，但不擅长从知识的形成过程中剖析其所蕴含的学科思维与学科方法，以及所渗透的科学情感、态度及价值观。因此，新手教师在教学中主要解决"是什么"和"为什么"的问题，不擅长揭示知识是如何形成的，不擅长思考展示知识的方法论和价值观的问题。

2. 专家教师理论性知识的教学知识图式的特征

1）专家教师的教学知识体系是一个较完整、有层次的结构体系，它是某教学内容核心知识点的本体、方法和价值的提炼，既是一个稳定、灵活、结构化的知识体系，又是教学知识与多年教学经验的结合。

2）专家教师的教学知识图式是以学生为中心紧密围绕三维目标而展开的，既着力于帮助学生掌握本节课的知识点，又注重帮助学生在实践活动中获取知识、习得方法，培养其科学探究的精神和严谨求实的态度及正确的价值观。

3）专家教师的教学知识图式具有较强的层次性和逻辑性的知识结构。

三、计算技能性知识教学知识图式的差异研究

化学技能性知识是指由化学概念、原理及元素化合物知识相关的化学用语、化学实验、化学计算等技能形成和发展的知识内容。化学技能性知识是化学学习的基础，教学实践证明，如果学生对化学用语理解不透彻、掌握不熟练，没有形成必需的化学实验技能和化学计算技能，就会形成审题和解题的思维障碍或心理障碍，影响化学问题的解决。[①]

化学计算技能是指学生依据化学知识，运用数学方法来解决化学问题的技能技巧。化学计算技能的学习，基础是化学概念和原理，核心是思维能力及运算技巧的培养，伴随着发展的是学生分析化学问题、解决化学问题的能力。

（一）有关反应热计算的教学知识图式

能源是人类生存和发展的重要物质基础，人教版高中化学选修 4 第一章"化学反应与能量"的教学目的是，通过研究化学能与热能转化规律来帮助学生认识热化学原理在生产、生活和科学研究中的应用，了解化学在解决能源危机中的重要作用，知道节约能源、提高能量利用率的实际意义。之前，学生在人教版高中化学必修 2 第二章"化学反应与能量"中已初步学习了化学能与热能的知识，对于化学键与化学反应中能量变化的关系、化学能与热能的相互转化有了一定的认识。选修内容是对必修内容的拓展与提高，引入了焓变的概念，使学生认识到在化学反应中能量的释放或吸收是以物质发生变化为基础的，二者密不可分，但以物质变化为主。而能量的多少则是以反应物和产物的物质的量为基础，把对于化学反应中的能量变化的定性分析变成了定量分析，解决了各种热效应的测量和计算的问题。在反应热的计算里，将进一步讨论在特定条件下，化学反应中能量变化以热效应表现时的"质""能"关系，这是理论联系实际方面的重要内容，对于学生进一步认识化学反应规律和特点也具有重要意义。表 4-9 和表 4-10 呈现的教学设计分别节选自新手

---

① 刘知新. 化学教学论[M]. 第 3 版. 北京：高等教育出版社，2004：6.

教师 N6 和专家教师 E6 在和田市某中学高二（1）班和高二（8）班教授人教版高中化学选修 4 第一章第三节"化学反应热（第一课时）"的课堂教学实录（附录 9）。

表 4-9　新手教师 N6 反应热计算的教学设计

教学环节	提出问题	师生活动	学习反馈
1. 根据能量守恒定律计算方程式的反应热	C 在 O_2 充足的条件下燃烧生成 CO_2 放出热量,CO 继续燃烧生成 CO_2 放出热量,求 C 在 O_2 不足的条件下燃烧生成 CO 放出的热量	根据能量守恒定律画出的图示解析问题,师生共同计算反应结果	总结计算步骤
2. 学习盖斯定律	什么是盖斯定律?	指导学生阅读教材,教师照本宣读讲解	不管化学反应是分一步完成或分几步完成,其反应热是相同的。化学反应的反应热只与反应体系的始态和终态有关,而与反应的途径无关
3. 反应热计算例题 1	已知 1.0g Na 与足量 Cl_2 反应,Q=17.87kJ 求:生成 1mol 氯化钠的反应热?	引导学生写热化学方程式,根据燃烧热计算反应热	已知:钠的摩尔质量是 23g/mol, 1.0g 钠的物质的量是 n=1/23mol= 0.043mol Na(s)+ 1/2 Cl_2(g) ═══ NaCl(s) 1mol　　　　　　　Q 0.043mol　　　　17.87kJ Q=1mol×17.87kJ / 0.043mol=411kJ ΔH=−411kJ/mol
4. 反应热计算例题 2	什么是燃烧热? 已知乙醇的燃烧热 ΔH=−1366.8kJ/mol 求:1kg 乙醇充分燃烧放出的热量	引导学生写反应式计算燃烧热。归纳 Q（放）=n（可燃物）×ΔH（燃烧热）	1kg 乙醇的物质的量 n=$m_{乙醇}/M$=1000g/46(g/mol)=21.74mol $CH_3COOH(l)+2O_2(g)$ ═══ $2CO_2(g)+2H_2O$ (l) 1mol　　　　　　ΔH=−1366.8kJ/mol 21.74mol　　　　Q Q=21.74mol×(−1366.8kJ/mol)=2.971×10^4kJ
5. 反应热计算例题 3	如何间接地求算无法测出的热化学方程式的反应热?	引导学生写热化学方程式,加减方程式,与此同时加减反应热	②×2+③×2−①得出, 2C(s)+2O_2(g)+2H_2(g)+O_2(g)+2CO_2(g)+ 2H_2O(l) ═══ 2CO_2(g)+2H_2O(l)+CH_3 COOH(l)+2O_2(g), 2C(s)+2H_2(g)+O_2(g) ═══ CH_3COOH(l) ΔH=ΔH_2×2+ΔH_3×2−ΔH_1 =(−393.5kJ/mol)×2+(−285.8kJ/mol)×2 −(−870.3kJ/mol) =(−787kJ/mol)+(−561.6kJ/mol)+870.3kJ/mol =−478.3 kJ/mol

表 4-10　专家教师 E6 反应热计算的教学设计

教学思路	提出问题	师生活动	学习成效
1. 检测预习能量守恒定律	什么是盖斯定律？什么是能量守恒定律？	师生互动，引导学生复习回顾	盖斯定律指化学反应的反应热只与反应体系的始态和终态有关，而与反应的途径无关；能量守恒定律指能量既不会凭空产生，也不会凭空消失，它只能从一种形式转化为别的形式，或者从一个物体转移到别的物体，在转化或转移的过程中，能量的总量不变
2. 根据能量守恒定律计算方程式的反应热	C 在 O_2 充足的条件下燃烧生成 CO_2 放出热量，CO 继续燃烧生成 CO_2 放出热量，求 C 在 O_2 不足的条件下燃烧生成 CO 放出的热量	引导学生写热化学方程式，根据燃烧热计算反应热；复述盖斯定律；能量 Q 与燃烧热 ΔH，之间的关系	师生共同计算反应结果，再次强调盖斯定律的内容；对于燃烧热来说，若从始态到终态，$\Delta H<0$，从终态到始态，$\Delta H>0$；在此教师用维吾尔语解释一番，帮助学生理解
3. 盖斯定律的意义及理解	盖斯定律的重要意义是什么？	借用运动员跑步，形象描述盖斯定律	化学反应的反应热只与反应体系的始态和终态有关，而与反应的途径无关
4. 通过石墨转变到金刚石，来解释放出热量稳定，还是吸收热量稳定？	①C(石墨, s)+O_2(g) $=\!=$ CO_2(g)，ΔH_1=-393.5kJ/mol；②C(金刚石, s)+O_2(g) $=\!=$ CO_2(g)ΔH_2= -395.0kJ/mol 求：C(石墨, s)=C(金刚石, s)ΔH=？	图式法，用能量守恒定律，计算反应热通过热化学方程式，计算反应热（维吾尔语解释帮助学生理解）	板书：（1）图式法（2）方程式①-②，两个方程式相减 C(石墨, s)-C(金刚石, s)+O_2(g)-O_2(g) $=\!=$ CO_2(g)-CO_2(g)
5. 总结计算方法	C 在 O_2 充足的条件下燃烧生成 CO_2 放出热量，CO 继续燃烧生成 CO_2 放出热量，求 C 在 O_2 不足的条件下燃烧生成CO放出的热量	首先通过图式方法，用能量守恒定律计算；其次，通过热化学方程式，计算反应热	板书：（1） （2）方程式①-②，两个方程式相减 C（s）+O_2（g）-［CO（g）+1/2O_2（g）］$=\!=$$CO_2$（g）-$CO_2$（g）

基于上述新手教师 N6 的教学设计、课堂教学实录（附录 9 中的教学案例 5），结合其板书，整理出其教学知识图式，见图 4-17。

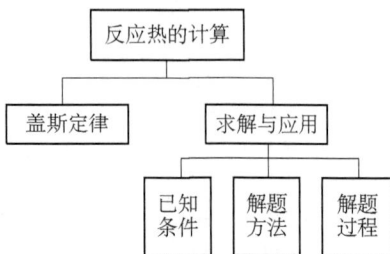

图4-17　新手教师N6反应热计算的教学知识图式

基于上述专家教师 E6 的教学设计、课堂教学实录（附录 9 中的教学案例 6），结合其板书，整理出其教学知识图式，见图 4-18。

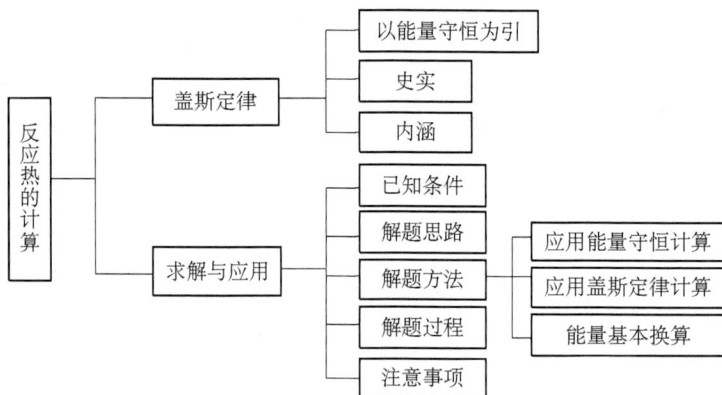

图4-18　专家教师E6反应热计算的教学知识图式

（二）专家–新手教师关于化学反应热计算教学知识图式的分析比较

结合教学实录（附录 9），比较上述表 4-9 与表 4-10、图 4-17 与图 4-18，分析新手教师和专家教师关于化学反应热计算教学知识图式的特点与差异。

1. 相关知识点的数量和知识的逻辑结构差异显著

学生已经定性地了解了化学反应与能量的关系，通过实验感受到了反应热，理解了物质发生反应产生能量变化与物质质量的关系及燃烧热的概念。在此基础上，本节要学习依据盖斯定律来计算反应热，并从定量角度来进一步认识物质发生化学反应伴随的热效应。本节内容分为两个部分：一是盖斯定律及其意义，二是利用盖斯定律进行有关反应热的计算，通过不同类型的例题练习讨论，帮助学生熟练应用盖斯定律计算反应热。

　　比较新手教师和专家教师的教学知识图式发现，两者在相关知识点和核心概念的数量上差异显著。新手教师只是简单叙述盖斯定律，并没有深入讲解，容易导致学生理解困难。在其教学知识图式中仅仅呈现了计算反应热的已知条件（物质的量、反应放出的热量）、解题基本方法——盖斯定律（方程式简单的加减计算）、解题过程三个变量，反应热计算方法仅仅停留在非常有限的教材知识层面。可见，新手教师缺乏计算反应热的相关解题知识和解题技巧知识，有可能造成教学内容较为抽象、难以有效地指导学生学习。

　　专家教师讲解盖斯定律时，先以运动员跑步"从起点到终点与路径无关"，深入浅出地对特定化学反应的反应热进行类比以帮助学生理解盖斯定律，再通过对能量守恒定律的反证来论证盖斯定律的正确性，最后通过实例使学生感受盖斯定律的应用，并以此说明盖斯定律在科学研究中的重要意义；专家教师在组织计算反应热教学时，利用燃烧热概念、能量守恒、盖斯定律和热化学方程式进行有关反应热的计算，再通过三道不同类型的习题帮助学生进一步巩固概念、训练解题技能进而理解热化学方程式的意义。专家教师的教学知识点比较丰富，计算技能中的计算方法清晰明确，学生容易掌握相关解题方法和策略，有效地提高解题技能。

2. 专家教师拥有丰富的知识组块和产生式

　　应用盖斯定律计算反应热属于程序性知识，程序性知识是一系列产生式及产生式系统。所谓产生式是指一种"条件—活动规则"（condition-action，C-A规则），其中 C 是保持在短时记忆中的信息，而不是外部刺激；A 不仅是外显的行为反应，也包括内隐的心理活动。这种在一定的条件下，产生的外显的或内隐的活动系统即称为产生式系统。

　　对比新手教师与专家教师教学知识图式可以看出，新手教师仅仅是根据燃烧热的概念和盖斯定律简单套用公式求解反应热，没有向学生阐述解决问题的依据和策略，知识组块和解题步骤缺乏完备性和可操作性。相比之下，专家教师在知识组块和产生式的量和质上就有显著优势。专家教师既有学科逻辑内在联系又有可迁移的应用性知识组块，如以热化学方程式为中心、寻找已知条件、利用已学过的解题依据（燃烧热的概念、能量守恒定律、盖斯定律）、总结解题思路、结合解题注意事项、最终清晰写出解题过程，这样明确的解题方法和策略，能够促进学生解题技能的形成和解题效率的提高。

3. 三维目标的体现

新手教师局限于教材中反应热计算的局部内容知识的编排和表层知识的总结，缺乏从历史发展、理论知识与实际运用相结合、学科思想方法、学科问题解决方法等视角对反应热知识进行重新构建的能力，不善于从盖斯定律的发展史进行阐述，也不善于从盖斯定律的内容、本质、具体应用到微观知识解释等方面建立逻辑关系。

而专家教师不仅注重对盖斯定律的定义、内容、本质、宏观表现和微观解释进行剖析梳理，还注重对盖斯定律进行化学史的拓展，以及对反应热计算的方法和策略等方面进行知识的拓展和建构。具体来说，对于盖斯定律应从它的历史渊源进行阐述，让学生对化学史和一些化学家进行了解，之后通过既形象又通俗的比喻特定化学反应的反应热，帮助学生理解盖斯定律，能用盖斯定律、热化学方程式进行有关反应热的简单计算；然后从途径、能量守恒角度分析和论证盖斯定律，培养学生分析问题的能力；通过热化学方程式的计算和盖斯定律的有关计算，培养学生的计算能力；通过对盖斯定律的发现过程及其应用的学习，感受化学科学对人类生活和社会发展的贡献，同时养成学生深入细致的思考习惯；通过加强练习，及时巩固所学知识，养成学生学以致用的学习习惯；形成学生良好的书写习惯；符合学生的认知规律，体现了新课标的精神。

（三）新手–专家教师的计算技能性教学知识图式特征

通过对上述新手教师 N6 和专家教师 E6 有关反应热的计算教学知识图式的比较分析，结合专家教师和新手教师有关计算技能性知识教学的课堂观察素材及文献资料，我们将专家教师与新手教师的计算技能性知识图式特征概括如下。

新手教师计算技能性教学知识图式特征：①总体上看新手教师比较注重让学生简单地运用公式来解决计算类问题，并未重视引导学生多视角地去理解计算依据或原理的涵义本质，缺乏对相关概念和原理知识从产生发展历史、本质、意义、蕴含方法及学科思想观念等多视角进行深度理解。②新手教师缺少对计算题的解题方法和策略的具体实施步骤的讲述，对于解题步骤的讲述过于笼统，缺乏具体的可操作性，难以在解题中培养学生的解题思维、解题思路和解题策略。

专家教师计算技能性教学知识图式特征：①专家教师具有较为丰富的计算知识与技能的知识组块和产生式。专家教师善于结合实例运用图式通过板书帮助学生分析题意，明确已知和未知、已知和未知之间关系，确定解题依据原理、明确解题步骤，这样将解题思路外显化可视化，再通过有梯度的习题练习强化，帮助学生形成正确的解题思路，在习得化学计算技能和策略过程中增加学生相关的知识组块的容量，增进学生有效解决化学计算问题的技能。提高学生头脑中解题知识与技能的结构化、网络化水平。②专家教师注重赋予计算技能性教学知识所蕴含的知识形成、本质、价值及方法等多重意义。专家教师不仅注重训练学生的解题思维及实践活动中掌握计算的技能技巧，还重视引导学生多视角地去理解计算依据或原理的本质和意义，剖析相关概念和原理知识的产生发展历史、价值、蕴含的方法及学科思想观念等，可以帮助学生多角度理解化学技能性知识。

四、新手–专家教师教学知识图式的特征

通过对中学化学双语新手教师和专家教师在事实性知识、理论性知识、计算技能性知识方面的教学知识图式的个案分析比较，发现新手教师的教学知识图式与专家教师的教学知识图式有明显的差异。

（一）新手教师教学知识图式的特征

新手教师的教学知识图式特征：对相关中学化学学科知识基本要点的选择和概括基本合理和到位，注重展示问题解决的技巧策略。但是，教学知识结构拘泥于教材，知识点的整体布局及细化的逻辑性有待加强，产生式和知识组块有待丰富和加强，需挖掘化学学科知识的本质和所蕴含的学科方法、学科观念及价值意义。

（二）专家教师教学知识图式的特征

专家教师具有较丰富的知识组块和相关知识点的问题实例，稳定与灵活的产生式，相对稳定的结构化的知识体系，还包含哲学思想、科学研究的一般过程方法及自然科学方法的应用，专家教师的教学知识图式是知识和经验相结合的有机整体。其特征具体如下所示。

1）专家教师的教学知识图式具有较为丰富的知识组块和具有逻辑性的结构。通过专家教师的教学知识图式可以发现，专家教师的教学知识图式是由知识的本质、内涵及应用等相关因素为主链构建的一幅知识图，这体现了专家教师有完善的逻辑思维结构和人性化的学科知识组块特点。

2）专家教师的教学知识图式具有丰富的且层层递进的产生式，直到问题解决。丰富的学科观念和学科知识是问题解决的必要条件，提高课堂教学效率的关键在于教师拥有稳定而灵活的产生式。

3）专家教师的教学知识图式具有科学研究方法和学科观念及价值观。以学科知识为载体，进行学科方法和科学方法教学，不仅能使课堂教学丰富生动，而且有助于提高学生的思维水平和解决问题的能力，是培养学生积极主动学习能力的重要途径。

4）专家教师的教学知识图式是开放的和相对稳定的。专家教师能跨越学科间、学科内教材章节、单元知识的界限，依据学生的知识经验水平和认知特点对图式主链中的知识点进行精加工，形成大量的与重要知识点相对应的、相对稳定的知识组块和产生式。这些丰富的知识组块和产生式，既能帮助教师将具体知识方法与上位知识进行高效而有序的连接，又能促进教师对具体问题迅速地顿悟、归类、判断和解决。

第五章 教学思路的分析比较

本章是对中学化学维吾尔族专家教师与新手教师教学知识图式比较研究的继续，选择教学思路作为探讨教师教学思维的视角，基于三组中学化学维吾尔族专家教师与新手教师的课堂教学实践，着重比较他们在进行不同类型学科知识教学中教学思路的差异，归纳出专家教师与新手教师教学思路的特征，期望能供少数民族中学化学双语教师的专业发展借鉴、参考。

第一节 研究基础与研究设计

一、概念界定与教师教学思路的已有研究

（一）概念界定

结合教学思路的概念界定，其教材思路、教的思路和学的思路的内容分别如下。

教材思路是教师在充分思考研究教材知识发生与发展的基础之上，对教材内容知识做出的教学程序安排。此程序安排体现了教师对教材知识类别和知识间逻辑关系及知识发展脉络的认识与把握，也能体现教师对知识的系统性与教学阶段性合理化的处理水平，还能展现教师灵活选取教学素材的水平。

教的思路是教师在研究课程标准、教材的基础上，将教材中静态的教学内容进行"动态化"教学组织的思维线索及程序安排。教的思路主要展现教师如何将教学内容分解为知识"点"、又将知识"点"如何串成"线"的水平，也能展现教师如何利用相关课程资源设计组织各知识"点"的教学活动水平，还能体现如何选择教学方法有效连接各知识"点"的活动，以及根据学生的反应来调整教学的水平。

学的思路是教师引导学生思考问题学习新知识的思维线索及程序安排。学的思路能展现教师是如何通过启发、迁移、深化等环节逐步引导学生建构新知识、发展思维能力的，还能展现教师能否随机变化、及时解决学生思路中断问题的水平。

（二）有关教学思路的研究

有关教师教学思路的研究是渗透在有关教师教学思维和教师教学设计研究之中的。随着教育改革的发展和新课程改革的深入，学界对教学思路的研究也渐渐多了起来。李海玲认为，教师应在把握新课程标准和教材设计意图基础之上改进教学思路[①]。支瑶和王磊指出，高中化学概念教学设计应基于概念的形成方法、功能和价值及对学生的认识和科学观念的差异分析，在教学设计过程中一定要了解教学中的学生，据此来设计教学活动的线索是非常重要的[②]。冯桂荣提出，从分析化学教材的思路、研究学生的化学学习思路、建立教师的教学思路三方面入手，在化学教学中应用教学实践经验形成教学思路开展思维教学[③]。洪聚南认为，高中化学教师课堂教学思路转变的前提条件是改变教学思想和观念、开展课堂有效教学实践、探索有效教学策略[④]。黄文信基于个人的化学探究式设计与实施策略研究认为，探究式教学的教学思路要依照新课程三维教学目标进行设计，注重问题导向和问题解决，着重培养学生如何获取有效信息的能力和自主探究的能力，真正使学生从实践活动中获取知识、习得方法、增强解

---

① 李海玲. 把握设计意图改进教学思路[J]. 考试（教研版），2009，（2）：24.
② 支瑶，王磊. 高中化学概念教学设计思路与方法研究[C]. 第二届全国化学教育专题学术研讨会论文集，2008：37-45.
③ 冯桂荣. 化学中的思路教学[J]. 唐山师范学院学报，2002，（2）：43-44.
④ 洪聚南. 浅析高中化学教师课堂教学思路的转变[J]. 新课程（上），2012，（1）：16-17.

决问题的能力，实现使教师的教学过程真正成为培养学生的探究能力和落实三维目标的有效途径[①]。

笔者通过对相关文献的查阅和梳理发现，有关教学思路的研究刚刚起步，且该研究常常融入或渗透于教学设计研究之中，其概念的定义还有待于探讨、厘清并达成共识；在研究方法方面，大多采用文献研究法和经验总结法，很少用课堂观察、叙事研究、案例研究等；在研究主体和研究内容方面，一般是一线教师结合自身教学实践经验的总结，理论研究较少，针对少数民族双语教师教学思路的研究更少。

二、研究设计

（一）研究对象的选择

本章从乌鲁木齐市某双语实验学校选择新手教师 N7 和专家教师 E7 作为研究对象。两位教师的基本概况见表 5-1。

表 5-1　教学思路个案研究对象的概况

类型	研究对象	性别	学历	双语教龄/年	任教班级	说明
专家教师	E7	女	本科	10	初三（4）初三（5）初三（6）	高级教师，省属重点师范大学毕业，得到学校、同事、学生认可，具有丰富的教学经验
新手教师	N7	女	本科	3	初三（1）初三（2）初三（3）	中教二级，部属重点师范大学毕业

（二）研究思路与方法

结合化学学科知识的分类与特点，以研究对象具体课例的教学思路为切入点，对比分析概括出中学化学维吾尔族专家教师与新手教师教学思路的特征。研究思路与方法具体如下。

1）通过相关文献梳理和分析确立研究框架，并对双语教师及教学思路进行概念界定。

---

① 黄文信. 化学探究式教学思路设计与实施策略[J]. 考试周刊, 2011,（14）: 181-182.

2）确定研究对象。

3）采用课堂观察法，搜集研究对象的课例素材。对中学化学事实性知识、理论性知识、技能性知识三类知识的同课异构课例的课堂实录进行分析，结合其教案和跟踪访谈分析概括专家教师与新手教师教学思路的特点和差异。

4）运用案例分析法对研究对象的教学片段进行比较分析，作为归纳概括其教学思路的基础和支撑素材。

5）设计半结构化访谈提纲，了解研究对象的专业成长经历及教学思路形成的背景。

（三）研究内容的选取

1. 研究内容从三个方面展开

1）根据化学学科知识的不同类型，如化学事实性知识、化学理论性知识、化学技能性知识的教学案例对研究对象进行课堂观察，搜集课例素材，提取教学思路。

2）对比分析研究对象相关教学思路的特点与差异。

3）跟踪访谈探寻研究对象相关教学思路差异的形成原因，提出优化新手型中学化学双语教师教学思路的建议。

上述研究内容主要从三个主题展开：①化学事实性知识的教学思路比较——主要以氧气性质为例；②化学理论性知识的教学思路比较——主要以化合价为例；③化学技能性知识的教学思路比较——主要以化学方程式的计算为例。

通过课堂观察、摄像转录、课后查阅教师教案及访谈，整理得出研究对象的相关化学教学课例的教学思路。

2. 分析比较的视角

1）教材思路重在分析比较研究对象对相关教学内容和课程标准实验教科书知识排列顺序的内在逻辑关系的把握情况。

2）教的思路重在分析比较研究对象能否抓住相关教学内容的重点难点，能否高屋建瓴地作出综合分析并且精心设问；能否呈现相关知识在现实生活实践中的表现样态及对社会、人类发展的价值，进而引导学生更深一层次的理解；如何对教学内容进行由点到线的组织处理及如何选择利用课程资源。

3）学的思路重在分析比较研究对象通过何种方式方法引导学生学习新知识；是否通过引导激发—问题疏导—深化理解—课后迁移等环节来帮助学生建构知识；如何让学生的思维更加深刻；如何引导学生习得学习策略等。

第二节　教学思路的分析

一、事实性知识教学思路的比较

化学事实性知识是指反映物质的存在、性质、制法和用途等方面的元素化合物知识，以及化学与社会生活实际相联系的知识，是对自然界化学现象的客观描述。它是中学化学基础知识的重要组成部分，主要涉及重要的主族元素、副族元素及其化合物，各类重要有机化合物及其代表物。这种知识都是物质及其变化的宏观表现，具有生动具体、形象直观的特点，学生理解起来一般并不困难，但由于涉及的元素及其化合物种类多，内容相对零散庞杂，学生难以记忆。所以，如何使学生在理解的基础上学习记忆相关元素化合物知识，形成较为系统的知识结构在教学中非常重要。

（一）氧气的教学思路的分析比较

氧气是初中化学教科书中第一个气体单质，涉及学生对身边最常见、最熟悉的气体单质的组成、性质、变化和用途等知识的系统认识和理解。氧气与人们日常生活密切相关，教材从学生熟悉的日常生活体验入手介绍氧气知识，一步步引导学生发现问题、解决问题，还引出化合反应、氧化反应、氧化性、缓慢氧化等概念。

氧气是系统认识气体物质的开始，是学习其他元素化合物的基础。因此，形成良好的思维习惯、习得研究物质性质的基本程序和方法是教学的关键。在教学过程中引导学生通过自主阅读，根据物质的颜色、状态、气味、水溶性、密度等理解氧气的物理性质；通过实验观察氧气与木炭、磷、硫、铁等的反应现象概括氧气的化学性质；指导学生学习研究物质性质的基本程序和方法。

图 5-1 和图 5-2 分别是研究对象专家教师 E7 和新手教师 N7 关于氧气的教学思路，主要根据对专家教师 E7、新手教师 N7 有关人教版义务教育教科书化学九年级上册第二单元课题 2 氧气（第一课时）的课堂教学观察、听课记录、教学实录和课后访谈等资料整理而成的。以下对其教学思路先做具体分析，再结合课例素材和跟踪访谈，概括出中学化学维吾尔族专家教师与新手教师关于化学事实性知识教学思路的特征。

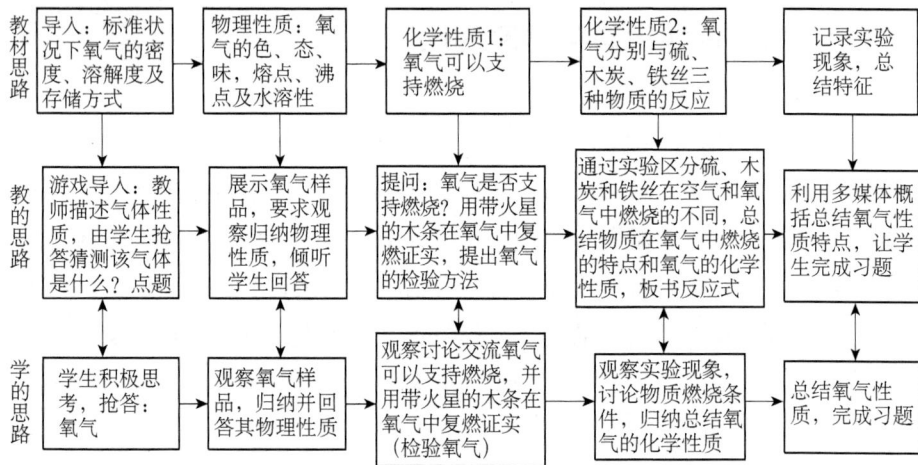

图5-1　专家教师E7有关氧气的教学思路

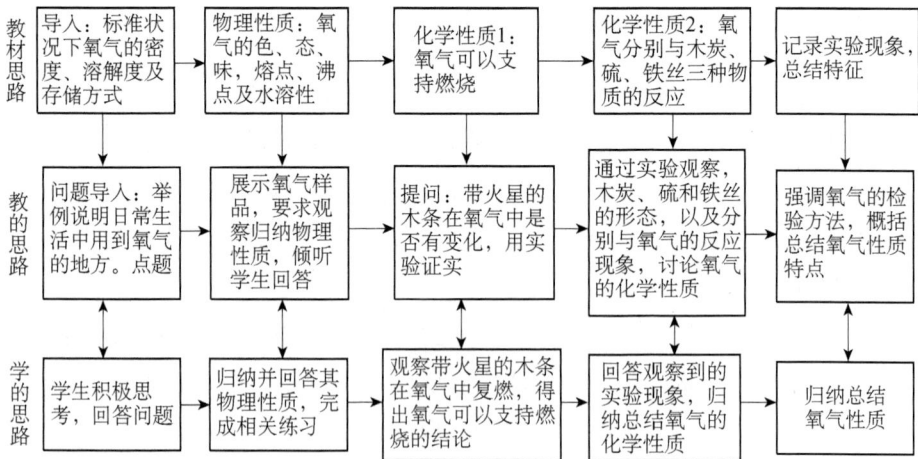

图5-2　新手教师N7有关氧气的教学思路

通过比较图 5-1 和图 5-2 教学思路发现：两位教师对教材思路的把握基本是相同的，他们都是基于教材内容编排的顺序。教的思路依照明确学习任务→从生活出发引出课题→实验观察学习氧气的性质→总结来组织教学；学的思路基本按照元素化合物知识学习的基本程序氧气用途→观察氧气→氧气物理性质→氧气化学性质来帮助学生理解和掌握氧气的有关性质。但是，他们在一些具体方面还存在一定的差异，其中在教的思路方面差异如下。

1. 教的思路的比较

（1）教学方式方面

案例5-1　专家教师E7的氧气导入教学片段

T：今天我们来进行一次抢答游戏，请在我的描述中抢答，猜猜是什么物质？

它是一种气体，我们每天都接触，它无色、无味，化学性质很稳定，可以用作保护气，它约占空气体积的78%。

它也是一种气体，我们看不见、抓不着、闻不到，但是谁也离不开它，它约占空气体积的21%。

S（一起回答问题）：氮气和氧气。

T：好！都猜对了！今天这节课我们来研究氧气的性质。首先从哪一方面入手呢？是从性质还是用途？

S：性质。

T：今天我们共同来学习研究具体物质的性质，大家思考一下，物质的性质有几类？

S：两类。

T：哪两类呢？

S：物理性质和化学性质。

案例5-2　新手教师N7的氧气导入教学片段

T：在我们的生活环境中有空气，而空气中有氧气。请你举例说明生活中用到氧气的地方？

S：人和动物呼吸，急救病人。

T：对，氧气与人类的生活有密切的联系，是人类和动物不可缺少的物质。那么氧气具有哪些性质呢？化学上要系统地研究某种具体物质，一般先研究它的物理性质、化学性质，再研究它的用途。

S：（思考、猜想）。

T：什么是物理性质？物理性质包括什么内容？

S：不经过化学变化表现出来的性质。

评析┊两位教师新课导入的方式是不同的，专家教师 E7 是由抢答游戏开始，引起学生的学习兴趣，设置教学情境引导学生进一步学习氧气的性质。新手教师 N7 则通过提问氧气在人们生活中的用途导入，然后引导学生学习如何研究氧气的物理性质。

案例5-3　专家教师E7引导学生观察氧气性质实验

硫在空气和氧气中燃烧实验

（1）说一下硫分别在空气与氧气中燃烧的现象？

（2）烟花、爆竹中的火药是不是木炭、硫黄组成的？

请思考：想一下我国一些城市为什么禁止燃放烟花、爆竹？

T：这是硫，硫粉，看看它的状态是什么呢？

S：粉末。

T：颜色呢？

S：黄色。

T：那老师给你们做，首先在燃烧匙中加少量硫黄，这个叫什么？

S：药匙。

T：取药品时瓶塞要倒置，药品用完瓶塞要塞回原处。那硫黄状态刚才已经看到了是吧。粉末状，那现在我取了少量硫黄，放在空气中，有什么变化？

S：没有。

T：没有变化是吧，在酒精灯上加热，注意点燃酒精灯的方式啊，然后在酒精灯上给它加热。酒精灯的火焰分为几层？

S：三层。

T：刚才在空气中没什么现象是吧，现在同学们注意观察，加热之后你们看到什么现象？

S：火焰是蓝色。

T：那现在我们将其放入有氧气的集气瓶中，请一位同学描述一下现象。……好，你来。你来触摸一下集气瓶的外壁，有什么感觉？

S：比较热。

案例5-4　新手教师N7引导学生观察氧气性质实验

（提示观察以下几个方面）

【投影仪】1. 木炭的色态

2. 用坩埚钳夹住木炭伸入氧气瓶中有什么现象？

3. 用坩埚钳夹住木炭在酒精灯上点燃后在空气中可看到什么现象？再把点燃的木炭伸入纯净氧气中可观察到什么现象？

4. 观察反应后生成物的色态，再向集气瓶中倒入澄清石灰水，你看到石灰水有什么变化？

S：（观察、记录）。

T：木炭是什么色态？

S：木炭是黑色固体。

T：下面我们来做一个实验。大家请注意我把带火星的木条伸入盛（应读 chéng，误读为 shèng）有氧气的集气瓶中，发生什么现象？（演示实验）

S：复燃了。

T：发生了什么现象呢？说一下，谁来。你们都看到了是吧？我把带火星的木条伸入盛（应读 chéng，误读为 shèng）有氧气的集气瓶中，发生什么现象？你来说一下。

S：氧气的化学性质，能使带火星的木条复燃。

评析 | 为了激发学生的好奇心和兴趣，两位教师都采用实验方式开展氧气性质教学，以观察实验过程中物质性质变化的现象为教学出发点。虽然两位教师基本是按照教材中知识编排顺序开展教学的，注重引导学生学习观察、表述性质实验的途径和方法。但是相比新手教师N7，专家教师E7通过抢答游戏、鼓励学生上台做实验等方式，更能调动学生参与学习的积极性和主动性。

相比专家教师E7，新手教师N7善于将提示观察的视角设计成一组问题，利用投影仪展示组织学生讨论，这样辅助教学可帮助学生有序地思考讨论。但是，新手教师N7也出现了专业术语误读［将"盛有"中的"盛"（chéng）误读为shèng］的现象。事实上一些少数民族双语教师在对国家通用语言的读、写、用方面还存在水平不高、教学能力欠缺等问题，这会直接影响双语教育教学质量。

（2）在选择和利用教学资源方面

案例5-5　专家教师E7结合生活情境素材进行氧气的性质教学

硫在空气和氧气中燃烧实验

（1）说一下硫分别在空气与氧气中燃烧是什么样的现象？

（2）烟花、爆竹中的火药是不是木炭、硫黄组成的？

请思考：想一下我国一些城市为什么禁止燃放烟花、爆竹？

（中间略）

T：那刚才在空气中燃烧的现象和在氧气中燃烧的现象有没有区别？

S：有。

T：有什么样的区别呢？

S：在氧气中燃烧得比较剧烈。

T：还有呢，火焰什么颜色？

S：淡蓝色。

T：淡蓝色是在空气中是吧？在氧气中呢？

S：蓝紫色。

T：对，好请坐。有没有气体生成？

S：有。

T：有没有气味？

S：有。

T：刚才看到老师做实验的表情没有？

S：看到了。

T：看老师表情说明有刺激性气味的气体，那这种气体是什么气体呢？

S：二氧化硫。

T：二氧化硫是什么样的气体？

S：有刺激性气味的气体。

T：还有呢？上节课我们学习保护空气那课时我们学习了什么？

S：污染气体、有害气体。

T：烟花、爆竹中的火药是不是木炭、硫黄组成的？

请思考：我国为什么一些城市禁止燃放烟花、爆竹？

S：是为了防止污染空气。

案例5-6　新手教师N7选择利用教材素材进行氧气性质教学

T：那么，下面我们做另一个实验吧。硫在氧气中怎么燃烧。这个是硫粉，什么颜色的？

S：黄色的。

T：说明硫黄是淡黄色的。那么硫在空气中燃烧与硫在氧气中燃烧是否一样？

S：不一样。

T：可能是不一样是吧？那我们通过做实验来探究这个问题吧。这个硫粉能生成一种有毒的气体，大家请注意啊，有毒的气体。大家认真观察硫在空气中燃烧发生了什么现象，观察下，那拿到氧气里面这个燃烧是什么现象呢？

（实验不成功，老师找原因）我取少了。（并重新演示）观察到了是吧？那么硫在氧气中燃烧时发生了什么现象？谁来说一说，我们都看到了。谁来说一说，你来说一说。

S：发出紫色的光（看书）。

T：发出蓝紫色的火焰是吧？

S：是。

T：还有呢？好，请坐。还有没有别的了？好，硫在空气中燃烧时发出很微弱的蓝紫色的火焰是吧？但是我把它放入氧气中发出很明亮的是吧？明亮的蓝紫色火焰，还有呢？

S：生成一种有刺激性气味的气体。

评析 两位教师在教学过程中都善于利用教材中的知识素材，结合学生已有的知识经验来进行教学。不过，相比新手教师 N7，专家教师 E7 更注重从学生已有的日常生活经验中出发，选择那些和氧气性质密切联系的生活生产事件作为情景素材开展教学。比如，学习硫与氧气反应就紧扣我国在一些城市为何禁止燃放烟花爆竹。

（3）在教学方法方面

两位教师都注重选择运用提问、实验、讨论、演示和展示等教学方法组织开展教学活动。但是，相比新手教师 N7，专家教师 E7 更善于以学生为中心，以生活中真实的化学情境素材激发学生主动学习，并有效地训练学生思维，这起到了优化教学过程与促进学生思维发展的双重功效。

2. 学的思路的比较

（1）引导学习新知识的方式不同

专家教师 E7 主要让学生通过"明确学习任务→自主学习预测→教师引导→观察演示实验→提出质疑→总结→提炼化学学习思路方法"来开展学习活动，这可以启发学生的思维，促使学生积极参与学习。而新手教师 N7 让学生通过"明确学习任务→观察教师演示实验→听老师解释结论详细总结点→记忆要点→练习巩固"学习新知识。相比之下，专家教师 E7 更善于引发学生思考讨论，调动学生思维，使其积极主动地参与到学习活动中，而新手教师 E7 则主要以教师为中心，而学生被动参与学习，不利于有效地发挥学生学习的积极性和主动性。

（2）培养学生迁移相关知识能力的力度不同

准确描述实验现象是学生学习氧气性质的难点。但是，现实中我们常常发现中学生甚至一些新手教师既不能条理清晰地描述实验过程中重点观察处的现象，又不能快速连接现象背后的重要术语和概念，更不知道如何使用有关知识来解决相关问题。所以，教师要帮助学生感知现象、描述现象、从具体感性认识上升到抽象概念的理解。它需要由教师督促学生积极主动地学习新知识，并且引导学生将新知识在有效迁移深化理解的基础上实现。虽然两位教师都注意运用演示实验激发学生的兴趣，激发学生思维，但也有差异。其差异表现在如何挖掘学生的已有知识和经验，帮助学生突破障碍。专家教师 E7 不仅是自己做实验还邀请学生一起做实验，并且对实验中一些关键操作都会进行提问。

案例5-7 专家教师E7培养学生知识迁移能力的教学片断

T：加热时，铁不是燃烧只是发红。今天做的是铁在氧气中燃烧的实验，先要把光亮的铁丝绕成螺旋状，下面系一根火柴，然后用坩埚钳把它夹住，在酒精灯上把它加热，那同学们注意，快把火柴燃烧完时，再放入盛有氧气的集气瓶中，不要过早，不要过晚，为什么呢？如果过早放进去的话，火柴燃烧需要消耗什么呢？

S：氧气。

T：对，消耗瓶内的氧气的话，铁丝燃烧的话也没有氧气了？所以要在快燃烧完，这个时候呢才能放进。那好，开始做。那这个实验要注意了啊，你们选一个瓶内有少量水的集气瓶。

实验完成后。

T：你来用手摸一下集气瓶外壁，有什么感觉？

S：很热。

T：这说明燃烧释放了大量的热。

T：好了，谁来说一下燃烧的现象是什么？

S：火星四射，剧烈燃烧，放出大量的光。

T: 对，火星四射，剧烈燃烧。

S: 放出大量的光。

T: 你看到了火星是吧，火星四射，好。观察一下产物，产物的外形怎么样？

S: 黑色固体。

T: 那黑色固体是什么呢？铁在氧气中点燃得到的这个黑色的固体叫做……

S: 四氧化三铁。

T: 对，四氧化三铁。那同学们想一想怎么才能剧烈燃烧，火星四射，生成四氧化三铁。那铁丝为什么绕成螺旋状呢？

S: 为了增强铁丝和氧气的接触面积。

T: 接触面积？有没有不同的看法？那铁丝为什么绕成螺旋状？我们是想要集中什么？

S: 热量。

T: 集中了热量就会快速达到着火点。在铁丝末端系根火柴的作用是什么？

S: 引燃。

……

评析 专家教师 E7 擅长设置由易到难逐渐深入的问题组，并且会在实验操作的关键处设问，帮助学生领会和掌握操作技巧。另外，专家教师 E7 还注重结合教学适度地引导学生进行知识迁移。比如，讲到点燃硫的氧气集气瓶预留少量水的作用时，提示学生还可用碱性液体吸收二氧化硫；讨论在氧气集气瓶点燃铁丝要系火柴棍的原因时，提示学生思考涉及燃烧发生条件的接触面积、着火点等知识。这样，结合教学对具体知识点进行适度的迁移和拓展，既加深了学生对知识体系的了解，也为后继知识的学习做了铺垫。

（二）专家–新手教师化学事实性知识教学思路的特征

通过对上述新手教师 N7 和专家教师 E7 有关氧气性质素材及新手-专家教师相关事实性知识的课例素材分析，我们将专家教师与新手教师的事实性知识教学思路特征概括如下。

1. 专家教师事实性知识的教学思路的特征

专家教师事实性知识的教学思路特征：擅长在教学过程中发挥教师的主导作用和学生的主体作用，积极创设真实学习情境和开展学生动手实践活动，促进学生有逻辑地推理和建构知识，进而帮助学生学会学习，提高科学素养。专家教师教学思路的突出特征表现为以下两个方面。

（1）教学内容的选择和组织集中在学科与生活的结合点

专家教师不仅对教材知识体系和内容了如指掌、轻松驾驭，还具有一双慧眼，善于将捕捉到的社会生产生活中的化学教学素材运用于课堂教学中，践行从生活走向化学，从化学走向生活的课程理念，在教材知识生活化的过程中促进学生有意义的学习。

（2）在教学方法方面，注重学生学习活动化和知识迁移拓展

专家教师关注学科教学知识与生产、生活的联系，注重设计问题组和实验讨论等实践活动启发学生深入思考，并能在适当的时候点拨提示学生；还能够灵活地将真实问题情境和课堂实验活动相结合，训练学生的知识迁移与思维拓展能力。

2. 新手教师事实性知识的教学思路的特征

新手教师在教学内容的选择和组织方面基本依照教材的知识编排顺序；在教学方法上注重采用提问、演示实验、讲解与 PPT 展示相结合的方式，并适当开展练习活动来巩固新知。具体地讲有以下几点。

1）在教学过程中注重激发学生的学习兴趣，启发学生的思维，提出一些讨论提纲，激发学生的学习兴趣，并且也能够发现学生的一些学习盲点，努力提高教学有效性。但缺乏站在化学学科知识体系及化学与社会生活联系的视角设计教学。

2）组织学生讨论过程中使用母语（维吾尔语）辅助解释，使学生思维处于

激活状态，但是由于对教材体系熟悉程度和教学经验的丰富程度有限，教学中有时难以察觉学生的问题或错误并将其转化为生成性教学资源，此外对知识的逻辑化建构和适度的拓展迁移能力不足。

二、理论性知识教学思路的分析

化学理论性知识是反映物质及其变化的本质属性和内在规律的化学基本概念和基本原理。化学理论性知识重在揭示化学现象和化学变化的本质，发生的原因、条件及规律，具有高度的概括性和抽象性。因此，化学理论性知识教学可以帮助学生理解物质的性质和结构的变化，并培养学生透过现象看本质的分析能力，使学生将分散的知识相结合并建立良好的知识结构。培养学生的科学思维和辩证观点，可以加深学生对理论性知识的理解，提高学生分析解决问题的能力以适应现代生活。

化合价是初中化学课程标准中要求达到了解水平的化学基本概念。在此以前涉及的有关化学式与物质结构的初步知识，尤其是有关离子化合物和共价化合物的知识均是学习化合价的基础。另外，学生掌握化合价知识将对其以后的学习有十分重要的影响，尤其是对人教版义务教育教科书化学九年级下册有关酸、碱、盐的学习有重要的指导作用。可以说，化合价是初中化学知识链中的重要一环，它贯穿于化学学习的始终。从知识类型看，化合价内容比较抽象、难懂；从学生方面看，学生只知道书写化学式的一般规则，还不懂得化合物元素的原子个数比为何是这样，也不会确定得出化合物元素的原子个数比。因此，对于九年级的学生来说，学习化合价这样一个抽象概念并掌握其应用规则，有一定难度。

通过对"化合价"第一课时的学习，不但要让学生真正领会化合价的意义与实质，还要让学生通过对本节课的学习，能快速而准确地书写化学式，进而书写化学方程式。

（一）化合价教学思路的分析比较

对专家教师 E7 和新手教师 N7 的访谈结果发现，他们均表达了以下对化合价教学的认识：初中化学教学中，有很多知识极为关键，其中化学用语的教学是重点。长期以来从事教学的化学老师都知道，学生学习水平是从书写化学式逐渐拉开差距的，个别学生就是由于难以正确书写化学式而放弃化学学习。因此，教师针对与化合价知识相关的化学史实、教学设计和实践训练等的研究，对有效指导学生学习化学用语知识是非常重要的。

在学习化合价知识的过程中，学生经常把口诀背得很熟，但是在实际应用中如何推导元素的化合价或指出变价元素的化合价特征时，往往只知其一不知其二，不能真正领会化合价的含义。一种常见的错误：标记元素的化合价，经常把化合价乘以角码，将结果标在符号上方，因此，数值有很多是不合理的。

学生学习化合价知识存在的问题具有一定的普遍性，而且化合价知识的学习对学习化学式的计算有直接影响，也会影响初中化学下册中酸碱盐相关知识的学习，为此研究教师化合价知识的教学具有重要的实践意义。以下就专家教师 E7 和新手教师 N7 的化合价课例进行教学思路分析。

图 5-3 和图 5-4 分别是研究对象专家教师 E7 和新手教师 N7 关于化合价的教学思路，主要依靠对专家教师 E7、新手教师 N7 有关初中化学第四单元课题 4 "化合价（第 2 课时）"的课堂教学观察、听课记录、教学实录和课后访谈等资料整理而成的。以下对其教学思路先做具体分析，再结合访谈和其他素材，概括出中学化学维吾尔族专家教师与新手教师化学理论性知识教学思路的特征。

1. 教学思路的比较

对比图 5-3 和图 5-4，结合对应的教材内容，不难找到相应教学思路的差异，新手教师 N7 是参照教材的知识逻辑顺序，但是专家教师 E7 是对教材内容进行了重组与创新。

专家教师 E7 的教学思路是在教材原有知识体系、逻辑结构的基础上提供了进一步理解化合价知识的相关素材，并且在提问上也设置了很多精彩环节，从而使化合价知识的教学思路呈现层层递进、深入剖解及拓展应用的特点。具体地讲：要实现正确地书写化学式的教学目标与领会化合价的来历与化合价的定义密不可分。专家教师 E7 设计了以下提问：离子化合物及共价化合物是怎么形

教材思路

化合物有其固定的组成，不同元素以什么样的原子个数比相结合形成化合物？ → 提出"化合价"，认识化合物中各元素按一定比例相结合的规律 → 明确元素化合价的注意事项：①金属元素与非金属元素化合时，有何特点？②同一元素在不同物质中是否可显示不同化合价？③单质中元素化合价的特点 → 根据成分元素的化合价推求实际存在的化合物中元素原子的个数比，并写出化合物的化学式 → 总结元素化合价的规律

教的思路

依据道尔顿提出的原子论，展示Na原子、Cl原子的原子结构示意图，提问如何让Na原子、Cl原子分别达到相对稳定结构？ → 投影：Na^+、Cl^-的电子形成动画，以NaCl的化合价书写为例，引导学生写出$MgCl_2$化合价的标识，提出化合价的定义 → 引导学生讨论元素的化合价与对应的离子之间的相同点及不同点，归纳元素化合价的规律，并提出注意事项 → 以NaCl、$MgCl_2$为例，引导学生根据成分元素的化合价推求实际存在的化合物中元素原子的个数比，并写出化合物的化学式 → 总结元素化合价的规律，并结合《化合价之歌》加深学生印象，布置作业

学的思路

倾听、积极思考 → 观看Na^+、Cl^-的电子形成动画，学习NaCl的化合价书写，并书写$MgCl_2$化合价。学习化合价的定义 → 讨论元素的化合价与对应的离子之间的相同点及不同点，归纳元素化合价的规律，并明确注意事项 → 通过NaCl、$MgCl_2$中各元素化学价的分析，推求实际存在的化合物中元素原子的个数比，并写出化合物的化学式 → 总结元素化合价的规律，学习《化合价之歌》，明确作业

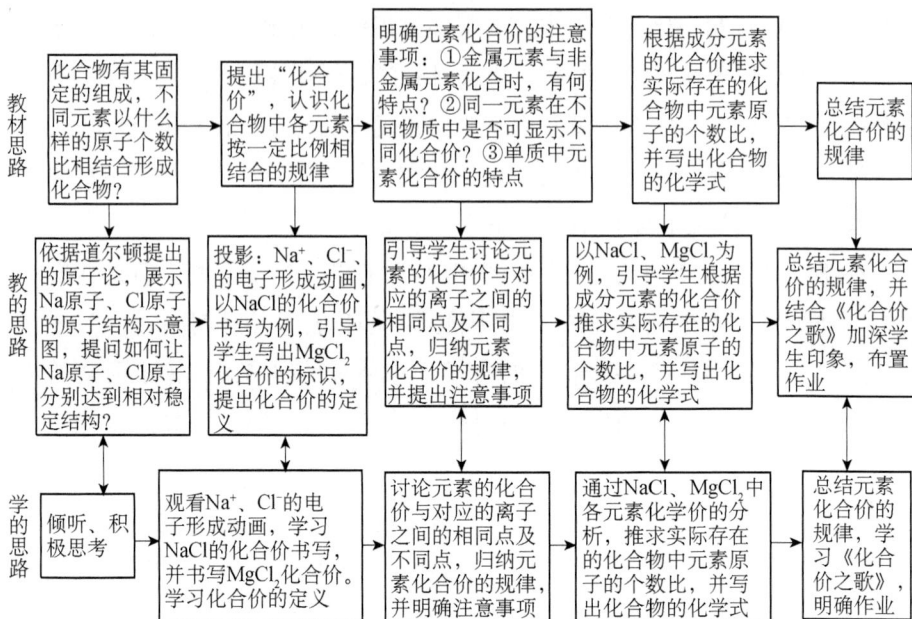

图5-3 专家教师E7有关化合价的教学思路

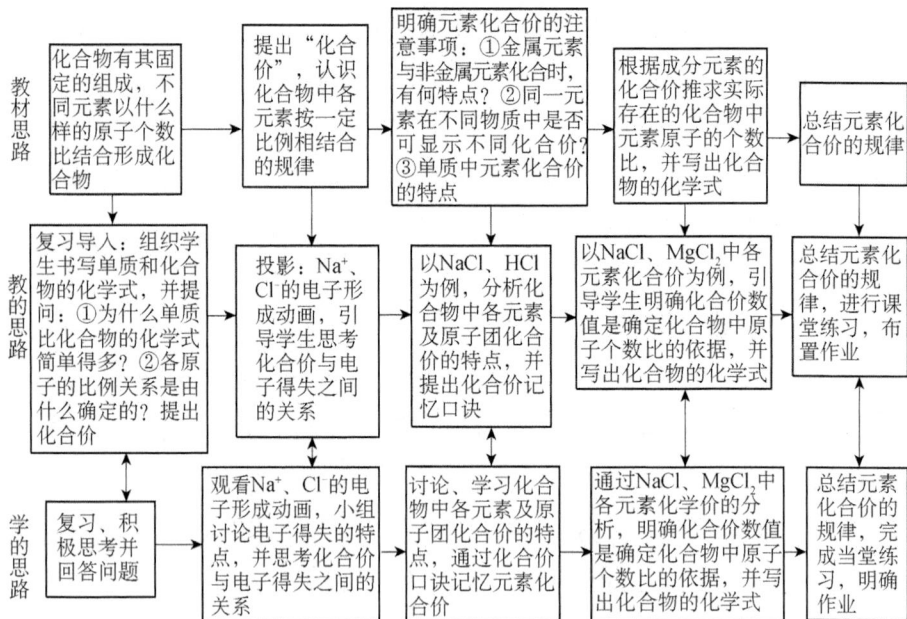

教材思路

化合物有其固定的组成，不同元素以什么样的原子个数比结合形成化合物 → 提出"化合价"，认识化合物中各元素按一定比例相结合的规律 → 明确元素化合价的注意事项：①金属元素与非金属元素化合时，有何特点？②同一元素在不同物质中是否可显示不同化合价？③单质中元素化合价的特点 → 根据成分元素的化合价推求实际存在的化合物中元素原子的个数比，并写出化合物的化学式 → 总结元素化合价的规律

教的思路

复习导入：组织学生书写单质和化合物的化学式，并提问：①为什么单质比化合物的化学式简单得多？②各原子的比例关系是由什么确定的？提出化合价 → 投影：Na^+、Cl^-的电子形成动画，引导学生思考化合价与电子得失之间的关系 → 以NaCl、HCl为例，分析化合物中各元素及原子团化合价的特点，并提出化合价记忆口诀 → 以NaCl、$MgCl_2$中各元素化合价为例，引导学生明确化合价数值是确定化合物中原子个数比的依据，并写出化合物的化学式 → 总结元素化合价的规律，进行课堂练习，布置作业

学的思路

复习、积极思考并回答问题 → 观看Na^+、Cl^-的电子形成动画，小组讨论电子得失的特点，并思考化合价与电子得失之间的关系 → 讨论、学习化合物中各元素及原子团化合价的特点，通过化合价口诀记忆元素化合价 → 通过NaCl、$MgCl_2$中各元素化学价的分析，明确化合价数值是确定化合物中原子个数比的依据，并写出化合物的化学式 → 总结元素化合价的规律，完成当堂练习，明确作业

图5-4 新手教师N7有关化合价的教学思路

成的？元素在形成化合物时，他们的原子个数比是否是一个定值？并且引导学生这样思考：首先要看元素的原子结构。对于一般化合物来说，元素的最高正价=元素原子失去电子的数目；元素的负化合价=元素原子得到电子的数目=最外层电子数-8，学生很快可以认识到元素的化合价与元素原子的最外层电子数目有关，是由元素的原子结构特征所决定的。

案例5-8　专家教师E7关于化合价的导入教学

T：有哪位同学认得出这是哪位科学家的照片？

S：不知道。

【多媒体展示】道尔顿照片

T：这个挺难是吧？通常情况下很难猜得到。有同学讲拉瓦锡。不对，这是道尔顿。你们记得在课本哪个地方曾经介绍过道尔顿？

S：绪言。

T：绪言提到道尔顿对化学的贡献是什么？提出了原子论，对吧？原子论和另外一个科学家阿伏伽德罗提出的分子学说，奠定了近代化学的基础。这个很重要。在原子论中，道尔顿提出一个原子 A 和一个原子 B 可以形成 AB，一个原子 A 和两个原子 B 可以形成 AB_2。

【多媒体展示】一个原子 A 和一个原子 B 可以形成 AB，一个原子 A 和两个原子 B 可以形成 AB_2。

T：我们来看一下，我画的这个图，代表一个原子，中间这个圆圈表示原子核，外面每一个圆圈表示一个电子层。电子层弧线上的黄色的圆点表示每一个电子层上的电子数。那你们能看出来它代表什么吗？

S：钠原子。

评析 | 专家教师 E7 在教学设计中首先引发学生猜测化学家道尔顿肖像，引导学生由道尔顿提出的原子论（一个原子 A 和一个原子 B 可以形成 AB，一个原子 A 和两个原子 B 可以形成 AB_2）推出原子结构示意图，再从原子结构示意图推导出化合价。

案例5-9　新手教师N7关于化合价的导入教学

T：大家注意看上述化学式有没有错误，嗯，你们都很不错。

接下来想想为什么单质的化学式比化合物的化学式简单得多？各个原子的比例关系是由什么确定的？

S：单质只有一种元素……（各抒己见，教师未指明学生回答中的错误）

T：在一个水分子中，有几个氢原子有几个氧原子？原子个数比是几比几？其余各物质分子中原子个数比又是多少呢？

S：氢原子有 2 个、氧原子有 1 个。原子个数比 2∶1 吗？（讨论中）

【投影】将比例及氯化钠的电子得失的动画投影出来。

T：从以上例子我们可以看出，不同的分子中，原子个数比值并不相同，是什么决定了这样的比值呢？同学们，你们知道吗？

S：不知道。

T：我可以告诉同学们，是化合价决定了原子个数的比值。今天这节课我们来共同学习化合价的相关内容。

评析 | 新手教师 N7 的教学思路基本是依照教材编排思路和基本流程来组织教学内容的，采取的是灌输式教学方式，忽视了引导学生理解化合价的来历，忽视了初中阶段化合价知识的学习是为后续化学知识的学习奠定基础的，而不是简单地理解为中考取得好成绩就行了。教师本想引导学生从化合物中原子个数的比例来确定化合价，但是由于教师的表达不到位，在学生不会回答问题的情形下直接讲了出来，导致学生不能更好地理解化合价的相关内容，这将会给学生后续化学学习带来不良影响。

可见，新手教师 N7 并未依照化合价知识的内在逻辑顺序展开教学，基本照搬教材中化合价知识编排顺序展开教学，因此，新手教师 N7 的教学思路中未展现自己对化合价知识的逻辑化加工，是对教材知识编排的照搬，不能更有效地引导学生学习化合价知识。

2. 教的思路的比较

（1）在教学知识内容的分解和整合方面

专家教师 E7 的教学对照自身所设计的教材思路，采取"明确基本任务→投影举例及提问引导→学生观察总结→引导学生总结规律→师生讨论获得结论→总结化合价规律→练习并布置作业"步骤。为了提高学生解决问题的能力和弥补该类知识能力不足的缺陷，专家教师 E7 总结主要化合价及其变化规律，还一步一步地引导学生自己去发现一些化合价的特殊规律，并设计一些难度适当的问题，让学生自己发现并总结其规律，随后再对体现规律的实例进行分析，拓展练习一些较为特殊的化合价。

案例5-10　专家教师E7关于组织学生学习化合价的教学实录片段

T：这就是化合价的表示方法。大家请看屏幕。化合价的表示其实跟它的离子符号是紧密联系的。现在大家观察，看能不能找出离子和化合价其中的相同点和不同点，就是每一种元素的化合价跟它对应的离子之间，相同点是什么？不同点又是什么？

【多媒体】以表格形式罗列

离子符号	H^+	Na^+	O^{2-}	Cl^-	Mg^{2+}
相应化合价	+1	+1	−2	−1	+2

T：看看怎么样表述它们的相同点和不同点，现在请大家互相讨论一下，最后请几位同学来归纳一下。

T：大家讨论有结果了吗？

S：有！

T：请你来。先说相同点。相同点是什么？

S：数值的绝对值是相同的。

T：不同点呢？

S：数字和正负号书写顺序不同。

T：好，请坐。

另一位同学举手发言。

T：你有补充？来。

S：化合价写在正上方，离子的写在右上方。

T：有没有道理？

S：有。

T：好，请坐。还有补充？

S：离子所带电荷数如果是 1 的话，1 是省略不写的；化合价为 1 必须要写。

T：你们觉得是不是？

S：是。

T：对的，请坐。刚刚大家找了一下，我现在把刚刚大家讲的这些整理一下，你们看是否完整。相同点就是：离子所带电荷的数值和元素化合价所显示的数值一致，正负号也相同。不同点是：首先，数值和正负书写的先后顺序不同，化合价先正负号后跟数值，而离子所带电荷则是先写数值再标正负。其次，它们书写的位置也不同，元素化合价写在正上方，离子的写在右上方，而且大家刚刚还帮我找出了我不太注意的地方。最后，就是他们的省略不同，如果离子所带电荷数值是 1 的时候，"1" 省略不写；化合价为正负 1 时，"1" 必须写。我发现大家都很细心，找到这点，很好啊。

T：化合价是有规律的，现在我在黑板上展示了这些，我想让大家讨论一下，从我给出的这些物质所标的元素化合价中，能不能找出一些规律，可以动笔写一下，找出的规律越多越好。

案例5-11　新手教师N7关于组织学生学习化合价的教学实录片段

【板书】化合价

T：请同学们查阅课本第 85 页表 4-2 "一些常见元素和根的化合价"。

教师在此要引导学生说出化合价是一些数值，并且是一些带有正负号的数值。

T：化合价是一些带有正负号的数值。

学生思考。

T：在化合物中这些数的大小、正负是由什么因素决定的呢？

同学们回忆一下我们在学"离子的形成"时，讲过原子参加化学反应时，易得（或易失）最外层电子而趋向于达到8电子或2电子稳定结构，金属元素和非金属元素的原子在反应过程中金属离子失去电子而形成阳离子，非金属原子得到电子而形成负离子。离子之间靠静电吸引形成化合物。我们来分析一下 NaCl，请一位同学到讲台上来写钠原子和氯原子的原子结构示意图。

S：其余同学在自己的本子上写。

……

评析 新手教师N7是根据教材中化合价编写思路组织教学的。比如，在引导学生观察原子间比例情况后，通过投影仪动画观看NaCl的动态形成过程，分析其化合价的本质，根据教材中原子团的顺序排列，进行化合价的判断。最后通过自学表4-2"一些常见元素和根的化合价"总结化合价的规律，并做一些相应的习题，布置作业。但是在其教学过程中可以发现，针对"是什么决定了化合物中原子之间的比值呢"这个问题，大部分学生可能不理解，而他直接就给出答案，并没有引导学生自己去发现其中的原因，这样会使学生逐渐失去发现问题、解决问题的主动性。而专家教师E7会设置一些低起点、小坡度的教学环节来组织教学，而新手教师N7基本遵循教材的编排思路进行教学。

（2）在教学资源的选择和利用方面

案例5-12　专家教师E7关于化合价教学资源的选择和利用的教学实录片段

【多媒体】播放《化合价之歌》

T：好听吗？我们再听一遍。同学可以跟着唱。

学生尝试跟着演唱。

T：不错不错啊，如果再给一点时间，我估计大多数同学甚至所有同学都能唱得很好。我希望通过这首歌能够帮助大家记忆。这是它的歌词。下课留下来，课后再去记。

【多媒体】一价钾钠氯氢银，二价氧钙钡镁锌，三铝四硅五氮磷，铜一二铁二三，原子团也要记清，氢氧负一铵正一，酸根所有价为负，一硝二硫碳三磷。

T：由于时间关系，我们主要内容讲完了，还剩些练习比较简单，我们小组合作试着做一下，看能不能口答。

案例5-13　新手教师N7关于化合价教学资源的选择和利用的教学实录片段

【投影】钾钠氢银正一价，钙镁钡锌正二价；铝是正三氧负二，氯负一价最常见；硫有负二正四六，正二正三铁可变；正一二铜二四碳，单质零价永不变。

T：各种元素都会表现出不同的化合价，那么由不同元素的原子组成的原子集团又会怎样呢？

【投影】

NO_3	OH	SO_4	CO_3	NH_4
硝酸根	氢氧根	硫酸根	碳酸根	铵根
-1	-1	-2	-2	+1

在以后的学习中，我们会用到，今天只做简单介绍。

T：在化合物中各元素都会表现出化合价，每一种化合物中正负化合价之间有什么关系呢？

【投影】$NaCl$　　CO_2　　Fe_2O_3

同学们结合以上三种化合物，分析讨论一下这个问题。

评析 ┊ 新手教师N7在利用学生已有的知识基础上，选择多媒体投影来加强对学生的感官刺激，促进其形成有关化合价的概念。可见新手教师N7具有有效选择和使用教学资源的意识和能力。相比新手教师N7，专家教师E7在课堂教学中不仅利用多媒体，还能够在播放时将知识转化为一组阶梯性的问题向学生进行提问，这种运用阶梯式提问的方法对学生理解化合价有很大帮助，并且专家教师E7还运用了网络上流行的有关化合价的音乐视频，激发了学生的学习兴趣。

所以，由于专家教师 E7 智慧地选择和利用了多样化的教学资源，并采用了阶梯式提问教学及学生感兴趣的网络音乐视频，丰富了课堂教学气氛，使学生在抽象概念学习中感受到学习的乐趣。

（3）在教学方法方面

新手教师 N7 主要采用回忆、展示、质疑、分析、类比、归纳相结合的实践方法，基本上属于以教师为中心的教学模式。

与新手教师 N7 相比，专家教师 E7 则是基本以学生为中心，将人类对化合价的认知由易到难，从简单到复杂的过程展现出来。此外，不同学生的知识基础和思维能力是不同的，因此，专家教师 E7 在教学中根据学生实际，将较难的知识分解成有一定层次的子问题，让学生都感受到有阶可上、步步登高的愉悦感。比如：在将化合价这一定义引入时，从一些简单的问题出发；在分析离子化合物和共价化合物的分子组成时，设置一些开放式的问题，使学生不能完全依赖于老师；还通过示范模仿让学生在做练习题时，先从一些体现化合价规律的化合物中发现规律，从而化解教与学的难点。

总之，专家教师 E7 注意引导学生体验化合价概念的形成过程，让学生观察、分析与处理文字信息之后进行练习，可以使学生掌握科学的学习方法，提高学生的学科思维能力。专家教师 E7 很好地展现了教师重视学科思维和以学生发展为本的教学观。

3. 学的思路的比较

（1）教师引导学生学习新知识的方式不同

新手教师 N7 让学生通过"听一个明确的任务，观看投影→发现问题→练习和讨论→概括知识规律→总结习题特点→训练巩固"这种引导学生学习新知识的方式，使学生的学习受控于新手教师 N7 的指令，难以有效发挥学生学习的积极主动性。

而专家教师 E7 则引导学生通过"倾听明确任务→将问题抛给学生→观察类比化合价→小组分析讨论→将习题中的化合物的化合价进行比较→集体总结规律"的方式激发学生的学习兴趣，吸引学生积极参与课堂活动，帮助学生在小组讨论中理解化合价规律，培养学生分析总结能力。另外，专家教师 E7 还采取边讲边练的方式使学生在应用化合价规律的解题过程中加深理解。

（2）帮助学生建构抽象理论知识的能力不同

对于初三学生来说，建构抽象理论知识是一大学习难点。专家教师 E7 通过提问逐步引导学生总结出化合价的形成及一些书写规律，结合实例进行分析，合理利用书上的化合价表格，然后通过对离子化合物和共价化合物的分析，让学生很容易地从观察中找出化合价规律。新手教师 N7 由于在教学中未引导学生记忆一些元素的常见化合价，因此，学生在学习化合价规律时就显得有些吃力。

（二）专家-新手教师化学理论性知识教学思路的特征

通过分析两位教师关于化学理论性知识的教学思路，结合文献资料，针对化学理论性知识特点，我们将专家教师和新手教师的教学思路概述如下。

1. 专家教师化学理论性知识教学思路的特征

1）在对教材知识的产生、发展及本质深刻理解的基础上，能对教材内容进行较大程度的改革创新，所设计的教学活动具有低起点、小斜坡、问题链等特点，能切合学生实际有效进行教学。

2）合理、有效地利用多样化的教学资源和教学方法激发学生学习理论性知识的兴趣，帮助学生积极主动地体悟和理解理论；善于设置阶梯式问题组开展教学，使课堂教学气氛活跃，能帮助学生从枯燥抽象的理论学习中获取知识。

3）善于围绕理论性知识的各个知识点，依照"根据事实，运用投影思考，寻找例题规律"的程序组织学生活动，让学生在个人思考与体验活动中得到理论知识。

总之，专家教师的教学思路是通过阶梯式的问题，设置学生多样化的学习活动，使学生处于积极思考的状态。学生不仅在这个过程中学习到理论知识，还获得了学习这些知识的方法。

2. 新手教师化学理论性知识教学思路的特征

1）对教学内容组织主要基于教材的编排顺序，并未进行个性化的组织加工，而且对相关理论性知识的理解不够深刻。

2）虽然教学中运用了讲述、提问、讨论、比较、归纳、实践、总结等多种教学方法，但其教学出发点几乎还是服务于教师的讲解，在其教学过程中不能真正发挥学生学习的主动性。

客观地讲，相比专家教师，新手教师的化学理论性知识教学思路的缺陷应主要归因于教龄短、教学知识水平不高和教学经验不足。在化学理论性知识教学方面，新手教师应着力于加深对理论性知识的产生、发展、本质、方法及价值的全面系统的理解，提升选择和利用社会、生产和生活中的教学资源的能力，学习设置层层递进的问题链，以及激发和调动学生学习积极性和主动性的教学策略。

三、计算技能性知识的教学思路的比较

化学计算是从量的角度来理解和研究物质及其变化规律的，是中学化学教学中学生必须掌握的基本技能之一。化学计算包括化学、数学两个内容要素，其中化学基础知识是化学计算的前提条件，而数学是化学计算的工具。化学计算技能的学习一方面要求准确理解相关化学基础知识，另一方面要求能从化学问题中抽象出数学关系，利用数学关系解决化学问题。初中化学计算主要包括有关化学式的计算、有关化学方程式的计算等。通过化学计算的教学：第一，能使学生从量的方面深入理解所学的化学基本概念和基本理论及元素化合物知识；第二，能使学生熟练地掌握化学用语，因为计算中往往涉及元素符号、化学式和化学方程式；第三，能使学生更深入地了解科学实验和生产生活中化学与量的关系；第四，能培养学生的逻辑推理和抽象思维能力。

在教学实践中不难发现，很多教师注重以化学概念和原理及元素化合物知识为基础，以相关化学量的真实问题为教学情境，借助数学工具来培养学生解决化学问题的思维能力与计算能力。但是，目前的化学计算教学也存在以下不足：其一，忽视最基本的计算题型，将重点放在难题的教学上，教师认为简单的就可以不用细讲；其二，采用"题海战术"与机械训练，忽视了训练学生分析问题、归纳推理等逻辑思维的能力，终将导致学生对化学计算问题的畏惧。调查中发现，学生畏惧解决化学计算问题的主要原因有：学生对化学计算的相关基础知识没有理解透，思考问题无思路，计算技巧不熟练等。因此，很多有经验的教师在化学计算教学中比较重视以下几个方面的问题：降低学习难度，将各类知识联系起来；注重化学计算问题情境的真实性与应用性，提高学生的学习兴趣；加强练习，提炼解决化学计算问题的策略以提高学生的计算能力。

（一）利用化学方程式进行简单计算的教学思路的比较

《义务教育化学课程标准》对初中阶段学生学习利用化学方程式进行简单计算的要求是：能根据化学反应方程式进行简单的计算；认识定量研究对于化学科学发展的重大作用。[①]要达成此目标，需要学生具备以下知识储备：能正确

---

① 中华人民共和国教育部. 义务教育化学课程标准[M]. 2011 年版. 北京：北京师范大学出版社，2012：27.

书写化学反应方程式，明确化学方程式的意义，能根据质量守恒定律说明化学反应中的质量关系。因此，有关利用化学方程式的简单计算的教学不仅要使学生掌握必要的化学计算技能，还要帮助学生从量的方面进一步提高对化学方程式涵义与质量守恒定律的认识水平。人教版义务教育教科书化学九年级上册第五单元"化学方程式"的主要知识体系见图5-5。基于专家教师E7与新手教师N7关于利用化学方程式的简单计算的课堂观察、教学设计和教学实录等资料，并结合访谈资料分析他们的教学思路（图5-6和图5-7），寻求其解决有关化学方程式计算问题的教学思路的合理性与有效性。

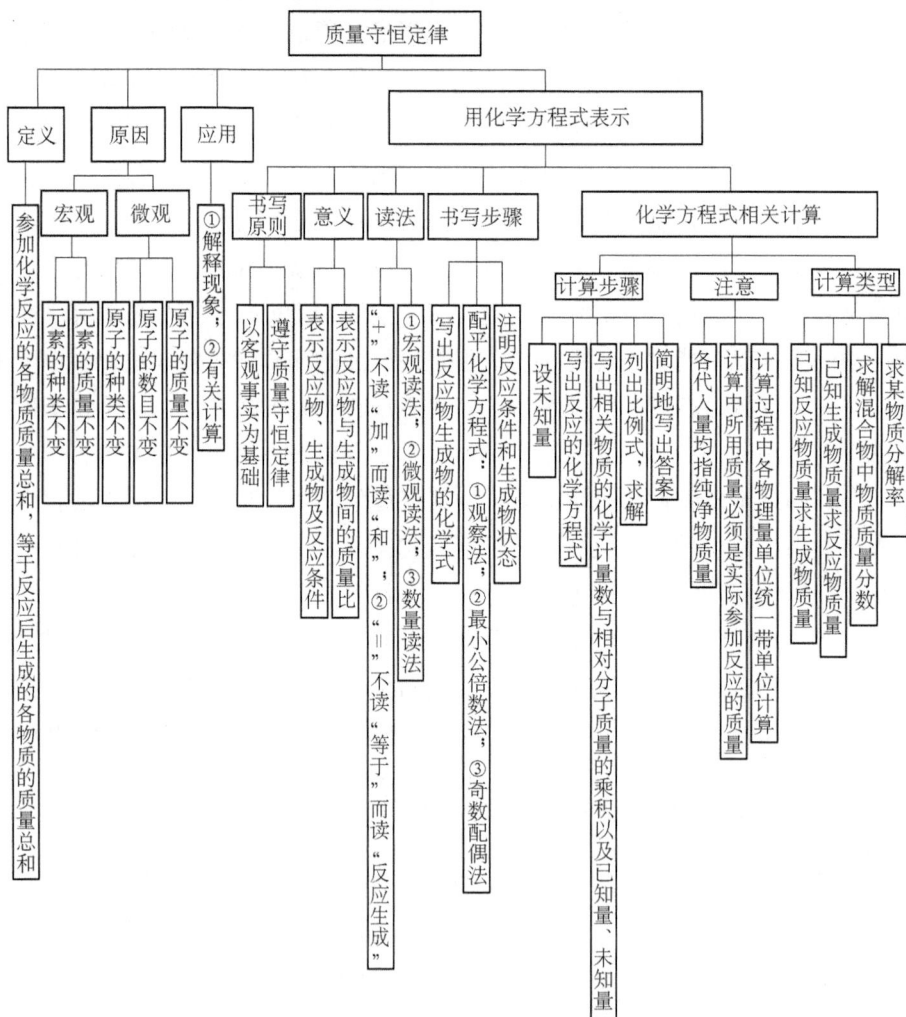

图5-5　人教版义务教育教科书化学九年级上册第五单元化学方程式的知识体系

教材思路

| 导入：如何从量的方面研究物质的变化？如何利用化学方程式进行简单的计算？ | 利用化学方程式的简单计算1：①例题1的解题示范；②解题步骤和方法 | 利用化学方程式的简单计算2：①例题2的解题示范（简化计算过程）；②解题注意事项；③利用已知求未知量题型 | 总结：在强化练习基础上，以计算步骤作为总结，布置作业 |

教的思路

| 复习导入：以木炭与氧化铜的反应为例，加深学生对化学方程式中反应物与生成物之间存在数量关系的认识，并通过日常生活生产所需原料等的计算点题 | 利用化学方程式的简单计算1：①例题1的解题示范；②梳理解题步骤和方法；③强调解题注意事项 | 利用化学方程式的简单计算2：①鼓励学生尝试完成例题2的解题过程；②归纳利用化学反应方程式计算的四种题型 | 总结化学方程式计算的要领和关键，通过课堂练习强调解题注意事项，布置作业 |

学的思路

| 倾听、质疑和联想，明确本节课学习任务 | 利用化学方程式的简单计算1：①倾听教师分析例题；②思考、梳理解题步骤和方法 | 利用化学方程式的简单计算2：尝试完成例题2的解题过程，对照课本自查，归纳利用化学反应方程式计算的四种题型 | 倾听总结，完成当堂练习，明确课后作业 |

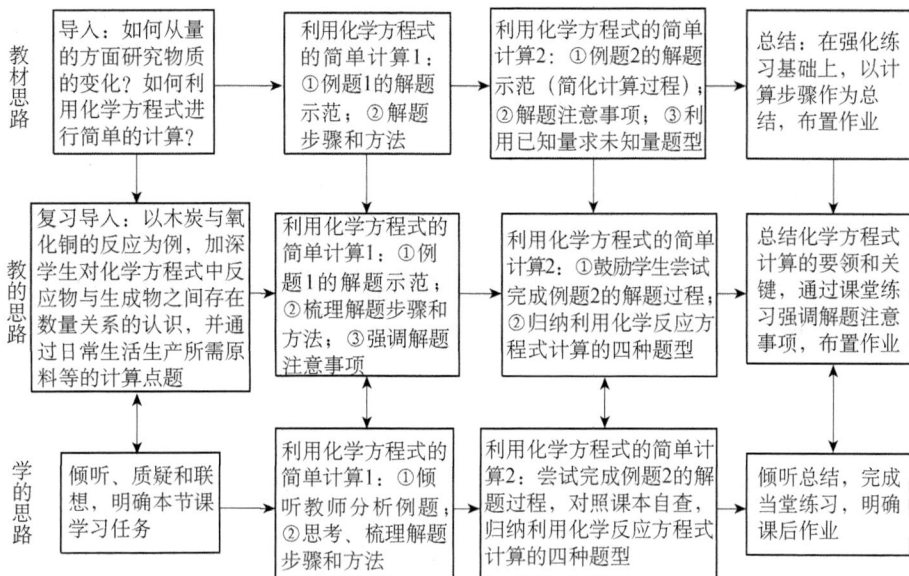

图5-6 专家教师E7有关利用化学方程式的简单计算的教学思路

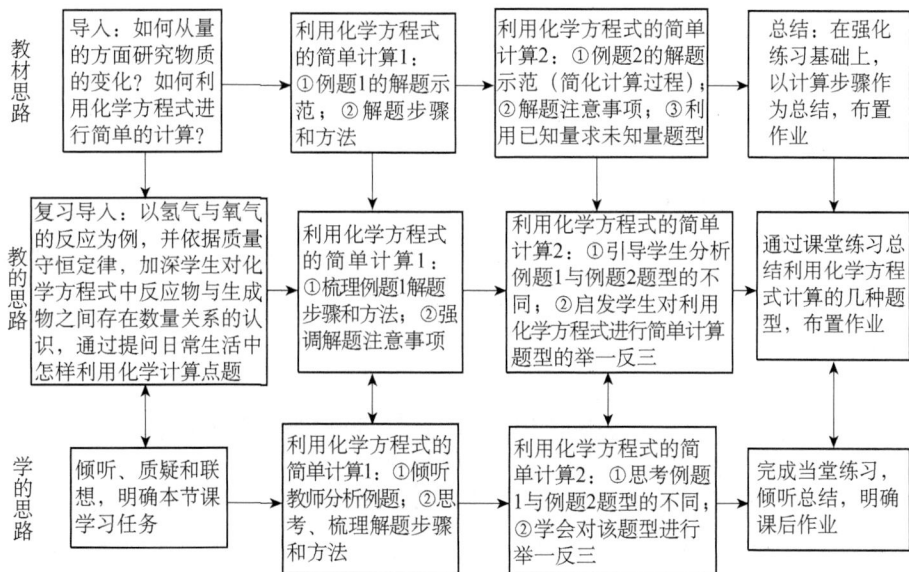

教材思路

| 导入：如何从量的方面研究物质的变化？如何利用化学方程式进行简单的计算？ | 利用化学方程式的简单计算1：①例题1的解题示范；②解题步骤和方法 | 利用化学方程式的简单计算2：①例题2的解题示范（简化计算过程）；②解题注意事项；③利用已知量求未知量题型 | 总结：在强化练习基础上，以计算步骤作为总结，布置作业 |

教的思路

| 复习导入：以氢气与氧气的反应为例，并依据质量守恒定律，加深学生对化学方程式中反应物与生成物之间存在数量关系的认识，通过提问日常生活中怎样利用化学计算点题 | 利用化学方程式的简单计算1：①梳理例题1解题步骤和方法；②强调解题注意事项 | 利用化学方程式的简单计算2：①引导学生分析例题1与例题2题型的不同；②启发学生对利用化学方程式进行简单计算题型的举一反三 | 通过课堂练习总结利用化学方程式计算的几种题型，布置作业 |

学的思路

| 倾听、质疑和联想，明确本节课学习任务 | 利用化学方程式的简单计算1：①倾听教师分析例题；②思考、梳理解题步骤和方法 | 利用化学方程式的简单计算2：①思考例题1与例题2题型的不同；②学会对该题型进行举一反三 | 完成当堂练习，倾听总结，明确课后作业 |

图5-7 新手教师N7有关利用化学方程式的简单计算的教学思路

1. 教材思路的比较

结合教材内容，通过分析比较图 5-6 和图 5-7 有关利用化学方程式的简单计算的教学思路，发现两位教师的课堂教学思路的差异如下几个方面。

1）专家教师 E7 的教材思路是以学生已掌握的相关知识为基础，将教学知识内容与学生的解题思维活动相结合并创新。整个教学内容围绕书中的两个例题，先利用例题 1 展示解题步骤与技巧，随后总结解题注意事项，提升学生的解题思维技巧。将教学内容按照"学习的目的→展示计算的步骤和方法→注意事项→巩固练习→总结解题思路"的顺序展开，不仅揭示学习此类化学计算的重要性，培养学生的计算技能，还注重培养学生解题的思维和强调解题细节。

2）新手教师 N7 的教材思路基本上是按照人教版对应教学内容的编排思路，但在复习已有知识环节上用时长，关注细节过多。比如，在上新课之前，新手教师 N7 先描述化学方程式的信息，让学生听写化学方程式，还要求学生正确地读化学方程式，并且纠错强调注意事项（在追踪访谈中该教师表示：从学习化学方程式起，要求每次化学课课前五分钟均要进行化学方程式的听写读训练，目的是为化学计算教学打下坚实的基础）；随后，还会提问质量守恒定律及其守恒的原因。在进行这两项复习活动之后，才开始新课的教学。

2. 教的思路比较

（1）在教学知识内容的分解和整合方面

从分析以下案例 5-14 发现，专家教师 E7 教的思路是基本对应教材思路，按照"明确问题任务→引导学习一般步骤→示范规范解题→拓展训练→总结注意事项→例题练习→总结布置作业"的步骤进行教学。

案例5-14　专家教师E7引导学生学习计算题解题步骤及格式

加热分解 6.3g 高锰酸钾，可以得到多少克氧气？

T：这道题是已知反应物的质量来求生成物的质量，即已知原料的质量求产品的质量。我们一起来看课本中的解题步骤。

［师生共同阅读、讨论］

［讲解并板书］

解：设加热分解 6.3g 高锰酸钾，可以得到氧气的质量为 x。

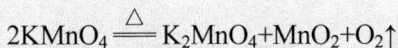

$$2KMnO_4 \xrightarrow{\triangle} K_2MnO_4+MnO_2+O_2\uparrow$$

2×158   32

　6.3g x

$2×158x=6g×32$

$x=0.6g$。

答：加热分解 6.3g 高锰酸钾，可以得到 0.6 g 氧气。

T：根据刚才对例题 1 的阅读和讲解说出根据化学方程式计算的解题步骤分为几步？

[学生思考、讨论并回答]

　　设未知量；写出反应的化学方程式配平；写出相对分子质量和已知量、未知量；列出比例式，求解。

[教师总结并板书]根据化学方程式计算的解题步骤

（1）设未知量；

（2）写出反应的化学方程式并配平；

（3）写出相关物质的相对分子质量和已知量、未知量；

（4）列出比例式，求解；

（5）简明地写出答案。

T：[讲解并补充]（维吾尔语讲解一遍）刚才同学们总结出了根据化学方程式计算的步骤和方法，接下来我就一些问题进行补充。

（1）设未知量时一定要注意质量单位，已知量和未知量单位不一致的，一定要进行单位换算。单位必须一致才能计算。

（2）写出方程式一定要注意配平，而且要注意方程式的完整，反应条件、气体和沉淀的符号要注意标明，方程式不完整考试时是要扣分的。

（3）相关物质的相对分子质量写在相应化学式的下面，一定要注意用相对分子质量乘以化学式前面的系数，已知量和未知量写在相应相对分子质量的下边。

评析　专家教师 E7 为了让学生理解解题步骤及其格式要求，在示范解题过程中引导学生共同探讨化学方程式反应物与生成物之间质量比的关系，从化学与数学两个视角出发，揭示化学方程式计算的基本步骤与方法技巧，给学生独立解题提供支持。

案例5-15 新手教师N7引导学生学习计算题解题步骤及格式

T：请同学看，这个化学反应能给我们提供哪些信息呢？（教师提示）

S：宏观读法：氢气和氧气在点燃的条件下反应生成水。

S：读出粒子个数比：两个氢分子和一个氧分子反应生成两个水分子。

S：还能表示各物质间的质量比。

T：质量比怎么计算？

S：通过相对分子质量。

T：请一位同学（中下水平学生）上黑板计算，要求写出计算过程。

[学生出现错误，计算两个水分子（$2H_2O$）的相对分子质量：$2×2+16$，
　　老师没有指出错误。]

T：哪位同学还有不同意见？[再找第二个学生（中等生）上黑板。]

[还是同一地方，学生又出现另一个错误（$2×2×16$），老师仍没有指出
　　错误。]

T：请同学们回忆到底应该如何计算相对分子质量。还有哪位同学有不
　　同做法？

　　（继续找第三个举手的学生。）

　　（$2×2+2×16$），终于写出正确的过程。

评析 新手教师 N7 是按照这样的顺序来展开教学的："复习化学反应式意义与计算依据→计算相对分子质量→讨论质量比→示范解题步骤→引导学生练习→强调解题注意事项→总结与布置作业。"新手教师 N7 计算技能的教学和活动设计是基于：引导学生回顾化学反应方程式的含义与质量守恒定律，引导学生计算相对分子质量进而推出相关物质的质量比，然后进入使用化学反应方程式的计算教学。

（2）在教学资源的选择和利用方面

案例5-16 专家教师E7计算例题的选择与利用

T：此计算题该如何解答呢?大家试着做一做（学生做题而教师巡视，
在其中发现错误、纠正）[选择学生在黑板上写出过程，并讲解自
己的计算过程及结果]。

解：假设需要氧气xg，生成二氧化碳yg。

$$C \quad + \quad O_2 \quad \xrightarrow{\text{点燃}} \quad CO_2$$

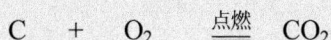

$$12 \qquad 32 \qquad\qquad 44$$

$$10g \qquad x \qquad\qquad y$$

$$12x = 32 \times 10g$$

$$x = 26.7g,$$

$$12y = 44 \times 10g$$

$$y = 36.7g。$$

答：需要氧气26.7g，生成二氧化碳气体36.7g。

S：（1）由于有两个问题，就应该设两个未知数x、y。

（2）书写并配平化学方程式，分别列出各个物质的相对分子质量、
已知量，未知量，然后写出相应的计算式。

（3）所以我们可以通过已知量求出一个未知量，另一个未知量可以
根据已知量求出，也可以根据求出的未知量来求。

所以，也可以这样求出：$32y = 44x$

$$x = 26.7 \text{ g}$$

代入x，解得$y = 36.7g$。结果相同。

T：这位同学不仅计算步骤和结果完全正确，而且说得也很好，讲了两
种计算方法，这是难能可贵的。

T：可以看出，已知一种反应物的质量可以计算另一种反应物的质量，
同理，已知一种生成物的质量也可以计算另一种生成物的质量。所
以根据化学方程式的计算共有四种类型：①已知反应物的质量求生
成物的质量；②已知生成物的质量求反应物的质量；③已知一种反

应物的质量求另一种反应物的质量；④已知一种生成物的质量求另一种生成物的质量。

案例5-17　新手教师N7计算例题的选择与利用

T：请同学们合上书本和老师一起来做这个题。第一步是什么？

S：先写解和设。

T：怎么写？

S：求什么设什么。

【老师板书】没有加上单位。

T：同学们，老师这样写有没有问题？因为平时学数学和物理时设未知数是要加单位的。

T：有没有哪位细心的同学发现老师的写法和书上的写法有什么不一样呢？

S：哦，未知数后面没带单位。

T：嗯，很好！第一步已经解决，那第二步是什么？

S：写出正确的化学方程式（老师板书，并未配平）。

T：这样对吗？

S：还未配平。特意强调书写化学方程式要遵守两个原则。

T：第三步是什么？

S：计算相对分子质量。

T：是不是每种物质都需要计算并写在化学式的下面呢？

S：只写已知量和未知量的。

T：第四步是什么？

S：列方程（列比例式）并计算出结果。

T：有几种列法？（老师讲解并和师生一起列出四个比例式）

（让学生知道一题多解并充分了解化学方程式的第三个意义：质量比。因为化学教学中不能孤立地只谈计算，关于计算一笔带过。）

T：最后一步是什么？

S：写"答"。

T：同学们哪一步还有不明白的？好，接下来，请同学们看例2。

T：是否需要老师像刚才一样讲解？

S：（学生摇头）

T：请同学们认真观察：这两个例题有什么不同特点？（沉默）

S：第一个是根据反应物的质量求生成物的质量，第二个是根据生成物的质量求反应物的质量。

评析 比较案例5-16和案例5-17发现，专家教师E7和新手教师N7均采用教材中的例题开展教学。新手教师N7采用边讲边板书以教师为中心的讲解示范方式，而专家教师E7则在示范解题中通过设置问题链启发学生思考、讨论、变式练习与总结，启发学生独立思考，寻求解决问题的方法，师生之间及生生之间的交流互动机会更多，老师不仅帮助学生主动获取知识，而且帮助学生利用在讨论中的生成性资源发展学生的学习能力。

（3）在教学方法的优选和组合方面

新手教师N7主要采用陈述、提问、解释、模仿练习、总结等方法，但基本上是采用以教师为中心的教学模式，缺乏开展引导学生主动获取知识的教学活动方式。而专家教师E7除了采用上述方法以外，更多的是注重以学生为中心，在师生互动和生生互动过程中通过"引导—示范—练习—展示"的教学方法，来提高学生学习的积极性和主动性。

3. 学的思路比较

两位老师所选择的例题几乎是相同的，解题步骤及方法也近似。但是，从案例5-16可以看出，在学的思路方面，专家教师E7选择教材以外的练习题，先让学生尝试解题，再让学生讲解解题思路，并引导学生采用一题多解的方式熟练有关化学方程式的简单计算技能。该方式能激发学生兴趣，让学生改变练习方式，而教师会从学生展示中反馈到学生所学到的技能情况，进而调整教学方法，发展解题思维能力。

案例5-18 新手教师N7带领学生练习计算技能

T: 嗯, 我们可以通过物质间的质量比, 通过题目知道氢气和氧气的质量比为1:8, 如果我们已经知道1g氢气与9g的氧气充分反应, 那么是不是还有1g的氧气没有参加反应啊, 那这1g氧气能算在参加反应之内吗?

S: 能（不能）。

T: 对, 不能, 大家想一下刚学的质量守恒定律, 所以呢, 生成物的总质量应该是9g。（维吾尔语再解释一遍）

S: 哦, 原来是这样。

T: 那这个化学计算怎么样才能运用到我们的生活中呢? 接下来咱们就一起来学习新课。请同学们打开课本P102, 预习例题1。

从案例5-18发现, 新手教师N7指导学生学的思路比较传统, 是通过引导学生"倾听明确任务→回忆已有知识→引导学生阅读自学解题步骤→观察示范解题→强化练习→总结归纳→布置作业"来学习解题技能的。期间, 尽管新手教师N7注重培养学生"渐进式"的解题能力, 但是由于缺乏充分的示范解题与互动讨论, 难以激发学生的学习兴趣及发挥学生学习的主动性, 以致学生在独立解题及后来的变式练习中普遍表现欠佳。

（二）专家教师与新手教师计算技能知识教学思路的特征

通过对上述新手教师N7和专家教师E7有关利用化学方程式的简单计算教学思路的比较分析, 结合专家教师和新手教师有关计算技能性知识教学的课堂观察素材及文献资料, 我们将专家教师与新手教师的计算技能性知识教学思路的特征概括如下。

1. 专家教师计算技能性知识教学思路的特征

（1）在教学内容选择和组织方面

专家教师在充分利用教材中典型例题的基础上, 还会改编或替换教材中的例题, 通过进一步重组, 激发学生提出质疑, 促进学生掌握基本的计算技能。

在教学组织方面主要采用提问、提示、再提问、引导、总结的基本程序展开教学，重视采用"提问—释疑"与"总结—提高"相结合的方式训练学生的解题技能。

（2）在教学方法方面

专家教师首先示范解题，然后在师生之间、生生之间的合作交流过程中让学生充分表达自己的思考与意见，鼓励学生积极思考、研讨，注重让学生动笔练习以训练学生化学计算解题的基本技能。专家教师还精心设置有梯度的习题强化训练学生，注重培养学生应用知识的迁移能力，进一步提高学生化学计算的解题技能。

（3）在解题思维活动及细节方面

专家教师注重结合典型例题引导学生总结解题思路和解题基本格式，这样能有效促进学生习得化学计算基本技能。此外，专家教师还善于反思学生化学计算解题易错点和计算难点及原因，有针对性地开展纠错和解题技巧训练。

以下是笔者在课后就"如何使学生获得有效的化学计算技能"的问题与这两位教师分别进行访谈的相关实录。

专家教师 E7 提到：根据化学方程式的计算是从量的方面来研究物质的变化，相关解题技能的获得一方面需要准确理解和书写化学方程式，另一方面应具备有关比例计算的数学技能。对于初中学生来说，虽然根据化学方程式的计算对数学知识与技能要求不高，只要能列比例式和可以解比例式就足够了，但由于学生初次接触，如果相关化学反应方程式及其相对分子量的知识和技能不扎实，解题格式及规范性不能通过充分的训练有效把握，那么教与学的效果往往是不理想的。

新手教师 N7 提到：作为教师应着重培养学生分析问题、解决问题的能力，应将分析题意、寻找解题方法当作主要矛盾来抓。只有这样，才能提高教学效果。因为学生年龄小，不容易理解，教师应将有关微粒，如分子、原子、离子的相对分子量的计算问题通过运用比喻、联想推出，帮助学生有效地解决化学方程式的计算问题。

总之，教师应利用一切手段来调动学生的积极性，让学生在老师的指导下，形成自己的解题方式，不管是排除法还是计算法，都要形成自己的解题思维，从被动学习转变为自主接收，使学生能消除恐惧，感受到学习知识的快乐。

2. 新手教师计算技能知识教学思路的特征

（1）在教学内容选择和组织方面

新手教师在化学计算类教学内容的选择上，基本按照教材中教学内容的编排顺序来展开教学，其间有时也采用其他例题进行替换练习与讨论。在教学组织方面，新手教师基本采用以教师讲授为中心的教学模式，其间有时也会开展相关讨论活动帮助学生总结形成自己的解题思路，以便学生能较为顺利地学会利用化学方程式的简单计算。

（2）在教学方法方面

新手教师主要通过示范、指导、实践、讨论和总结基本程序来完成具体的化学计算技能的教学。虽然新手教师也注意质疑与设置提问，但由于在把握计算教学技巧与学生思维活动方面经验的欠缺，在教学方法方面会表现出缺点：①不善于组织有一定难度的化学计算解题教学和讨论活动；②开展学生动手计算活动训练的时间和题量不够；③在引导学生进行有关计算技能的新旧知识链接上用时长、效率低。

至此，我们发现专家教师有关化学计算技能教学思路之所以通畅、实效性强的关键在于，他们能把握好化学计算技能教学的基本容量和有梯度的训练活动。初中学生学习化学计算需要一个循序渐进的过程，即由简单的化学式计算走向相对复杂的化学式计算；再由简单的化学方程式计算逐步走向运用元素守恒定律的化学方程式计算；由掌握化学计算的基本规则、基本技能逐渐过渡到从认知策略的高度来解决相关化学计算问题。

四、新手–专家教师教学思路的特征比较

通过对中学化学维吾尔族新手教师和专家教师在事实性知识、理论性知识、计算技能性知识的教学思路的个案分析比较，发现新手教师的教学思路与专家教师的教学思路特征有明显的差异。

（一）新手–专家教师教学思路的特征

1. 新手教师教学思路的特征

从上述对新手型化学双语教师三类知识典型课例教学思路的分析结果，可

以概括出新手型化学双语教师的教学思路具有以下三个基本特征。

（1）基本按照教材中知识编排体系、逻辑结构进行教学

新手教师基本按照教材中知识体系、逻辑结构进行教学，缺乏对教材知识内容进行有学科逻辑的加工和改进，还缺乏适度把握教学知识容量的能力，难以将教材知识内容与学生现实生活中所熟悉的相关事物、事件相联系，并引入课堂开展教学。

（2）注重运用新课程提倡的教学方式，但实效性欠佳

在选择教学方法方面，新手教师在采用讲解、演示、板书等基础上，还注重开展阅读、讨论等学生主动学习的教学方式。但是，其一方面对学科知识缺乏本质意义理解和逻辑性建构，另一方面不能有效地识别学生学习的困难，造成不能帮助学生多角度理解学科知识的意义和引导学生"学会学习"，难以发挥优化教学过程与促进学生思维发展的双重功效。

（3）擅长运用现代多媒体技术激发学生的感性思维

新手教师年轻且信息素养与使用现代多媒体技术水平较高，擅长使用图片、动画、视频辅助教学，PPT 制作较为精良，这些形象化的教学可以激发学生的感性思维，使学生思维处于激活状态。但是，由于新手教师较少设置有梯度的问题及讨论，很少设置难度提升的练习及思维训练活动。这些问题制约着新手教师将学生感性思维提升至理性思维，难以使学生从多角度深刻理解所学知识，实现知识的迁移。

2. 专家教师教学思路的特征

从上述对中学化学维吾尔族专家教师典型课例教学思路的分析结果，可以概括出专家教师的教学思路具有以下三个基本特征。

（1）善于对教材再开发

专家教师的教材思路不是对教材内容编排体系的照搬，而是注重对教材知识内容进行有学科逻辑的加工和改进。专家教师凭借对中学化学知识的系统掌握，基于学科内容的内在逻辑处理作为教学重点，大胆改革和创新，并在实施过程中根据学生学习情况灵活调整；为了完成教学目标的教学，又能适度扩大教学知识容量，擅长将学生现实生活中所熟悉的相关事物及事件引进课堂进行有意义学习。

（2）注重优化教学来提高学生的学习兴趣

专家教师在注重设计学习任务、分析教学内容及相关知识链接的同时，还能游刃有余地尽量提高学生的参与度，合理有效地利用多样化的教学资源，使学生在完成任务的过程中学习到解决问题的思维方法。专家教师注意合理选择并恰当组合讲授、讨论、比较、归纳、总结等多种教学方法以优化教学；在课程的导入和巩固总结环节注重设置问题或练习以激活或强化学生的已有知识；还善于采用追问、质疑和激励的方式提高学生的学习兴趣和主动性。

（3）善于组织开展学生主动获取知识技能的活动

专家教师善于反思，在引导学生解决问题的过程中，善于总结典型问题，能充分估计可能会导致学生学习思路中断的环节，并预置一些解决方案；专家教师以学习伙伴的角色加入课堂，让学生敢于表达自己的观点。师生平等的教学氛围，可以活跃、和谐、发展教与学的思路。专家教师注重设置有梯度的提问练习，以达到深化所学的知识并将所学知识体系拓展到具体问题的迁移目的。专家教师还擅长在正确的时间提出解决问题的方案，给学生足够的空间，支持学生自主学习，教导学生如何提问，这样才能更好地满足学生完善知识结构的需求。最后，引导学生自己提炼归纳学习策略，从实践中找寻自己解决问题的方法，在评价反馈中学习解决问题的技巧，从而有效地促进知识和技能的学习，培养学生的思维能力，教会学生如何学习。

（二）专家教师与新手教师教学思路特征的差异

通过对专家教师与新手教师教学思路特征的比较分析，可以总结出他们教学思路特征的差异。

1. 专家教师教的思路注重体现化学新课程理念和三维课程目标

专家型化学双语教师教的思路注重让学生体验科学探究的过程与方法，培养学生的情感态度与价值观，引导学生分析教材的编写思路，在其教学过程中充分揭示新旧知识的联系，建立起知识体系，然后精心设计教学过程。这类教师善于抓住教材知识主线，引导学生由表及里、由浅入深地去思索，这样，既突出了教材的关键，又使学生感到思路清晰明了。一堂课下来，使学生很自然地领悟到本节教材的编写思路，使学生接受知识普遍有一种水到渠成的感觉，并且让学生感觉到化学知识是从生活实践和化学实验中获得，又以此为基础再提高到一定的理论高度去分析和认识的，从而使化学知识得到深化。这样做有利于提高学生学习化学的能力，形成良好的学习化学的方法，帮助学生学会科学巧妙地记忆知识、系统地整理知识，学会发现、思考和解决问题，敲开学习化学知识的大门。

2. 专家教师重视点拨引导学生掌握学习化学的正确思路，注重优化教学有效地促进学生主动学习

专家教师在分析教材时，能挖掘新知识和旧知识之间的联系，善于对教学素材进行增补、替换等加工改造以适合学生。在课堂教学过程中，专家教师注重依据教材思路将自己教的思路转化为学生学的思路；在学的思路方面，更重视为学生设置合理的学习活动，结合实例训练学生化学学习的思维方式和解决问题的能力，帮助其获取知识发展思维能力。

（三）建议

新疆是多民族聚集的地区，掌握国家通用语是维吾尔族教师进行有效教学和提升学科教学知识与技能的首要条件。本书的研究对象是维吾尔族化学双语教师，他们在日常生活中主要用维吾尔语交流，但是在教学中以国家通用语言授课为主，辅以维吾尔语讲解教学难点及与本民族习俗、文化和经验相关的知识，以传承本民族文化特色。所以，维吾尔族化学双语教师教学任务艰巨，责任重大。最后，基于专家型教师与新手型教师的教学思路特征分析，提出如下建议。

第一，中学化学双语教师应该多采用提问、讨论、练习、总结等方式进行启发式教学，使得教材思路、教的思路、学的思路三个环节流畅相互贯通，要特别重视使教的思路和学的思路保持同步状态；善于使用难度低的、较为轻松的话题引入新课，广泛联系学生的生活实际，创设丰富多彩的教学情境，激发学生的学习兴趣；要根据化学学科的特点和学生特点，有针对性地开展练习与训练活动。维吾尔族化学双语教师还应主动学习，不断更新自身专业知识，转变自己的教育观念，不断改进教育教学方法。

第二，中学化学双语教师应设计恰当的问题引导学生积极参与课堂，提高学生思维的深度与广度，帮助学生提高自主获得知识的技能。教师适时地进行提问可以引导学生积极参与课堂，提高思维的活跃度，并且能够使学生自主地去获得知识。维吾尔族化学双语教师还应多听取专家教师授课，积极参加各种教学比赛，从听课过程汲取优秀教师的先进经验，提升自身教学综合能力；努力学习教育理论知识，强化自己对学生内心世界的把握和理解，同时不断提高国家通用语言水平，改善课堂知识教学的效果。

第三，中学化学双语教师应充分利用口头、图文、评价及地方性课程资源调控课堂教学的节奏，使教学活动有效进行。维吾尔族化学双语教师应不断提高信息素养和使用现代多媒体技术的水平，使用图片、动画、视频辅助教学，使教学内容形象化，从而发展学生的思维能力；用科学发展的眼光看待自己，对待学生，不断提高自己的国家通用语言水平，了解一些国家通用语言中的文化现象；还要不断地学习先进教育教学理论，坚持以自学为主，勤于翻阅一些教学刊物，了解并掌握先进的教学思想和教学方法，不断加以借鉴运用，用丰富的知识去感召学生，用先进的方法去教化学生；在同行之间也要互相学习。

第四，中学化学双语教师应注重应用学生自主学习、合作学习的讨论模式，对于一些具有逻辑性、推理性的知识应密切联系生产社会实际，创设真实生活问题情境，激发学生学习的兴趣，使学生便于理解记忆，提高学习效率。

总之，中学化学双语教师应摆脱自己是权威者、控制者的形象，努力试着做学生学习的支持者、合作者和引导者，营造轻松愉悦的学习氛围，激发学生学习的积极性和自主性，在不断提升课堂教学有效性的过程中实现专业发展。

第六章 教学情意的分析比较

教学情意是教师的教学观念、教学情感与教学心理品质在教学实践中的融合，是教师专业理想、专业情操与职业道德的集中体现，是教师实现自主专业发展的根本动力。我们认为，专家教师与普通教师的课堂教学的差异不仅在于教学思路、教学知识图式、教学行为方面，最根本的差异还在于教学情意。时任教育部部长的袁贵仁在 2013 年全国教育工作会议上明确指出：提高教育质量的关键是提高教师质量，提升教师师德水平和业务能力，强化师德建设，引导广大教师践行职业道德，潜心教书育人，努力成为堪为师表的教育家，把立德树人作为根本任务，把教师队伍建设作为重点内容，把转变作风作为重要保证[①]。强化师德建设、提高教师专业素质，一个重要的突破口就是提升教师的专业情意素养，特别是从培育教师的教学情意做起。

本章选择教学情意及其构成要素作为分析比较的视角，对中学化学双语教师的教学情意进行个案分析研究。选择乌鲁木齐市某双语学校中两位不同发展阶段的中学化学双语教师为研究对象，立足于他们的课堂教学现场，通过对文献梳理，课堂实录、课堂录像及教学资料等素材分析，结合访谈，着重比较处于不同发展阶段的中学化学双语教师在教学观念、教学情感和教学心理品质方面的特征及差异，为促进中学化学少数民族双语教师专业发展提

[①] 江西教育网.教育部部长袁贵仁在 2013 年全国教育工作会议上的讲话[EB/OL].http://www.jxedu.gov.cn/zwgk/jxjydt/xbgjjy/2013/02/20130217102007596.html[2013-02-17].

供借鉴和启示，也为高等师范院校确立少数民族师范生情意培养目标提供实践素材和现实依据。

第一节　研究基础与研究设计

一、关于教师教学情意的研究

（一）教师教学观念的研究

美国科学教育博士林焕祥（H. S. Lin）和劳伦斯（F. Lawrenz）应用量表从化学教师特点、教学观点所倾向的教学目标、教学策略和评价手段等角度对化学教师教学观念的现状展开调查和讨论，呈现化学教师教学观念的具体特征①；香港中文大学 Derek Cheng 博士（张善培）探讨了如何定量观测教师探究性实验教学观念，从教师教龄、学生能力等角度追溯影响中学化学教师教学观念研究的因素②；魏冰、刘红军、纪秀荣等均认为，为了顺应新课程目标，化学教师需要转变教学观、学生观等进而改变和优化化学课堂教学③；王和金基于高中化学教师对化学学科、化学教学目标、化学教学方法的理解，对化学教师的教学观念现状展开调查进行分析，提出教师培训需要加强《化学课程标准》的学习，创新培训方式，如采用自修反思式、实践研究式等方法从而促进教学观念的发展等相关建议④；王鹏界定了化学教师教学观念是其对化学学科的看法及其在长

---

① Lin H S, Lawrenz F. Teaching beliefs and practices: A survey of high school chemistry teachers[J]. Journal of Chemical Education, 1992, 69 (11): 904-907.

② Cheung D. Teacher beliefs about implementing guided-inquiry laboratory experiments for secondary school chemistry[J]. Journal of Chemical Education, 2011, 88 (11): 1462-1468.

③ 魏冰. SATIS~[1]教学计划——英国高中科学教育的新进展[J]. 化学教育, 1994 (06): 46-47+41; 魏冰, 陈韶光. 中学化学教师教学观念与教学实践的调查报告[J]. 化学教育, 1998 (10): 19-24; 魏冰. 中学理科课程中实验教学的若干问题探析[J]. 全球教育展望, 2010, 39 (07): 78-82; 纪秀荣. 论化学教师教学观念的转变[J]. 沧州师范专科学校学报, 2008 (03): 114-115; 刘红军. 论化学教师教学观念的转变[J]. 中学化学教学参考, 2008 (1-2): 17-18.

④ 王和金. 高中化学新课程教师教学观念现状调查及其对教师培训的启示[J]. 化学教育, 2007, (7): 46-47.

期的化学教学实践过程中思考化学教学问题的结果，确定了化学观念、师生观念、知识观念、学习观念和评价观念的调查维度，用图表的方法统计分析了新手-专家型教师教学观念的现状和价值取向的差异，新手型和专家型教师在化学观念上拥有一致的价值取向，而在师生观念、知识观念、学习观念、评价观念上又都有不同的价值取向[1]；王婷在新课改背景下对陕西省中学化学教师教学观念进行了综合调查，得出化学教师教学观念向行为的转化需要其注重自己已有的教学观念，并不断反思来促进教师个人专业化的发展和成熟，进而促成新的教学观念的转化和实施等结论[2]；肖凡等提出新课程需要化学教师更新教学观念，在教学观念更新和转变的过程中需要把握根本价值取向[3]；施宇通过问卷和访谈法调查了长春市几所高中的新手-成手化学教师教学观念现状，提出新手型教师与成手型教师体现"互动发展式"教学观的程度存在显著性差异，并归纳出各自教学观念的特点[4]。

（二）教师情感的研究

1. 国外对教师情感的研究

国外关于教师情感的研究始于教师的"职业精神""专业情感""专业态度""专业情意"。多数学者把教师情感理解为教师的职业道德、专业伦理、教学艺术等教师的情感因素，对教师情感的相关研究也比较丰厚。

关于"教师情感"概念的研究包括：德国教师培养原则中涉及教师情感范畴的分别是"教师能使课堂教学富有吸引力"和"教师课堂教学要精力充沛"[5]；日本学者大竹诚以"学生喜欢什么样的老师"为题进行调查可以看出，学生对教师情感方面的需求比对知识方面的需求更为突出和迫切[6]。

在讨论教师情感的功能时，维夫斯指出教师的爱对优良的教和学能产生多么巨大的影响是令人难以置信的[7]；苏霍姆林斯基认为，教师的劳动没有爱就会

---

① 王鹏. 新手-专家型化学教师教学观念比较[D]. 陕西师范大学硕士学位论文，2013：3-4.
② 王婷. 陕西省新课改中中学化学教师教学观念的调查研究[D]. 陕西师范大学硕士学位论文，2011：4.
③ 肖凡，王锋，胡宗球. 新课程中化学教师教学观念的更新[J]. 中学化学教学参考，2005，（10）：25-26.
④ 施宇. 新手型、成手型中学化学教师教学观现状的比较与分析[D]. 东北师范大学硕士学位论文，2009：3.
⑤ 袁一安. 论第斯多惠的《德国教师培养指南》[J]. 外国中小学教育，1990，（2）：30-32.
⑥ 马多秀. 论教师专业发展的情感维度[J]. 教育理论与实践，2013，（4）：37-40.
⑦ 吴元训. 中世纪教育文选[M]. 北京：人民教育出版社，1989：288.

变为苦难的思想，情感因素对智力活动会产生积极的促进作用，教师情感的投入对转变学生的认知态度、提高认知程度起着重要的作用；教师情意的渗入对学生学习的兴趣、师生关系的融洽、学生个性的发展、良好学习环境的营造等有积极影响①；他还认为，没有富有诗意情感和审美的教师是不可能教育出全面智力发展的学生的②。

关于如何做才能更好地发挥教师情感的功能方面的论述最为丰富。赞科夫认为教师在实际教学工作中，应当直接地依靠甚至利用情绪体验，以便学生有效地掌握知识和技巧③；德国教育家第斯多惠认为，教师如果自己"感情空虚，意志薄弱"，就无法让人相信他会教好学生；巴班斯基认为，教师是否善于在课堂上建立精神上和心理上的良好气氛是起着巨大作用的，在良好的气氛下学生的学习活动会达到可能的最优效果④；昆体良和维夫斯提倡教师需要具有慈父般的教学情感，以父爱呵护学生，以实现学生乐学的教学目标；以罗杰斯为代表的人本主义学者认为教师最重要的情感品质是亲切与热心，教师需要创设自由、轻松的课堂气氛以利于提高学生的创造力。美国经济学家罗宾斯（S. P. Robbins）提出，人的价值=人力资本×工作热情×工作能力。一个人如果没有工作热情，那么他的价值就是零⑤。

可见，众多发达国家都非常重视情感对教师教学的重要意义，这也是国际教师研究发展的趋势。

2. 国内对教师情感的研究

随着新课改对"情感态度与价值观"这一教学目标的重视，以及对课堂教学生活研究的逐步深入，中国学者对教师情感、教师信念、教学态度和师生关系等重视程度也逐步加深。通过梳理相关文献笔者发现：国内对教师情感的研究始于1990年前后，但各位学者对教师教学情感的理解众说纷纭，至今还没有形成权威的见解。

---

① 苏霍姆林斯基. 怎样培养真正的人[M]. 蔡汀译. 北京：教育科学出版社，1992：326-327.
② 卢家楣. 情感教学心理学[M]. 上海：上海教育出版社，2001：23.
③ 赞科夫. 和教师的谈话[M]. 杜殿坤译. 北京：教育科学出版社，1980：116.
④ 巴班斯基. 论教学过程最优化 [M]. 吴文侃译. 北京：教育科学出版社，2001：91.
⑤ 王晓音. 对外汉语教师素质研究[D]. 陕西师范大学博士学位论文，2013：58.

什么是"教师情感"？陶行知"爱满天下"的教育情怀、斯霞"童心母爱"的教育实践、李镇西的"爱心教育"都阐释了教师的爱心、责任、关怀、信任等情感在教育中的意义和价值，说明教师只有获得学生的信任和爱戴，才能够使其愿意接受自己所教授的道理和知识。陈皓兮认为，教师情感就是教师在兴趣、态度、评价和期望等方面的心理体验和行为表现①。张承芬和程学超认为教学情感是教师在教学过程中产生的态度体验，是实现预定教学目的的心理过程②。何丽丽认为，优秀教师的教育理念与理想、教育情感和自我发展意识、自我反思、自我更新等内因是专业发展的决定因素③。相比其他情感，教师教学情感体现了教育性、真实性、适度性和原则性等特征。认知需要情感，情感影响认知，教师的情感技能是提高教学效率的有效手段。区分高效率和低效率教学的 52 种教师特征中，有 38 种就与教师情感有关，约占总数的 75%④。

关于教育情感的功能，朱旭东认为教师坚定的专业意志与信念可以促使专业知识与能力充分发挥⑤。马多秀也认为情感是教师精神面貌和生命质量的一项重要的衡量指标，其自身拥有健康和积极的情感素质是正常履行教育职责的前提和基础，有助于学生情感的健康发展⑥。

也有研究者关注影响教师情感的因素。徐永红对维吾尔族化学教师专业情意现状进行研究，发现双语教师专业情意不健全的影响因素有双语教师的重直觉轻信念、乐群缺意志力、重感性轻理性、从众疏本我性等⑦。王嘉毅和程岭认为，教师专业发展应包括知识、技能等技术性维度和道德、政治、情感等维度，教师的情绪与其道德目的和能力是不可分割的，教师情绪对课堂存在着重要影响，课程改革需要对教师情绪进行有针对性的研究⑧。

① 彭奕欣. 中国中学教学百科全书·生物卷[M]. 沈阳：沈阳出版社，1990：459-460.
② 张承芬，程学超. 教师心理[M]. 济南：山东教育出版社，1984：77-79.
③ 何丽丽. 优秀语文教师的专业情意研究[D]. 首都师范大学硕士学位论文，2004：44.
④ 刘知新. 化学教学论[M]. 北京：高等教育出版社，2009：156.
⑤ 朱旭东. 教师专业发展理论研究[M]. 北京：北京师范大学出版社，2011：2.
⑥ 马多秀. 论教师专业发展的情感维度[J]. 教育理论与实践，2013，（4）：37-40.
⑦ 徐永红. 乌鲁木齐市维吾尔族中学化学双语教师专业情意现状研究[D]. 新疆师范大学硕士学位论文，2010：36-39.
⑧ 王嘉毅，程岭. 安迪·哈格里夫斯的教师观与教学观[J]. 全球教育展望，2011，（8）：15-21.

国内对教师情感的功能及其发展问题的研究成果也较多。尹筱莉认为教师专业理想、专业情操与职业道德为教师专业发展提供根本动力，提高教师专业素质的重要突破口要从培育其教学情意做起①。朱小蔓提出创建情感师范教育的设想，认为师范教育既要注重范生价值观、人生观和个性气质的培育，也不能忽略其情感交往的能力和技巧②。裴舒和王健提出教师劳动的"情感特性"即教师需要给学生提供情感抚慰和支持（即情绪理解）；在教师培训课程中需要加入情绪因素，从而教会教师寻找和反思自己的"情绪地图"③。沈建民强调教师的教学经验在教师专业发展中的重要性，关注个人环境、组织环境对教师专业情意发展的影响，强调教师情意文化的创建④。卢家楣认为教师情感是复杂的心理活动，在教学中发挥着动力、调控、导向和强化作用；教师要具有"以情优教"的教育理念，认为缺乏情感的教师无法激起学生的情感，任何一堂高质量的课都是教师情感的自然体现⑤。成功的教育离不开"情"字，老师有"情"地教是一种力量和期待，是学生学习的主动诱因⑥。

对教师积极情感的研究基本围绕教师情感对教学的促进作用和教师的责任感方面。一方面，研究者肯定了教师积极情感对于教育事业的意义和对于学生的影响，也指出教师责任感是教师职业道德的基点⑦，并探讨了教师责任感丧失的原因及其可能产生的教育危害⑧。另一方面，结合教育现实，一些研究者也关注到对于教师责任感的误解⑨，以及由此造成的教师责任感的"过强"现象⑩。

从消极情感的角度对教师情感进行研究的，主要是体现在有关教师职业倦怠感研究。有人认为，教师职业倦怠是教师在长期的教育工作中因压力而产生的极端的心理问题，工作进入衰竭状态，内心因压力无法释放而导致教学动机

① 尹筱莉. 化学专家-新手教师课堂教学特质比较研究[D]. 华东师范大学博士学位论文，2007：44.
② 朱小蔓. 创建情感师范教育[J]. 师道，2008，（11）：60-61.
③ 裴舒，王健. 教师的"情绪地理"及其优化策略[J]. 教育研究与评论，2012，（4）：4-7.
④ 沈建民. 教师的课程意识与专业成长[M]. 浙江：浙江大学出版社，2009：46.
⑤ 卢家楣. 情感教学心理学[M]. 上海：上海教育出版社，2001，（7）：88-104.
⑥ 程媛. 语文情感教育的本质研究[J]. 黑龙江高教研究，2006，（8）：142-143.
⑦ 顾锐萍. 责任感：教师道德建设的基点[J]. 师范教育，2003（Z1）：7-9；池秋平. 谈教师职业道德素质与责任感[J]. 辽宁高职学报，2006（6）：159-160；刘丽红. 教师责任感对学生的心理影响[J]. 教育探索，2004（1）：77-79.
⑧ 张祖钧. 教师责任感与素质教育[J]. 龙岩师专学报，1998（3）：126-130.
⑨ 翟召博. 教师责任感三辩[J]. 天津师范大学学报（基础教育版），2003（3）：54-56.
⑩ 龚耀南. 论教师责任感的强度与限度[J]. 教育探索，2004（4）：95-97.

严重缺失的一种现象①。也有人认为教师职业倦怠是教师因不能有效应对工作的压力而产生的极端心理反应，是教师伴随长期高水平的压力体验而产生的情感、态度和行为的衰竭状态②。一般的职业倦怠具有三个成分：情绪衰竭、低成就感、去个性化，关于教师的职业倦怠，一般也采用这样的结构。关于教师职业倦怠的测量工具，大家经常采用国内翻译修订的版本，如王国香等修订的《教师职业倦怠问卷》③，也有一些研究使用台湾学者修订的量表④。总体而言，我国中小学教师的职业倦怠现象还是比较严重的。

综上所述，可以发现教师教学情感的研究涵盖了情怀、意志、使命感、责任心、创造力等人文精神和发展意识，尽管研究的立足点各不相同，但一致认为教师的发展不仅应包括知识技能和反思能力，还需要良好的教学情感，就学生发展而言，教师不仅要具有开启人智的认知素质，还必须具有感动人心的情意素质，这是教师通过长期有意识的修炼而获得的一种素养和能力。

（三）教师心理品质的研究

教师的意志是其特有的一种精神状态和品质，主要表现为教师能主动、积极地调节自身行动以克服困难实现预期教学目标的自觉性，能适时地采取决断、作出判断的果断性，能坚持自己的决定、以充沛的精力和坚韧的毅力克服困难实现教学目标的坚韧性，能控制自己的情绪和约束自己的教学行为的自制力。教师应该磨炼自己的意志，养成坚持不懈、勇往直前的意志品质，推动教育工作的顺利完成⑤。相当多的教师在工作中因无法处理工作的压力和人际关系的紧张状况而体会到无能和部分无能⑥。创造性、责任感、教育效能感等 21 项特性是教师重要的心理品质，其中，客观公正性、角色认同、有恒性、监控性、责任感、非权势等 11 项心理品质被教师、家长、学生共同认定是最重要最基本的心理品质；人们心目中教师心理品质是由工作动因、工作行为、行为调控等维度构成的。⑤任何一个教师都会在工作中遇到许多困难，他们必须依靠坚强的意

① 黄英. 浅析我国中小学教师职业倦怠[J]. 鸡西大学学报，2010，10（3）：1-2.
② 金忠明，林炊利. 教师，走出职业倦怠的误区[M]. 上海：华东师范大学出版社. 2006.
③ 王国香，刘长江，伍新春. 教师职业倦怠量表的修编[J]. 心理发展与教育，2003（3）：82-86.
④ 林元吉. 角色压力源、焦虑对组织承诺的影响——两岸咨询从业人员之比较研究[D]. 桃园："台湾中央大学"，2000.
⑤ 曾丹丹. 高校思想政治理论课教师的心理素质及其培养研究[D]. 成都理工大学硕士学位论文，2013：23.
⑥ 孙小园. 中学教师心理素质问卷编制及其干预研究[D]. 漳州师范学院硕士学位论文，2011：6-12.

志去应对。如果想做好教学这个工作，除了加强自己的"硬件"储备，还需要"软件"即"意志力"的强大支持[①]。

从上述文献梳理可以发现，关于化学教师心理品质的研究较为薄弱，没有专门、系统、基于实证的深入研究。由此说明，化学双语教师教学心理品质及其特点的研究具有一定的必要性。综上所述，发现有关教师情感的研究存在以下问题。

首先，关注教师知识、技能的研究多过教师情意。当前各国对教师研究多聚焦在教师教学知识和技能发展方面，在师范生的职前培养和教师的职后培训课程设置上也比较重视教师教学知识和技能。由于研究教师教学情意较为复杂，因而相关研究人员对其研究不够深入，研究成果欠丰富。

其次，研究方法多以理论分析为主，缺乏实证研究。对少数民族双语教师的研究趋向于关注现状研究、相关政策和师资培训方面，研究方法以调查、理论思辨为主。特别是对中学化学双语教师展开个案研究的鲜见，可能的原因是，研究者与民族双语教师之间缺乏深度交往的机会，且语言和心理上均存在较大差异与障碍等这些难以操控与把握的因素。

最后，所选研究对象的区域、民族及学科分布不均衡。当前以教师为研究对象的研究多以内地中小学汉族教师为主，从学科分布上来看，学科教学和教师发展的研究多集中在语文、数学、英语等学科，而对边远民族地区的中学化学双语教师展开的研究相对较少。

二、研究设计

1. 教学情意

本章认为，化学双语教师教学情意是指其在化学双语教学实践中形成有关教学观念、教学情感和教学心理品质等方面的认识态度及体验和心理特征的综合。其相关研究维度见图 6-1。

2. 研究内容

1）研读与梳理大量相关文献，明确其研究价值和意义，为寻找研究的切入点、构思化学双语教师教学情意的研究维度打下坚实的理论基础。

---

① 王晓音. 对外汉语教师素质研究[D]. 陕西师范大学博士学位论文，2013：57.

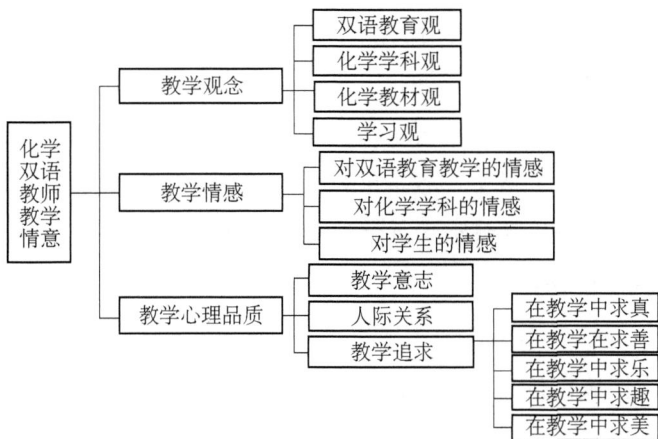

图6-1 化学双语教师教学情意的研究维度

2）进入一线化学双语课堂，选定、结识研究对象，通过深入观察和访谈全面了解研究对象，收集、整理、归纳第一手研究资料，采用叙事描述方式呈现化学双语教师教学情意的典型案例，分析具体案例并了解其教学情意内涵。

3）归纳总结化学双语教师教学情意的特征，为发展化学双语教师教学情意提出若干建议。

3. 研究方法

（1）文献分析法

通过搜集、鉴别、查阅和整理国内外期刊、专著、网络资源、论文集等文献，全面深入了解国内外与教师情意相关的研究现状、进展和成果，确立研究的基本结构、内容、对象和方法。

（2）访谈法

为了全面深入地了解研究对象教学情意的内涵和特点，研究人员编制了访谈提纲对研究对象所教学生及其同事进行访谈，捕捉体现研究对象的教学观念、情感和心理品质的典型事件。

（3）观察法

依据研究目的和研究维度，深入到研究对象的课堂教学现场中，利用眼睛、耳朵等感觉器官和照相机等工具，采用不完全参与观察方式（即公开观察者的真实身份，观察者被允许参与到研究对象的生活中进行观察、记录的方式），观察其真实、具体的教学过程，收集、记录课堂实录等资料，从多角度感知研究对象的性格、观念、情感意志等特点。

（4）内容分析法

采用内容分析法对反映双语教师教学观念、态度、情感、品质等内隐特质的重要文本资料（诸如教案、教学反思、教学日记、教学实录等文字性材料）进行系统的了解、分析和解释，进而归纳研究对象教学情意的内涵及特点。

4. 研究对象的选择

（1）研究对象所在学校概况

基于新疆地域特色和新疆双语教学发展现状和前期实地调研，本章按照对中学化学双语专家教师和化学双语新手教师的界定，选择了8位化学双语教师进行跟踪访谈，最终在书中呈现的是来自乌鲁木齐市两所双语示范中学（以下简称A中、B中）的两位中学化学双语教师的课堂教学素材。其中，A中是乌鲁木齐市民汉合校的成功范例，其以优良的校风文化建设、出色的双语教师队伍和德育示范而闻名全市乃至全疆，该校先后荣获"全疆教育系统先进集体""全国学习科学实验校""依法治校示范校""民族团结先进单位"等多项荣誉称号。[①]B中是乌鲁木齐市双语实验学校，先后荣获"市级语言文字规范化校""民族团结进步先进集体""全国民族中学协会示范校"等荣誉称号，被国务院授予"全国民族团结进步模范集体""乌市双语教师培训工作先进学校"等荣誉称号。

（2）研究对象基本信息

研究对象分别来自乌鲁木齐市A、B两所中学，研究小组成员跟随研究对象进行了为期八个月的跟踪调研，课堂观察的教学内容涉及初中化学、高中化学必修2和选修4（均为人教版教科书）的新授课、复习课、习题课等内容。经过初步调研，研究小组选定了两位第一学历为"民考民"（即中小学接受母语教育且运用母语参加高考的考生）本科、HSK（汉语水平考试）等级均为9级的中学化学维吾尔族双语教师作为研究对象：新手教师N8和专家教师E8，两位教师的基本情况见表6-1。

---

① 蒋夫尔. 汉合校的成功范例——新疆乌鲁木齐市第A中学发展纪实[EB/OL]. http://www.doc88.com/p-241584452267.html [2011-07-08].

表 6-1　主要研究对象的概况

类型	性别	年龄/岁	教龄/年	双语教龄/年	职称	荣誉称号
E8	女	44	23	6	高级	自治区级教学能手，校级学科带头人
N8	男	27	2.5	2.5	二级	市级优秀青年教师

（3）对专家教师 E8 的印象记

2013 年 4 月 8 日（星期一）上午，研究小组一行在乌鲁木齐市教研中心杨老师的陪同下来到 A 中教务处，A 中教务主任介绍了专家教师 E8 的概况：该教师毕业于当地省属师范大学化学系，从教 23 年，有 17 年的母语教学经历、6 年的双语教学经历，除孕育期间没有担任班主任外，其余时间均连年担任重点班或宏志班班主任工作；无论是合校前的母语教学还是合校后的双语教学，该教师都是学校的"领军型"教师和化学学科带头人，目前担任 3 个高一宏志班的化学教学和其中一个宏志班的班主任及化学双语组教研室主任。尽管工作繁忙任务重，但是该教师都能出色地完成教学、管理工作，还深受学生爱戴和同事们敬佩。教务主任的介绍和教研员的先前举荐使研究小组成员对专家教师 E8 充满敬意并对其产生了浓厚的兴趣，非常渴望与该教师相识并期待其同意成为个案研究对象。当教务主任向该教师转达课题组的期望时，该教师欣然地接受并立即表示会大力配合并给予支持。

专家教师 E8 身材中等偏高，面色红润，满脸笑容，是个优雅、爱笑、漂亮、时尚的中年女教师。人到中年的专家教师 E8 身着呢绒连体裙，化着淡妆，知性高雅。专家教师 E8 待人友善礼貌、亲切真诚，热情开朗和蔼，与人交往坦诚相待；做事思路广阔、认真智慧，不畏辛苦，遇到困难能冷静思考作出合理正确的解决办法；在学生心目中是一位智慧慈爱的"母亲"，在同事心中像温暖友善的"知心姐姐"。第一次见面时，专家教师 E8 就微笑着给研究小组的女性成员亲切温暖的拥抱，这种维吾尔族式表达亲切之意的拥抱迅速拉近了彼此之间的心理距离。

专家教师 E8 有良好的家庭背景，其生于书香门第之家，父亲是新疆某高校的教授，父亲的机智与博学、母亲的善良与开朗一直伴随其健康成长。她有两个活泼可爱的儿子（分别是 11 岁和 4 岁）正需要照顾，丈夫是新疆某科研机构的干部。由于教师工资待遇不高，无论是物质方面还是精神方面，爱人都给予了她莫大的鼓励和支撑，一直以来家人都默默地全力支持着专家教师 E8 全身心地投入双语教育教学工作。

（4）对新手教师 N8 的印象记

在专家教师 E8 的举荐下，研究小组结识了新手教师 N8。他欣然接受将他作为新手教师的代表进行个案研究。新手教师 N8 是一位个子不高、干净利落、留着帅气小胡子、戴着一副眼镜且有点腼腆的维吾尔族小伙子，做事十分认真利索。

新手教师 N8 出生于新疆阿克苏地区库车县的一个小村庄，从小学习十分努力认真。功夫不负有心人，2007 年经过自己的努力，他考入了北京师范大学化学化工学院，经过 5 年的化学教育专业学习和自身不断的努力，2011 年 6 月顺利毕业后，他义无反顾地返回新疆做教师。

新手教师 N8 在 A 中从事化学双语教学工作，教高一年级三个班的化学。面对一张张久违的维吾尔族年轻可爱的中学生，他激动无比也倍感"压力山大"。在参加工作近两年中，新手教师 N8 努力熟悉工作环境、适应双语化学教学工作。教学实践中他发现，学生从初三升入高一后学习化学十分吃力，即使刻苦努力但学习效果依然不佳。经过课余时间与学生多次交谈及课堂观察和思考，他发现初高中化学双语教育教学的衔接存在问题，导致学生学习困难。带着这样的疑虑，他再一次努力考进了北京师范大学攻读学科教学（化学）在职教育硕士，利用寒暑假到北京师范大学学习，在导师的指导下探讨在化学双语教学中遇到的困难，且选择了"新疆维汉双语教育初高中化学教学衔接研究"作为硕士论文题目。新手教师 N8 的专业成长迅速，他不是简单和重复的进行化学双语教育教学工作，而是更多地思考如何解决双语教育教学中现存的问题。尽管教龄短、教学经验不足，他对待工作的执著与负责敬业却令研究小组的成员十分敬佩。

5. 关于研究者

（1）角色定位恰当

在进行课堂观察和跟踪访谈的过程中，为了尽可能充分地了解研究对象，更好地收集研究对象"原汁原味"的教学情意故事，笔者尽可能"悬置"自己，跟随研究对象听课并随时认真记录，观察其化学双语课堂教学、课外化学作业辅导、学生管理等工作，以便了解其真实的日常教学生活；同时，课余对他们进行非结构性访谈，尽可能地鼓励研究对象以其自己的方式讲述有关双语教育教学、化学学科、学生有关的情感故事。

没有研究对象积极地配合与支持，本书是不可能顺利编写完成的。研究对象的教学工作本就十分繁忙，研究者长时间跟随他们进行调研工作，有时周末休息还打电话咨询情况，十分打扰他们的工作和生活；由于研究小组成员与研究对象建立了较为融洽的朋友关系，研究对象经常在沟通交流上帮助研究小组成员翻译、解释和理解，主动提供教学反思、教案等文本资料……这一切都令研究小组成员心存感激并感到欣慰。

（2）合乎研究伦理

介于伦理道德考虑，研究小组向研究对象承诺并坚决履行保密原则，研究中涉及其学校名称和教师姓名时，均用字母代替，对其他相关重要隐私也进行保密；为避免由于思维、表达习惯等文化习俗差异带来的矛盾，双方在整个研究过程中始终保持平等、信任和尊重的关系，在进行访谈记录、拍摄照片时均提前征得研究对象和相关人员的同意，力求保证在整个研究过程中充分尊重对方意愿，营造和谐氛围，得到他们的理解与支持。

因本书篇幅和结构所限，最终在书中呈现的是与研究对象教学情意相关联的典型素材。通过个案研究所得的结论不同于大规模抽样问卷调查研究所得的"普适性"结论，所研究的化学双语教师教学情意具有个体独特性，故研究结果的推广范围受到一定限制。希望本书的结论能够为化学双语教师带来一些思考、启示和借鉴，为化学双语教师的发展和成长提供一定的帮助。

6. 资料收集和整理

为了获得研究对象教学生活的线索，笔者尽可能细心、诚恳、共情地与研究对象交流，依据他们的陈述进行适当、灵活的发问，在访谈期间常受到许多的鼓励与感悟。由于要同时关注多位研究对象的课堂教学，研究者就事先征得各位研究对象的同意，抄好课表，具体听哪节课都是随机进行的，这样使得研究者所听的课尽可能是研究对象的"常态课"。研究者收集资料的方式是：进入研究对象的化学课堂听课、观察、记录；利用多种方式（包括 QQ、微信、家访、电话联系等）收集与研究目的相关的各种资料；有关研究对象的个人资料，大部分是研究对象主动提供的，包括学生作业批阅情况、教学设计、课件等；另外，如访谈笔录、课堂笔录和照片等资料是研究者在研究过程中收集的。这些资料使研究者对研究对象的个人成长经历、教育历程、教学经验、师生关系、家庭生活、个性品质等都有了较为深刻的认识，为研究化学双语教师教学情意提供了宝贵的参考价值。

第二节　教学情意的个案分析

教学情意是指研究对象在对化学双语教育教学性质、意义、价值深刻理解与认识的基础上，所形成的教学观念、教学情感和教学心理品质等方面的认识态度及体验与心理特征的综合。以下将从教学观念、教学情感和教学心理品质三个维度探析中学化学双语教师教学情意的内涵和特点。

一、教学观念的分析

人的观念是行为的先导与灵魂，包括人对"实然"状态的认识及其思维方式、对"应然"状态的价值判断和选择结果[①]。教学是人为和为人的活动，教学的未来指向性要求教师对教学的看法、认识和思维不能只停留在对教学现实的反映。教学观念产生的源泉和动力是教学实践，并伴随着教学实践的发展而发展，反过来教学观念又推进教学实践的发展，教师的教学行为总是不自觉地受某种教学观念的左右。

双语教师的教学观念是指其在化学双语教学实践中逐步形成的对化学双语教学本质和教学过程的基本看法。教学观念是双语教师教育教学行为的灵魂和统师，它影响着双语教师对化学教学活动的直觉、判断和教学行为。以下将从双语教育观、化学学科观、化学教材观及化学学习观四个视角探析双语教师的教学观念。

（一）双语教育观

双语教育观是双语教师对自身双语教育教学中所面临的诸多问题的基本看

---

① 伊兰·K. 麦克伊万. 培养造就优秀教师——高效能教师的十大特征[M]. 胡荣堃译. 北京：北京师范大学出版社，2011：134.

法和态度。内置于教师头脑中的双语教学观是双语教师在长期教学实践中所形成的心理定势，它像一只无形的大手，指挥、支配着双语教师的各种教育教学行为。当向两位研究对象问及"您如何看待双语教育?"时，他们的回答如下。

新手教师 N8: 我很感谢双语教育，中学时我一直接受的是母语(维吾尔语)教育，生活、学习所接触的人和事物等都是和本民族有关的，生活圈子小，所见所闻难免狭隘。中学时就喜欢做化学实验，想了解更多的实验原理和现象，由于语言障碍，化学课外读物少之又少，对化学知识的学习浅尝辄止……到北京读大学后，环境陌生、国家通用语言不好、内心不自信等导致我起初根本不敢在公众场合说国家通用语言，通过 5 年化学师范专业和汉语课程的学习及舍友的帮助，我的国家通用语言飞速进步，专业知识和国家通用语言水平都有了较快的发展，生活圈子变大了，视野更开阔了，看待问题的角度有了全新的改变，还结交了许多汉族朋友。由于身高等问题我从小就比较自卑，接受双语教育学习专业知识和国家通用语言后，流利的国家通用语言和开阔的视野为我增添了自信，我希望学生能取得好成绩……

专家教师 E8: 2004 年中旬，乌鲁木齐市政府为推进双语教育教学实施民语言授课学校与国家通用语言授课学校合并举措(简称民汉合校)，于是将 A 中和 X 中合并为双语教育示范高中。2007 年末我听说自己新学期时要进行双语教学时感到压力很大，身边有同事和朋友都劝我说:"从小到大，包括上学读师范到工作教书都一直是说维语，好不容易积累了一些单语教学经验，现在转到双语岗上再从头学国家通用语言太辛苦了，你家里需要操劳的事情也很多，何况已经评到高级职称了，怎么会有时间、精力和动力学习国家通用语言从头再来呀……"我深知自己的国家通用语言水平虽在日常交流中障碍不太大，但是站在讲台上运用双语教授化学却没有太多信心和心理准备，存在心理和语言障碍。可我很清楚学校双语教师的短缺情况，也看得出来双语教学未来发展的趋势和必要性，我相信经过学习和锻炼一定可以胜任双语教学工作，关键需要自己不断地努力，不能见到困难就胆怯退缩，于是我满怀信心地答应了学校的调派要求。后来在双语教学中只要遇到困难我就及时和汉族同事沟通交流、请教，每节课前用国家通用语言、维语对照法熟记其中的专业词汇，并且找出发音相近的字、词，反复记忆；也观看国家通用语言广告等简短轻松的电视节目学习国家通用语言，浏览教育博客规范我的国家通用语言书写，尤其是学会使用 QQ、微信后，我时常利用空闲时间和亲朋好友包括同事、学生们通过微信或者文字进行沟通、交流，国家通用语言水平得到了很大的提升。随着这几年双语教育教学经验的积累，我已经完全胜任现在的工作，还被学校领导和同事公认为"宏志班班主任专业户"（所谓"宏志班"，就是在政府和学校的支持下，专门为新疆各地州、县、镇等地品学兼优而家庭经济困难的少数民族学生，设立的免收学费等的班级），我很喜欢我这个称号，我会不断地努力下去的，我庆幸自己接受了双语教育。如今作为双语教师，我希望学生们能学好国家通用语言从而接受先进的专业教育，了解源远流长的中华文化和民族发展历史，加深对祖国的责任感、使命感，才能生成对祖国文化的认同，强化国家意识、公民意识，今后的路能走得更远更顺畅，视野更宽阔，迎来更多新的发展机遇……

评析 | 两位老师都非常热爱双语教育工作，不断改进双语教育教学方法，精益求精，乐于为双语教育奉献个人的精力和智慧。新手教师 N8 因自身受益于双语教育，对双语教育教师角色拥有一定的期待和认同，他认为处在专业适应期的化学双语教师需要突破的最大困难是语言障碍和对双语教育的深层理解和态度。专家教师 E8 转为双语教师，源于她了解学校急切需要双语教师的现实需求，能够深刻地认清双语教育教学对学生的发展意义，理解双语教育教学的价值所在。强烈的教师责任感促使她坚定地选择了化学双语教学，并且通过个人不断努力，尝试各种方法提高自己课堂国家通用语言口语表达能力水平，摸索化学双语教学规律，有效地激发了学生化学学习的积极性。

（二）化学学科观

化学双语教师的化学学科观是其对化学学科的存在和发展的最基本看法，是其对化学学科的本体性认识。化学双语教师是学生认识、学习甚至将来从事化学行业的引导者和领路人，他们对化学学科观念的理解影响着学生化学学科观念的构建。当笔者问及"您认为什么是化学"时两位老师这样说道。

新手教师 N8： 我认为化学的基本特征是做实验，它是连接宏观世界和微观世界的一门自然科学；我认为化学双语教师除了要有良好的国家通用语言基础外，扎实系统的化学理论知识更是实现化学双语教学的基本保障。

专家教师 E8： 我认为化学带给我的不再只是新奇知识、化学实验操作的挑战和实验现象的刺激，更多的是让我学会了如何富有逻辑地进行推理、如何独立思考、如何动手实践从而验证真知、如何体会和欣赏物质世界的美好。化学学科有自己独特的魅力，它实用、有趣且充满时代感，它探索物质世界的视角和技术手段随着化学科学的发展与时俱进，与我们的生活密切相关。化学双语教师不仅要有扎实的化学学科基础，还要具备一定的化学素养和激情去感染学生，教授化学知识时不能只重视其理论知识而忽略其人文价值的渗透，（还要）切实帮助学生走近化学、了解化学、学会化学、热爱化学，使学生通过化学基本概念和重要化学事实的学习，掌握化学学科解决问题的思路，能用化学知识去理解和适应现代社会……

评析 两位老师对化学学科的看法各有不同，但总体趋势一致，都认可和肯定化学学科对中学生教育的重要性，认为学校应重视化学课；且都对化学实验活动具有较高的关注度，新手教师 N8 对化学学科的看法基本源于中学教材中对化学的定义和解释，是其做学生接受化学启蒙教育时获得的，他对化学学科观念的认识并没有突破性的发展。专家教师 E8 拥有与新课程理念一脉相承的化学学科观，从化学学科对社会和环境、对学生等的价值和影响的角度谈起，以培养更多适应 21 世纪社会发展需要的高素质公民为目标，强调学生学习化学的重要性，关注如何提升学生的化学素养如何促进学生未来发展，其化学学科观具有全面性、应用性和与时俱进的特征。

（三）化学教材观

化学教材是化学课程思想、化学课程内容、化学教学的重要材料和载体。化学教材不仅揭示化学客观物质世界及其变化规律，而且还是学生获取化学知识信息的重要源泉，是培养与提升学生科学素养的重要文本。一个教学得心应手、游刃有余的化学双语教师一定是可以对教材挖掘透彻、熟练掌握且能灵活运用化学教材的。两位研究对象对于什么是教材和如何合理使用化学教材的回答如下。

新手教师 N8： 教材不仅仅指化学教科书，教师需要依据学生实际，把对化学教材知识和化学学科的热爱用教育情感艺术性地融合在一起……

专家教师 E8： 我认为教材不仅是教科书，还包括各种电子的、纸质的、视听的学习材料。教材影响学生的学习和发展，如果我们不对所使用的人教版化学教材进行合适处理和学情分析，容易导致学生不易理解、难以消化。例如，必修 1 中探究铁及其化合物的氧化性和还原性，书中工具栏提供了稀硝酸试剂，只需要学生知道稀硝酸能够氧化二价铁就行，未对书写化学方程式做出要求；必修 2 中对化学平衡的移动，只要求学生知道平衡移动方向即可，至于影响平衡移动因素的深度剖析是选修 4 的学习要求。教材各个模块的内容设计都有其内在意图，对处在不同阶段的学生有不同的要求。我们选择教学内容时要有整合意识，明确清晰地了解如何把握必修、选修教材之间的衔接递进关系，从而正确把握化学教学的深广度。具体方法如下：首先，要从整体上把握教材，包括挖掘教材中三维目标，分析不同层次学生的认知能力和需求及参与度等；其次，要从结构上分析教材，包括分析教学重难点、疑点和关键点，通过对教材内容的取舍和浓缩、教学内容呈现方式的变化、教学重难点内容训练力度的变化、用各种教学手段辅助和创设学生乐于体验的教学情境等方法开发教材；再次，从艺术角度和生活化、活动化角度加工教材，包括以简驭繁，化难为易，变抽象枯燥为生动活泼等方式，延伸教材，找出教材知识体系的内在联系，理清教材思路；最后，要结合新疆地域多元文化特点开发地方性教学资源。新疆化学双语教育具有一定的特殊性，如教材中穿插辅助教学的个别图片并不符合少数民族学生的认知喜好……作为新疆化学双语教师需要不断探讨和学习如何基于新疆地域特色和新疆现有资源开发出适合新疆化学双语教育教学的素材。

当研究者追问"您如何看待现行的化学教材"时，专家教师 E8 答道： 相比旧版的化学教材，新版的化学教材无论从知识呈现形式还是内容选材都灵活了许多，如新教材设置了丰富的栏目（资料性栏目可以拓宽学生的视野，活动性栏目可以发展学生的动手和探究能力，启发性栏目能够引导学生独立思考、主动建构知识，总结性栏目可以促使学生归纳和整合所学知识……），这样兼顾到不同学生的认知风格和情感需求，使学生学习化学不再感到那么抽象、枯燥、唐突和乏味。新版化学教材中有精美的彩色图片为学生提供大量丰富的感性认识，还提供了总结性较强的表格和插图以便学生理解和建构化学知识体系。另外，新版教材安排的实验内容也更加丰富全面，更加生活化（如为验证氯气具有漂白性时设置的花瓣和有色布条褪色实验，操作简单且趣味性浓厚）；新版教材所设置的课后习题灵活多样，不拘泥于死板的只注重概念的填空、选择题，还增设了接近生活的实验题，开放度和时代性也相应增加，对师生来说都具有一定的挑战性。总之，新教材注重学生的认知顺序和知识的逻辑性，内容编排上注重培养学生的科学素养和人文素养，如何将探究性实验与验证性实验相结合进行教学设计将是老师面临的重大挑战。

评析 新手教师 N8 认为教材是传承化学知识内容的主要蓝本，课堂观察发现其在教学实践中还难以做到对教材化学学科知识进行系统的、多层次的立体建构，比较少见其能结合学生、学科及地方特色对教材内容进行生活化、活动化地加工课堂教学行为。专家教师 E8 则认为，应发挥教材在帮助学生理解知识和培养学生探究能力和化学素养方面的重要作用，重视开展学生进行化学问题解决活动，促进学生体会化学、技术和社会的相互关系。在教学实践中专家教师 E8 能根据教学目标和所教学生的实际，以教材为核心对相关教学资源进行筛选、另选、补选、钻研及整合，发掘、激活教材中潜在的情感触发点，将化学教材内容艺术地加工、科学地处理和创造性地取舍，改造成为学生所需且乐学的内容，使它与学生的情感经验相联并满足学生情感需求，激起师生情感的共鸣，培养学生积极的情感，充分发挥教材的教育教学功能，使整个化学双语课堂情趣盎然。

（四）化学学习观

西方白领阶层流行这样一条"知识折旧率"："一年不学习，你所拥有的全部知识就会折旧 80%。"[①]优秀教师与其他教师最大的不同点之一是，优秀教师

---

① 雷玲. 教师的幸福资本——成长为优秀教师的 8 种特质[M]. 上海：华东师范大学出版社，2011：40.

会不间断地学习[①]。面对迅速发展的化学科学和鲜活的学生个体，化学双语教师需要将终身学习作为专业发展的基础。只有通过不断学习，化学双语教师才能拓宽化学学科知识领域，优化化学知识结构，及时更新教学思想和教学手段，丰富解决教与学的问题或矛盾策略，适应不断变化着的学生需求，胜任化学双语教育教学工作。

研究发现，新手教师 N8 热衷于学习和关注新事物，他喜欢将信息技术应用于教学。比如，在周边同事还不知微信是什么时，他就开始利用微信平台指导学生家庭作业，在赢得学生好评后带动并教会身边的同事使用微信。他听说新疆师范大学"国培计划"教师项目邀请国内知名专家讲授"微课程"专题讲座，就请求研究小组成员帮助拷贝相关授课课件学习。通过上网了解更多微课程的制作方法后，他在课余时间进实验室利用手机尝试录制微课程，在实验员的协助下录制了"钠与水的反应"实验的微课程，经征询同事意见与建议进行多次修改后，将其传送给学生方便其反复观看。他认为：微课程将枯燥的化学知识变得生动鲜活，有关"$2Na+2H_2O \Longrightarrow 2NaOH+H_2\uparrow$"反应原理的探究实验转换成微课程，能使化学知识变得更加生动形象且可以反复观看。微课程不仅能喜闻乐见地满足学生个性化学习需求，而且开拓了他的教学视野和授课方式，激发了他个人的教学热情和兴趣。

当问到"您业余时间都做什么"时，专家教师 E8 说道：只要有时间我就会读书，读书对我来说是一种乐趣、一种休闲，更是一种充电学习的方式。因为工作和生活的忙碌，我可自由支配的时间和精力比较少，所以在读书前我必须清楚自己需要什么，这样经过选择阅读会比较快捷省时。平时读的比较多的是化学教育教学期刊和《读者文摘》《意林》等休闲杂志。通过休闲杂志我可以了解社会新动向和学生关注热点，精选内容作为所带班级读报素材、班会课学生交流讨论的主题。化学教育类期刊的教学信息量大、内容新，有利于深化教材与教学内容、解决化学双语教学中遇到的疑难问题，是我日常教学必不可少的读物。比如，我在批阅作业时发现有的学生将"二氧化碳"写成"二氧化炭"、将"苯"写成"笨"……通过查阅化学期刊、维汉双语语言区别的书籍后，我总结出学生之所以出现这样的错误原因在于：①不清楚"炭和碳""苯酚和醇"

[①] Findell C R.What differentiates expert teachers from others[J]. The Journal of Education, 2007, 188（2）: 11-23.

的根本差别，在授课过程中我忽略了宏志班学生多数来自国家通用语言水平偏差的南疆边远地区的基本学情，理所当然地以为学生能够掌握而没有进行辨析；②维汉双语的转换模式存在一定差异，通常学生可以听懂化学课，但在文字书面表达时常犯错，通过阅读化学教育刊物我学会了解决类似问题的办法。对"苯酚和醇"的根本区别除了给学生们讲解清楚它们的化学结构和性质的本质区别后可以编成歇后语：苯环上挂羟基——装纯（醇）加以区分。切实了解"炭和碳"的根本区别："碳"是代表原子序数为 6 的非金属化学元素，元素符号为 C。与碳元素相关的物质有单质和化合物，由碳元素组成的单质有非晶态碳，石墨，金刚石等，它们互为同素异形体。由碳元素组成化合物有最简单的无机化合物（如一氧化碳、二氧化碳等）和含碳有机化合物。而"炭"是含碳混合物的概括性物质名词，其化学成分不纯，如木炭、煤炭和焦炭等，炭是由于原料及制备工艺和条件不同而形成的无恒定组成及性质的含碳物质。与化学元素有关的名词均用"碳"，"炭"则是物质的名称，所指的物质是混合物。另外，作为跨文化地区的双语教师，我们不仅仅教给学生化学学科知识，还要对处于青春期的学生进行道德和民族文化教育。课余我会阅读学习一些德育和民俗文化类的书籍，这些知识往往会使双语教学达到事半功倍的效果。比如告诉同学们一些诸如"努鲁孜节的来历""中秋节的来历"等小知识，促进各民族学生学习与理解民族文化的差异。

评析 两位研究对象具有不同的学习观念，新手教师 N8 的学习观建立在对日新月异、层出不穷的新事物的兴趣热爱和不断追求方面；专家教师 E8 则认为读书是最有效的发展性学习，是教师实现专业成长自主发展的必然途径。化学双语教师要想站在化学双语教育教学的前沿，就要克服"工作忙没时间学"的思想观念，强化学习意识，更新自己的教育理念、拓展化学双语教学的思路；切实做到想学、真学、能学，切实做到会学、学好；强化终身学习的理念，自觉"充电"，了解最新的化学学科知识信息、优化自身的专业知识结构，借鉴最新的教育手段和方法指导个人的教学实践。现在是信息化时代，知识更新速度越来越快，教师还需要提升信息化技术应用能力来服务自己的教学，否则就难以了解最新的学科知识和科学技术，无法满足学生对新知识、新信息的渴望和好奇心，无法满足信息化背景下成长的学生个性化需求。

二、教学情感的分析

教师是教学活动的组织者和指导者，教学情感在教师教学活动中发挥着动力调控作用，是相对成熟和稳定的。化学双语教师的教学情感是指化学双语教师对双语教学工作、化学学科和学生的积极或消极的真实情感和态度，进而影响师生关系的亲密程度。以下从化学双语教师对双语教育教学的情感、对化学学科的情感和对学生的情感展开分析。

（一）对双语教育教学的情感

只有感受到教育事业的召唤才能成为一名教师[①]。当今推进的化学双语教育教学不同于以往只依托本民族语言开展的化学教学，它关系到新一代少数民族学生的化学综合素养水平的提高和科学探究能力的发展。这项重任需要化学双语教师对双语教育教学充满热情和执着的奉献精神及更大的责任心，不计较个人辛苦、得失，才能避免教学语言转换和推行化学新课程双重挑战带来的工作压力及职业倦怠的消极情感。

新手教师 N8 因个人的学习和成长历程，十分理解和支持双语教育，为了锻炼和提升教育教学技能总是积极报名参加双语教学大赛，对待双语教学工作很认真、很努力。

专家教师 E8 对待工作很投入、很有激情，她在学校经常是紧张忙碌的。从早上 9 点的跟班早读到下午最后一节课离开，只要有时间她就会去班里和学生在一起，深入了解学生的学习动机、情感和课堂外的生活。她常说："对别人而言，当教师是为了养家糊口不得已而为之的工作，对我来说，教师是份良心活，我要对得起学生家长、社会，特别是学生的前途和民族的未来，我热爱这份事业……"

---

① 伊兰·K. 麦克伊万. 培养造就优秀教师——高效能教师的十大特征[M]. 胡荣堃译. 北京：北京师范大学出版社，2011：26.

（二）对化学学科的情感

从事化学双语教学既有化学双语教师最初的自觉或不自觉的选择，也有日后工作的需要。当面对周而复始的化学双语教学实践时，双语教师若缺乏对化学学科的喜爱和热情，教学语言转换和新课改双重压力常常会使双语教师感到职业的厌倦和乏味。

在问及"是否喜爱化学学科、是否同意取消化学双语课"时，专家教师 E8 说道：我不同意取消化学课并非因自己是化学老师，我认为化学与每个人的生存、生活息息相关。生活中许多常用商品是化学技术和工业生产结合的经济产物。比如，在学习氯这一部分内容时，我会从家里带来一瓶 84 消毒液，请学生观察 84 消毒液的气味和颜色如何，瓶体标签上有关其用途与使用注意事项、有效成分分别是什么，再引导学生探讨 84 消毒液的有效成分，以及发挥功效过程中电子转移与元素化合价升降的关系，继而启发学生思考讨论如何自制 84 消毒液……这样，以生活中 84 消毒液为教学素材，不仅帮助学生掌握巩固有关次氯酸的氧化还原反应知识，还可以帮助学生体会化学就在身边，激发学生体验学以致用的成就感……

同样的问题，新手教师 N8 的回答是：中学时我就喜欢化学，通过化学本科专业学习让我更加了解和热爱化学，我坚决不同意取消化学课，化学素养是未来社会公民必需的科学素养之一，不学习化学知识，学生如何充分了解和认识他们赖以生存的世界？如何理解自然界发生的种种化学变化？我们应该感谢化学带给我们舒适的生活，比如我们穿的衣料、住的房子、乘坐的交通工具、使用的燃料越来越好……甚至我们的饮用水也是离不开化学处理的。感谢化学为我们的健康所做的贡献，像合成药品、人造心脏等帮助我们远离疾病；感谢化学带给我们的休闲运动，玻璃纤维做成的冲浪板等都有化学家的功劳。社会如何实现可持续的低碳生活？在学到环境保护时，我鼓励学生调查身边的水质情况，让学生了解身边水污染的现实情况，使他们切身体会环境保护的重要性。我认为化学教师要善于把化学学习从课堂延伸到学生的生活中，以生活情境为着手点，以学生兴趣为出发点，赋予学科知识生命。

评析 | 专家教师 E8 和新手教师 N8 均认为，要将化学知识生活化才能有效地激发学生学习化学的兴趣，帮助学生深切感受化学知识在社会生活中的广泛应用，帮助学生学会应用化学知识有效地解决生活中的化学问题以更好地适应社会生活。他们都非常关注化学学科素养对学生成长的长远意义，可见，两位教师对化学学科深怀热爱之情，对学生发展有神圣的责任感。相比之下，专家教师 E8 更能充分利用生活中的化学素材激发学生学习兴趣，有效地促进学生活学活用化学知识。

（三）对学生的情感

教育技巧的全部奥妙在于如何爱护学生，爱意味着责任，热爱孩子是教师教学中最重要的情感[①]。在化学双语教育教学工作中，更是离不开教师与学生之间有效的情感交流。化学双语教师需要努力做到：对学生进行积极的引导和激励，用尊重、信任和欣赏的态度满足学生的情感需要，用心去爱、去信任每一位学生，公正平等地对待每一个孩子，开发和培养他们的各种兴趣和才能，用自己的爱感染学生、熏陶学生，把自己全部的智慧无私奉献给学生，以爱育爱，赢得学生的尊敬和信任，产生积极情绪，激发他们奋发向上的信心和力量[②]。

在专家教师 E8 所带班级的教室门口挂着一块门牌，上面写着班主任寄语："你可以用爱得到全世界，你也可以用恨失去全世界。"从中可以看出老师对学生的真爱之情。从专家教师 E8 的教学日记可以了解到她对学生的关心与呵护，也能明白学生对她如此敬爱的原因。

案例6-1　教师妈妈——来自专家教师E8的日记

我认为教师必须具有无私的奉献精神和诚实善良、开朗自信的性格，要尊重、信任和真心爱护学生，否则师生不可能进行有效的沟通，教学无法顺利有效地开展。我让学生做到的事情，自己必须先做到。学生学习很辛苦，久坐缺乏运动，我很担忧他们的健康。幸好我是班

---

① 张万祥. 苏霍姆林斯基教育名言[M]. 天津：天津教育出版社，2008：17.
② 雷玲. 教师的幸福资本——成长为优秀教师的 8 种特质[M]. 上海：华东师范大学出版社，2011：40.

主任，为了帮助学生缓解身体疲惫，我在早读、午间读报过程中时常穿插着简单的韵律手操、从电脑上自学的颈骨活动操、化学版的真人逃脱等活动。刚开始，多数学生都害羞不好意思跟着我一起离开板凳站起身来活动。但是，每次带着他们进行锻炼活动时，我都会不厌其烦地给他们强调锻炼的好处。尽管刚开始跟着我做韵律操的学生只有几个，可是我一直坚持督促更多的学生加入其中。结果，坚持一个多月后，大部分学生们都养成了课间或课余锻炼的习惯。我们要勇于负责，不要总开一些空头支票去愚弄学生，如果我们侮辱、伤害了学生，不取得他们的原谅，以后再多的教育也是白费的。

远离家乡外出求学的学生最缺少的就是关心，学生们都渴望多一点关心。我现在所带宏志班的孩子大多来自南北疆贫困农牧民家庭，这些远离家乡和父母来到 A 中读高中的孩子所要面对的不仅仅是艰辛的求学之旅，还要承受阔别父母思家之苦，特别是传统的民族节日他们中的绝大多数是回不了家的。所以，在古尔邦节和肉孜节时，我从家里带来自己亲手做的麻花和馓子送给学生们，我还会组织学生围坐在一起唱唱民族歌曲、做做游戏等，通过联谊活动努力排遣他们思乡之情。孩子们的语文老师曾把一个女生的作文拿给我看，她是这样写的：当我们手拉手跳舞的那一刻，我们真的很感谢 E8 老师，她像我们的妈妈一样带给我们温暖……我觉得走进学校，能受到学生喜爱是一种幸福。在学生的心目中，我是他们父母的替身和学习的楷模。我对事物的看法、态度和言行具有一种不能替代的教育力量，能产生"身教重于言教"的良好效果，会影响学生身心发展、人格形成及人生道路的选择。学生用那双敏感的眼睛，洞察我们每一个不经意的失误，同样，我们每一个细小而美好的真情表露，也都会让他们感到由衷的欣喜和激动，学生会由此体验到愉悦和满足的情感，流露出对教师的尊敬和信赖。学生的语言、表情和动作都会让我们为之一振，教学的艺术就体现在我们能否静静地聆听他们的倾诉，能否深入地了解学生的想法，能否在细节上做文章，于细节之处理解学生的需要，敏锐捕捉学生身上显露出来的教育细节。比如，学生犯错误可以说明是实实在在的学习，因为失败是成功之母，精彩往往从错误开始。巧妙地用学生的错误去引燃他们的思维之火，让他们淋漓尽致地去体验、经历和收获，这样我才能走进他们的内心世界，赢得他们的信任和爱戴。学生在学校的每一刻，都需要我们的理解、尊重、信任、宽容、欣赏……

案例6-2 新手教师N8对学生的关爱——细腻而又温情

2013年4月23日，新手教师N8在办公室批阅作业时给课题组研究者看了一份书写得非常认真的学生作业，他欣慰满意地笑着说道："这个孩子作业写得认真而且都做正确了，她和我读书时一样，由于家庭经济情况不太好，所以很懂得节约，从不浪费作业本，每次都让我感动、欣慰。"研究者对新手教师N8说道："那你何不在班上夸奖她一番，让大家都向她学习？""我怕她不想让同学们知道她家的境遇，担心给她带来不必要的心理负担，毕竟班里多数孩子的家庭条件都不差。""那就在作业批阅评语上表扬她一番。""我不想让她多想，担心伤了她的自尊……"

2013年6月21日下午，新手教师N8有三节化学课，研究者跟随他听完了3个班的课，课后发现下起了大雨，邀新手教师N8一起撑伞离开时却被他直接拒绝了。研究者离开后发现手机遗落在新手教师N8的办公室，冒雨返回办公室取手机时发现他正在给1名男生辅导化学……事后问起此事时他说："刚好是周五，外面下着雨，我和他都没带伞，省得他跑出去淋雨感冒了，他基础比较薄弱，欠缺的知识也比较多，他和我一样家庭经济困难，不像别的学生学习跟不上家里有经济能力可以请家教补习，和我一样都还有妹妹们要上学……"

评析 | 教育是一门"仁而爱人"的事业，爱是教育的灵魂，没有爱就没有教育。好老师应该是仁师，没有爱心的人不可能成为好老师。高尔基说："谁爱孩子，孩子就爱谁。只有爱孩子的人，他才可以教育孩子。"教育风格可以各显身手，但爱是永恒的主题。爱心是学生打开知识之门、启迪心智的开始，爱心能够滋润、浇开学生美丽的心灵之花。两位化学双语教师能用一颗细腻的心、敏锐的洞察力，站在学生的角度和立场上去思考学生的想法，理解学生存在的问题并给予及时指导、肯定学生的长处、尊重学生的独特品质，成全学生丰富的课余生活，为学生的一生负责。

三、教学心理品质

教师的人格品质比知识更重要，教师教学心理品质对学生心灵的影响是任何其他教育手段都无法代替的[①]。化学双语教师的教学心理品质是教学过程中其自身的主导情绪状态及自我调节的个性心理特征及其教学追求的综合品质。具备良好教学心理品质的化学双语教师具有坚强的教学意志，善于创建友好和谐的人际关系，善于营造真实、有趣、快乐、轻松的课堂氛围，这样化学双语教师自身的情绪状态会自然地流露出来，影响学生学习化学的情绪体验，激发学生的学习兴趣和内驱力，进而增进教学效果，提高教学效益。

（一）教学意志

化学双语教师的教学意志是指在教学过程中自觉地、有目的地调节自身行动，克服困难去实现预定目标的心理过程。在化学双语教学中，化学双语教师难免会遇到各种各样的困难，包括在教学过程中国家通用语言学习及使用非母语教学的艰辛、教学工作量较大和职业倦怠，以及物质生活成本日益增长与工资薪酬递增不同步等，均给化学双语教师造成了较大的心理负担和工作压力。此时，追求目标的执着与身处逆境的意志力是他们坚持工作的精神支撑。

笔者发现：只要时间允许，专家教师 E8 就会跟在学生午间操队伍的后面，坚持和学生一起锻炼身体，在她的鼓舞和带领下，班级争取了多项校级运动会的团体奖。感冒等"小病"她从不肯请病假耽误课时，总是吃完药忍着嗓子干哑的疼痛就进入教室。她认为：对于化学双语教师而言，教学不只是为学生成长所作出的付出，也不只是完成领导和家长交付的任务，同时也是个人对自己生命价值和自身专业发展的认识与追求，通过自己不断地努力、反思和积极吸纳、分享学生和同事及专家的经验和智慧，自己的双语教学一定能有所收获、双语教学水平一定能提高。我觉得作为一名班主任，我对事物的态度和精神面貌对学生的影响很大；遇到小挫折凭着自身坚强的毅力坚持下来会无形中培养学生不服输、不畏困难的品格……

---

① 陈勇. 第 56 号教室的故事——雷夫老师中国讲演录[M]. 北京：教育科学出版社，2012：56.

案例6-3　新手教师N8——意志坚强而又宽容

在 X 班的化学课上发生了一件令笔者印象深刻的事，那节课是关于化学反应速率的习题课，课刚开始不到 5 分钟，第一排的两名学生（A 和 B）就开始窃窃私语，新手教师 N8 走到他们桌旁用手指轻敲了几下桌子并提醒认真听讲。A 学生不但没有停止讲话声音反而更大了，新手教师 N8 把 A 学生叫起来提问时他一脸茫然，新手教师 N8 严厉地训斥了 A 学生几句，该生（用维吾尔语）打断了新手教师 N8："我没说啥，就不想听……"研究者还没反应过来，A 学生和新手教师 N8 就有了肢体冲撞，在多名学生的拉劝下事态才没恶化，A 被新手教师 N8 赶到办公室罚站……

过了近一周新手教师 N8 才肯和笔者谈及此事：原来那段时间新手教师 N8 病了，工资收入较低，缴纳医院治疗费后经济出现了困难，想想一直没找到合适结婚对象的原因也是由于物质条件差……种种压力积在一起让他很苦恼，看到学生不认真听课，在练习册上涂鸦的图片当时就觉得很气愤……他说工作以来从未和学生发生过如此严重的争执，那天是自己没能控制好情绪，太冲动了。后来，笔者发现新手教师 N8 在 A 学生的作业中写下这样的评语："老师不该把你赶出课堂在办公室罚站，你给老师画的素描我很喜欢很珍惜，第一次有学生为我画肖像我要留作纪念（图 6-2），老师之所以生气是看到你不好好听课很生气很着急，希望你能谅解老师，努力学习……"

图6-2　学生涂鸦

评析　两位研究对象都是乌鲁木齐市化学双语教师，尽管他们所处的教学环境、教育对象、办公设施等条件都明显优于偏远农村中学，但他们依旧承受着城市高消费、工资低等生活基本需要无法满足的经济压力；教学、科研、家庭三重压力导致睡眠不足，健康状况不容乐观。特别是像新手教师 N8 这样的年轻男教师，由于薪酬不高、买房困难等原因难以找到配偶，无法满足归属与爱的需要；而像专家教师 E8 这样的中年教师工作强度大，出现了健康危机。但正是他们坚强的意志和对化学双语教育的热情支撑着他们坚持在教师岗位，不断发展和进步。

（二）人际关系

成功的第一要素是懂得如何搞好人际关系[①]。化学双语教师的人际关系是其与同事交往建立起来的比较稳定的心理联系，它反映了与同行之间的心理距离，标志着同事间亲近性、融洽性和协调性的现实状况。每一位化学双语教师的发展与提高都离不开同事的相互扶持和帮助，良好的人际关系、和谐的工作氛围有利于化学双语教师的工作与学习。

专家教师 E8 认为：一般教师是很难单枪匹马地独立承担双语教学工作的，比如教师之间的集体学习、集体教研、集体备课等都对教师个人的成长和发展起到了一定的促进作用，教师之间的资源共享非常重要，集体的智慧和力量是无限的，同事间的相互帮助促进了教师的专业发展。如果一名教师在人际关系和谐、相互支持和鼓励的氛围中工作，和谐的办公环境会使教师保持更旺盛的生命活力和工作激情，促进教师安心教学、努力钻研。同事之间通过合作、交流、沟通等方式分享知识和体验，弥补个人能力经验的不足，可以使年轻教师少走弯路，从经验的匮乏走向经验的丰富，带动年轻教师的快速成长。

---

① 雷玲. 教师的幸福资本——成长为优秀教师的 8 种特质[M]. 上海：华东师范大学出版社，2011：197.

案例6-4　新手教师N8眼中的专家教师E8

新手教师 N8 所讲的一件事情让笔者深刻地理解到为何专家教师 E8 会那么受领导器重，为何那么受同事们欢迎和敬重：我记得在讲授"原电池"和"电解池"时遇到了困难，"原电池和电解池"是高中化学教学的重难点，之前用母语教授时学生学习就存在一定困难，容易将二者混淆，而用国家通用语言讲授这两者之间本质和区别时有些专业术语总被学生误解。我讲得不透彻、学生学得吃力，教学效果可想而知，我很着急。有一天，专家教师 E8 来帮另一位教师分发请柬时看到我画在草稿纸上大大的问号，随口问了句："遇到什么难题？画那么大的问号？"看着她真诚的笑容，我将自己的困难告诉了她，她一句话就指点迷津："要不你试试用图示或表格的形式吧，将学生难以理解的内容巧妙地运用图示、表格等非文字符号表达、讲解，避开抽象的国家通用语言词汇讲授，以免学生被枯燥难以理解的抽象知识搞得晕头转向……"她的一句话点醒迷惑中的我，后来我用如下图所示的方式顺利地完成了本节课的教学任务。

1. 能量转化对比（图6-3）：

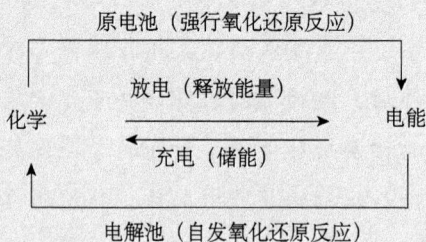

原电池（强行氧化还原反应）

放电（释放能量）

化学　←　→　电能

充电（储能）

电解池（自发氧化还原反应）

图6-3　能量转化对比

2. 电极反应书写对比：

（1）原电池
- 负极：还原剂→失电子→被氧化→氧化产物
- 正极：氧化剂→得电子→被还原→还原产物

（2）电解池
- 阳极：阴离子→失电子→被氧化→氧化产物
- 阴极：阳离子→得电子→被还原→还原产物

评析 | 新手教师 N8 对化学双语教学、师生关系、人际关系和教学管理等业务不熟练，渴望得到经验丰富的专家教师 E8 的指导和帮助；积累了较为丰富教学经验的专家教师 E8 也乐于帮助同行，真诚地给予指导，帮助新手教师 N8 熟悉教学业务，更好地适应化学双语教学工作；教龄长的专家教师 E8 对新鲜事物接受能力较慢，如微课程的制作、PPT 的制作、微信教育平台的使用、国家通用语言书面表达水平及实验创新设计等多不如年轻的新手教师 N8，年轻的新手教师 N8 也积极热情地帮助她快速学会掌握先进的教育教学工具，使其教学方式方法更加多样化、新颖化。有效的沟通和交流需要建立在良好的人际关系基础之上，教学中遇到的国家通用语言发音问题、双语教学技巧等都需要和同事进行沟通、经验交流、学习和互帮互助。

人际关系是教师无形的教育教学资源。个别化学双语教师与同事等关系不好，究其原因，主要是过分计较利益得失，不愿比他人多付出，长此以往，引起同事反感，无法获得他人尊重，最后使自己被孤立边缘化。积极与他人分享成功的教育教学经验，坦诚大方地与同事分享观点和成果，不过分考虑个人利益，宽容对待同事，乐于与同事合作，学会让益于人是教师赢得良好人际关系的基础。

（三）教学追求

课堂教学中的"真、善、乐、趣、美"是化学双语教师毕生的教育追求，化学教学中所蕴含的"真、善、乐、趣、美"方面的素材并不匮乏，需要化学双语教师精心选择、巧妙组织教学内容，将教材中的化学知识激活，使其与学生的情感、认知和生活经验相联系。将潜在的教育资源充分挖掘并加以合理利用使其尽量符合学生的认知需求，不仅会使学生产生快乐情绪，增强自信心和胜任感，促进学生朝着成功的方向不断努力，同时化学双语教师也会因体验到教学的创造性而获得教师职业的快乐与幸福感。

1. 在教学中求真

"真"是教学的生命，体现为教师对学生和教学的真知、真情和真爱，是教师高超的教学技能及探求和捍卫真理的求真精神的真实体现。化学理论知识的本真隐含于生活实践之基层，是联系社会现实和客观世界的桥梁，所学内容的真实性和真理的科学性，以及身临其境做化学实验的体验带给学生内心深处的反应可能比任何讲解都更强烈[①]。化学双语教师传授实用的真知识，培养学生做真人，是双语教学质量保证的基础与前提。

当研究者问及"对未来化学双语教师的期望和忠告是什么"时，新手教师N8 认为：教学经验是化学双语教师在长期化学双语教学实践中自我总结、反思、积累获得的，而且表示从未考虑过对未来化学双语教师有何期望等问题。

专家教师 E8 谈道：我希望未来的化学双语教师不仅要关注知识的正确性和累积性，还不能忽视化学知识的实际价值所在，不能忽视化学知识的历史发展渊源和对社会生活的功能价值；我们应该灵活看问题、多角度分析问题，要确保所教的化学知识真实，化学实验一定要经过自己熟练操作、证实实验结果后再传授，确保实验现象及时反馈，确保学生学习化学后能了解并更好地适应现实生活。

比如，我发现学生在"描述 pH 试纸使用方法"等问题时不会组织语言导致答题不知所云，学生们在初三时都已经学过 pH 试纸的正确操作，高一时还不能正确回答此类问题，我觉得原因可能在于初学化学时学生实验操作时观察不深入、印象不深刻和语言组织等。我知道强迫学生死记硬背也能产生一定的作用，但这样一来，学生只是利用单纯的记忆应付了此类考题，长久下去，就容易形成背诵化学实验现象、背诵化学方程式的恶习，化学就会逐渐演变为"背学"，对学生化学素养的养成毫无益处。

我从实验室借来了玻璃棒、pH 试纸和硫酸、氢氧化钠等试剂，实验前，我不厌其烦地、详细地将正确操作要领和实验后的具体要求告诉他们，指导他们正确使用 pH 试纸，分别测出了硫酸、氢氧化钠、蒸馏水的 pH，并让学生们相互间现场描述出使用 pH 试纸的正确方法，学生基本都在短时间内描述正确了，并将操作步骤轻松地写完交给我，而且都学会了如何回答"正确测 pH 值"的操作步骤。我相信经过他们带着思考动手实验后的印象一定是深刻难忘的……我认为要想让学生正确描述 pH 试纸的使用方法，通过实验室边操作边描述的方法更有效，我始终坚信"实践出真知"，化学知识的学习需要师生共同去发现、去体验。

---

① 刘彩梅. 教学对真善美的追求[D]. 内蒙古师范大学硕士学位论文，2010：44.

评析 | 专家教师 E8 在向学生教授化学知识时本着实事求是的态度，遵循科学规律和化学本质，不轻视化学实验活动课的开展，认为对实验过程的正确操作有助于学生学会正确的实验方法和操作步骤，对化学实验原理的真解析可以让学生从本质上理解整个实验的真谛和目的；对实验问题的真探究能够让学生学会主动思考，培养学生对科学真理的探究精神；对实验习惯与技能的真培养能帮助学生掌握科学探究的技巧和能力。化学双语教师不能仅以灌输为主，不能仅为学生取得高分数好名次而教"死"的化学知识，致使学生深陷题海而无法产生化学学习的兴趣，要关注对化学实验精彩现象背后原理的探索，帮助学生从本质上认识化学学科的科学性和系统性，树立正确的化学学科观。化学双语教师需要为学生提供体会化学知识实际价值的平台，掌握探求化学真理性的思维方式和科学精神。

2. 在教学中求善

"善"是教师应该具备的人文情怀和教学智慧，也是教学内容与方式呈现积极向上的基础。在化学教学中，化学双语教师的"善"主要体现在以下方面：对教学内容的甄选和处理注重凸显化学对人类生活的积极贡献；教学活动的设计有利于学生适应未来社会生活和全面发展；教学活动的实施追求真实性和实效性；教学语言的表达充满对学生的理解、关切和激励之情……优秀双语教师善的追求目标是通过培养学生的化学学科素养为学生未来的个人生存及发展奠定基础的。

当研究者问及"您认为对教师来说最需要具备什么教学品质？"时，新手教师 N8 认为：教师必须爱岗敬业、乐学善教、勤于实践、善于反思、肯于钻研等。

专家教师 E8 认为：对教师来说善良是最基本的教学品质，当教师经常抓住学生的错误不放而过分纠错时，往往容易挫伤学生的积极性和自尊心。因为针对犯错学生进行纠错的方式可以是多种多样的，并非只是简单粗暴地辱骂、训斥和责罚，也可以是春风化雨式、自省式或循序渐进式等；课堂教学过程中，教师和善从容的面部表情、友善和蔼的教学语言等都可以是课堂气氛的"调和剂"和"润滑剂"，因为学生都乐于在课堂气氛相对轻松、活跃、多变的环境中进行学习；还有，我们要做到毫无保留地传授知识，真诚、平等地对待每一位学生，特别是那些来自贫困家庭的、性格内向的、性情较为暴躁或性格冲突的学生，切实担当起因材施教帮助每一位学生成功的职责并为此心甘情愿地奉献自己的一生。

另外，在化学双语教学中，我们还可以通过从以下方面精心设计教学来实现对化学教学的至善追求。我们在设置教学目标时可以做到弘扬化学学科的正能量，激发学生对化学积极情感和正确认识；选择化学教学素材时注重优选表现化学促进社会进步、使人类生活更加美好的素材；在教学活动过程中注意引导学生辩证全面地看待化学物质的"功"与"过"，以生动实例揭示只有学习好化学、具备化学科学素养才能做到扬善抑恶、趋利避害的重要性……比如在讲授氯气时，我们应该避免只采用因氯气有毒性引起的危害安全恐怖事件，而忽略氯气净水及氯碱工业等造福人类的其他性质和功能。同样地在讲授甲烷时，我们应该避免只使用"瓦斯爆炸"这样引起学生恐慌情绪的负面新闻素材，而忽视它作为燃料、重要战略能源及"西气东输"工程的重要意义。

评析 │ 化学双语教师要以感恩、友好之心对待同事，以宽容、友爱之心对待学生。对学生友善并非友善无度，友善宽容并不是溺爱或纵容学生。在师生交往中要追求善和情感交融，具体体现在教学过程中的细微之处、意料之外和批评之时。化学双语教师要重视教会学生全面辩证地认识化学物质的性质和用途及化学技术功能，弘扬化学学科在缓解人类面临能源危机、环境污染、资源匮乏和粮食短缺等方面作出的积极贡献，激发学生学习化学的好奇心，给学生提供未来发展所需要的最基本的化学知识与技能，提高学生运用化学知识与方法分析、解决简单问题的能力，使其在面临和处理与化学有关的社会问题时能作出更理智、更科学的思考和判断，增强社会的责任感。通过科学合理地筛选教学素材，创设体现化学、技术、社会、环境相互联系的教学情境，使学生真切地感受到化学对人类文明发展的巨大贡献，认识化学在实现人和自然和谐共处、促进人类和社会可持续发展方面所发挥的重大作用，相信化学必将为创造人类更美好的未来作出重大的贡献。

3. 在教学中求乐

教学能否令学生产生快乐的情绪是抵制学生厌学从而提升教学效果的关键，

教育的艺术是使学生喜欢你所教的东西[①]。成功的快乐是一种巨大的情绪力量，它可以促进儿童时时学习的意愿，缺少这种力量，教育上的任何巧妙措施都是无济于事的[②]。化学双语教师在教学中适当组织小品表演、角色扮演、猜谜语、编歇后语等娱乐活动形式来进行教学能将抽象、理性的教学内容直观形象化，可以让学生乐学不疲，满足学生的娱乐需要，收到事半功倍的效果。

当研究者问及"您如何看待中学化学实验？"时，专家教师E8说道：我认为实验可以拓宽中学生学习化学的思维和视野，帮助学生从化学科学的角度初步认识物质世界与现实生活，激发学生学习化学的兴趣，培养学生进行科学探究的基本素养和技能。部分学生对化学实验充满好奇心，引导学生动手实验能使其亲身体验化学的神奇妙和动手成功的快乐，增强学生化学学习的信心。因此，我常常调整教材中的探究实验，使实验更添趣味性，使实验贴近学生生活、可操作性更强，以增强学生完成实验的积极性。比如，布置学生动手完成的家庭小实验不仅实验目的明确、注重选材内容需与学生生活相联系，更应该注重实验选材和实验过程的安全性。指导学生利用日常生活中的低值替代物品像玻璃杯、塑料袋、塑料瓶、火柴棒、易拉罐、墨水瓶等自制简易化学装置；利用铁钉、铜丝、火柴盒皮（红磷）、铅笔芯、木炭、食盐、纯碱、面粉、鸡蛋壳、生石灰、鲜花、纯净水、自来水、白酒、白醋、废电池拆下来的铜帽、锌片、碳棒等作为化学实验试剂材料等。另外，让学生完成家庭小实验还需要赢得学生家长的支持与配合，指导家长为学生提供实验活动的必要物质条件及与安全监督。

案例6-5 专家教师E8"人类重要的营养物质"公开课片段

铃声一响，专家教师E8给学生们播放多组食物广告。

专家教师E8：民以食为天，我们每天都得吃饭，同学们到底会不会科学地吃饭呢？请同学们把早餐所吃食物写下来。

全体学生：当然会吃了。

多数学生纷纷写起早餐所吃，个别学生四处张望着，只见专家教

---

① 卢梭. 爱弥儿：论教育[M]. 上卷. 李平沤译. 北京：商务印书馆，1978：349.

② 瓦·阿·苏霍姆林斯基. 给教师的建议[M]. 杜殿坤译. 北京：教育科学出版社，1984：40.

师 E8 从讲台走向这些学生询问原因，原来这些学生没吃早饭，笔者听到专家教师 E8 对他们说道：早餐对身体健康很重要，下次记得一定要吃早饭哦……专家教师 E8 收集了个别学生写的早餐清单。

专家教师 E8："A 同学早餐吃了核桃、牛奶和馕；B 同学早餐吃的是馒头、白菜肉和小米粥；C 同学只吃了一个苹果；D 同学吃的是巴达木、奶茶和烤包子……同学们，你们知道自己早餐所吃的这些食物中都含有哪些人体必需的营养物质吗？"

生 1：牛奶中有蛋白质和钙；白菜肉里有蛋白质、油脂、纤维素和无机盐等。

专家教师 E8：对，还有什么？

生 2：苹果里有维生素；馒头里有淀粉；

生 3：奶茶中有茶叶和牛奶；

专家教师 E8：没错，请大家再思考一下茶叶是不是人体必需的营养物质？大家说的都很对，但是不全，下面请大家小组讨论分析一下彼此所吃早餐中所含有的营养物质都有哪些？

在专家教师 E8 的启发鼓励下，学生们讨论得很活跃，很快就讨论分析出了馕和小米粥中都含有淀粉；奶茶中有水、蛋白质等营养物质；泡菜和苹果里有维生素，泡菜里还含有无机盐；巴达木、核桃和烤包子里都含有脂肪……

评析 由于中学生的健康饮食意识比较薄弱，饮食习惯正在形成之中，中学化学教师在进行相关知识教学时就不能仅仅要求学生记住六大营养物质，而更应该教会学生利用所学习的六大营养物质知识合理选择食物、平衡膳食，掌握基本的生活技能。因此，化学双语教师需要教授能贴近学生生活、简单通俗、有趣的营养物质知识，并组织学生开展有关正确合理选择食物保证膳食平衡的实践活动。在活动过程中，化学双语教师需要精心引导学生积极主动的参与、勤于思考、善于合作、敢于表达，让学生获得成功的体验与欣喜，让学生真切地感受到化学就在身边、化学能使人类社会更加美好。

4. 在教学中求趣

兴趣是调动师生教与学的积极性的内驱力量。教师教得有趣与学生学得有趣是互为条件、共生共荣的。学生有兴趣，才会产生强烈的求知欲而主动学习。挖掘化学学科的精彩有趣之处，从简单易懂的生活常识或经验中追寻学生感兴趣的化学知识和体验，可以使整个化学双语课堂不仅知识丰富而且趣味盎然。在此过程中，不仅学生有实实在在的收获，化学双语教师也能从师生互动中了解学生的兴趣爱好与能力，将自己的教学知识个性化，为今后有效地开展化学双语教学工作奠定基础。

比如，新手教师 N8 为了让学生清楚地理解"质量守恒定律"，自己不断地琢磨、反思，采用学生容易理解的语言形象地比喻道：

> 阿凡提和巴特尔是好兄弟，他们的体重都是 60 千克，他们有一匹心爱的黑马。出门时，阿凡提骑马带着巴特尔，马所承受的总质量是 120 千克；返回时马所承受的质量还应该是两兄弟的总质量，自始至终，马背上坐的都是这兄弟俩，他们的体重前后未发生变化，所以出行和返回时马所承受的质量保持不变。正如化学反应前后物质的质量保持不变，守恒一样……

案例6-6　专家教师E8指导学生制作甲烷的空间结构模型

在教授甲烷的空间正四面体结构时，专家教师 E8 给学生分发气球、小乒乓球和排笔、双面胶带等材料，要求学生一起合作动手制作简易甲烷空间结构。观课者起先担心学生能否完成此项任务、教学目标能否达成，后来事实证明此担心是多余的。在专家教师 E8 的指导下，有一组学生不到 3 分钟就完成了制作任务，专家教师 E8 指导学生完成活动的过程中不断地提问讲解启发学生思考。她娓娓道来："碳原子在甲烷分子的中心，4 个氢原子在外围，用小乒乓球和气球分别代表 C 原子和 H 原子，它们之间可以形成 C—H 键，我们如何将代表 C 原子的小乒乓球和代表 H 原子的气球连接起来表示 C—H 键呢？""老师可以用木棍或者排笔。"专家教师 E8 接着又问道："选择木棍或者排笔有没有特殊要求呢？"这个问题把学生们问住了，只见专家教师 E8 继续启发学生："大家仔细观察 C—H 键有什么相同之处？""长度相等，应该选长短粗细一样的连接物。"专家教师 E8 露出了满意的笑容。"对，很好，那大家数一数甲烷分子中有几个 C—H 键呢？""4 个！""下面大家检查一下自己做的甲烷分子模型是否存有问题，如果有请大家做修正，并观察代表 C 的小球和代表 H 的气球之间的夹角有几个？夹角度数是否相等……"整堂课学生们兴趣盎然，专家教师 E8 课后说道："在我的心里没有学不会化学的学生，每一位学生的生活都离不开化学，学生需要通过学习化学知识从宏观和微观相结合的视角去认识物质的性质与变化的本质，学会用化学思维与化学方法解决生活中的简单化学问题。"

评析 学生的思想与行为中间有一条小小的鸿沟，需要用教学实践经验和智慧把这条鸿沟填满，有趣的事物可以带给学生快乐，而快乐可以点燃孩子学习的热情。新手教师 N8 将"质量守恒"与维吾尔族学生熟知的民族文化巧妙地整合成学生感兴趣的故事，专家教师 E8 将"甲烷的空间构型"与学生感兴趣的活动整合，让学生在轻松有趣的活动氛围中自觉体验、感受和领悟，增强实践动手能力，培养体验习惯，兴趣盎然，稳步求进，快乐学习，原本平淡无奇的课堂变得生动且充满激情、愉悦，更易被学生接受。

5. 在教学中求美

"美"体现在教学活动中是教学形式、内容、语言的和谐。教师若遵循美的规律、参照学生的审美要求，有助于诱发学生的学习动机、更好地完成教学任务，进而促进学生身心的和谐发展。优秀教师从教学设计到课堂上的组织管理，从教学语言到教师仪态仪表，每一个细节或环节都是精心设计、独具匠心的呈现。因此，凡是成功教学伴随而来的必然是师生共同拥有的巨大愉悦感和美的享受[①]。

调研发现，专家教师 E8 家庭经济条件较为优越，其着装款式漂亮且注重与精美的首饰相配。她每天都会化淡妆、精神饱满地步入校园投入工作。当询

---

① 王兰桢. 思辨与感悟——来自中学化学课堂教学的案例和思考[M]. 上海：上海教育出版社，2009：24

问她对教师仪表和化学学科美的认识时，她认为：学生对教师的第一印象往往来自对教师外表的认识。教师不仅需要心灵美，外在形象对学生的影响也不容小觑。化学学科从宏观与微观、定性与定量、语言与符号等角度探究物质世界的存在、变化及其规律，期间也展示了化学学科领域中所蕴涵的物质美、结构美、变化美和仪器美等。比如圆柱型的烧杯、蛇形的冷凝管、椭圆形的酒精灯等使人产生对称、稳定、优美等各种遐想；启普发生器、"喷泉"实验、霍夫曼电解器等蕴含着装置美和设计思想美；从银白色富有弹性的镁条到白色粉末的氧化镁，从黑色的氧化铜粉末到紫红色的单质铜，还有五光十色绚烂的焰色到丰富多样的各种气味；从千姿百态的物质结构到千变万化的化学反应……无不使人感到神奇和美的享受。如果化学双语教师不知道怎样去感受化学美，欣赏化学美，那怎么谈得上传递化学美？又怎能激发起学生对化学美的感悟呢？

新手教师 N8 个头虽小，但着装干净整洁、满面阳光自信、精气十足。当询问他对教师仪表和化学学科美的看法时，他表示：化学双语教师的教学过程不仅是对教师国家通用语言水平的考验，更是考验和考察教师如何运用国家通用语言和本民族语言艺术诠释化学科学知识水平的过程。维吾尔族人民钟爱与生命相关的事物和色彩，维吾尔族学生对色彩和图形感知能力较强，这也影响了我使我在制作多媒体课件时对图片和色彩的要求比较高。在不影响课件清晰度的情况下，我制作教学课件喜欢选择明艳的颜色和立体的图案；在黑板板书时注重搭配彩色粉笔，力求突出教学重难点和美观度。

专家教师 E8 认为，教师所追求的美不仅是教师的整体形象、高尚品格、精神状态的展现，更是教学内容的逻辑、系统、有序的美和教学艺术的美，也是师生关系和谐的表现。新手教师 N8 认为，化学双语教师可通过化学教学素材的选择、板书设计、PPT 设计等呈现设计之美；通过化学家的传奇史来传递化学科学的感人之美；通过化学实验和游戏等活动呈现化学学科的生动之美……比较而言，专家教师 E8 所追求的化学教学之美是综合的、促进实现有效教学的，而新手教师 N8 所追求的化学教学之美是注重素材选择和表现形式的。

四、专家教师与新手教师教学情意特征

化学双语教师要熟练运用国家通用语言帮助学生学习化学知识、技能和化学学科素养，还要增强学生对中华民族文化的认同感，这需要化学双语教师在教学实践中不断学习和不断发展以满足化学双语教育教学的现实需求。通过对新手教师 N8 和专家教师 E8 近一年的跟踪研究，研究人员发现两位老师在化学双语教育教学观、对化学学科的情感和教学意志方面并未表现出显著差异，他们均认为双语教学顺应中华民族与国家的认同教育，有助于弘扬新疆少数民族优秀文化的要求，着眼于促进少数民族学生未来更好地长久发展。但是，两位教师在对化学学科、化学教材和对学生情感、教学追求与人际关系的认识和行为方面还存在一定的差异。

（一）专家教师 E8 教学情意特征

1. 正确、全面的教学观念

专家教师 E8 能从化学实验现象和本质、绿色化学、化学物质分类、物质变化、化学价值功能等角度正确、全面、系统地认识和理解化学学科。她对化学课堂教学不仅能有感性的直觉把握，而且能作出合理的敏捷反应；她善于分析和开发化学教材，能够从学生需要和社会发展实际出发，时刻关注学生的学习心理，思索化学教育的功能和价值问题，灵活地将教材内容进行生活化、问题化、活动化处理。教材、学生和化学课堂巧妙地整合起来，能够将抽象的化学知识转化为学生易于开展的实践活动，使得教学内容更加真实、完善、有趣、乐于被学生接受。另外，专家教师 E8 还善于在反思化学双语教学的意义和本质的过程中不断更新教学理念，逐步形成全面深邃的教学观念。更为重要的是，专家教师 E8 的教学观念不仅是全面、深刻、可清晰表达的，而且还能付诸于化学双语课堂教学实践。

比较研究发现，像专家教师 E8 这样能成长为专家型教师的关键之一在于她注重教学观念的更新和发展。拥有全面深邃的教学观念是专家教师 E8 多年教学经验的积淀，也是该教师教学情意的理性支点，它统领着专家教师 E8 对化学双

语教学活动的感知和理性判断，规约着她不断改善课堂教学行为并指引其专业发展的方向。

2. 甘于奉献、热爱学生的教学情感

专家教师 E8 认为没有使命感的教育是盲目的，没有责任担当的教师的教育是肤浅的；真正的教育不仅是教师追求效益，更重要的是教师具有甘于奉献、坚定而明确的价值追求。专家教师 E8 对教育教学工作的激情植根于她对学生深厚的热爱，这份师爱最为集中地表现在她珍爱教师职业的尊严和声誉，对学生生命价值的尊重和未来发展重视，负责任地担当起双语教学和化学学科的使命并彰显其社会价值和对学生成长的意义。因此，专家教师 E8 愿意为学生付出个人的智慧与精力，在课堂中将化学学科的"真"知识教授给学生，在课余生活中将为人师表的至善传递给学生。无论是课堂教学还是与学生相处，处处传递着专家教师 E8 对学生的爱，渗透着她甘于为学生、为化学双语教育教学奉献自我的良好职业道德之美和广博的教育智慧。

注重教学情感的投入和发展是专家教师 E8 深受学生喜爱和欢迎的关键所在，甘于奉献、热爱学生的教学情感是专家教师 E8 教学情意的感性支点。专家教师 E8 的这种教学情意特征决定着她对化学双语教育教学的敬业程度、对化学学科的执著热爱、对学生的态度，影响着她的课堂教学行为和师生关系的和谐程度。

3. 良好人际关系和教学追求的教学心理品质

任何深受学生喜爱的教师身上都有非凡的个人魅力。专家教师 E8 不仅外表美丽温柔，而且内心善良仁爱；她不仅具有热爱学习提升自我的良好习惯，而且能够合理管理、利用时间去善于反思、总结教学经验；她还善于与同事沟通交流，不吝赐教，向同行同事传授成功的教学经验，赢得良好的人际关系；她的个性和教学风格深得学生的敬爱和领导的赏识；她对双语教育事业坚守和奉献、对化学双语教学的追求和创新是值得同行同事学习、感悟和借鉴的。

坚定的教学意志、良好的人际关系和卓越的教学追求是专家教师 E8 教学情意的平衡支点，是她坚定地为化学双语教育事业不断奉献、不断发展、完善自我、追求卓越课堂的内在动力，是她深受学生、同事、领导喜爱和重视的内在

决定因素。

（二）新手教师 N8 教学情意特征

1. 教学观念先进还难以有效地付诸实践

新手教师 N8 教学观念的形成得益于其合理的本科课程学习，受思维习惯和教学习惯的影响，以及教学技能、教学经验的缺乏，对灌输式教学无法彻底摒弃，难以跨越理论和教学实践之间的鸿沟，难以将"以生为本、关注学生全面发展""活用化学教材、呈现精彩活跃的化学课堂"等先进教学理念付诸于教学实践。无论在理念和愿望上多么认可发展式教学观，但在教学实践上仍很难用先进的教学观有效地指导教学。

2. 具有宽容理解学生、激情饱满工作的教学情感

年轻的新手教师 N8 能够理解和宽容学生，和学生关系融洽，对待双语教育教学和化学学科都具有饱满的热情，教学中遇到棘手问题总会积极谦虚地向经验丰富的教师请教，积极参加多类青年教师双语讲课大赛。他具有一定的科研探索热情和能力，能立足化学双语课堂，细心地发现化学双语教学中存在的凸显矛盾，及时认真研究，转化为文本，对个人发展具有一定的现实意义。

3. 教学意志坚强、缺乏创设轻松灵活课堂氛围的教学心理品质

即使物质匮乏、物质需要得不到充分满足，新手教师 N8 依然意志坚定地笃行着化学双语教师的职责，努力为化学双语教育教学默默奉献。新手教师 N8 认真谦虚，乐于帮助他人，和同事关系融洽。但新手教师 N8 缺乏创设灵活新颖课堂的能力，课堂多以传统的"师讲生听"为主，虽然重视化学实验，但常以教师演示实验为主，学生的参与度依然较低，与他先进的教学观念不一致。这种现象是其缺乏丰富的教学经验、无法将教学观念转化为个人的教学技能所造成的。实践技术层面驻足于模仿其他教师是不够的，需要寻找更多的学习机会去努力实现理论、方法和经验的有机整合。

化学双语教师需要做到教育观念从学生发展"原点"到"远点"且与时俱进的改变，引导教育从"应试"到"应世"的转变，拥有"卓越""激情"并追

求师生情感交融的教学情感，具有追求"真、善、乐、趣、美"课堂的教学心理品质，回归到教育最本质的领域去营造学生的"乐园"、教师的"花园"和教育的"圣园"，到学生心灵深处去问讨教育，让教育在爱中行走，真正找到教师职业的幸福源泉，用教学情意辅助化学课堂，帮助学生深刻体会化学的魅力和教师的关爱。

第七章 总结与建议

立足中学化学维吾尔族专家教师与新手教师的教育教学实践，通过分析比较他们在不同知识类型的典型课例中的教学行为、教学知识图式、教学思路和教学情意方面的表现，现对中学化学维吾尔族专家教师与新手教师在课堂教学特质各构成要素方面的特征进行如下讨论和总结。

第一节 对专家教师与新手教师课堂教学特质的总结

一、中学化学维吾尔族专家教师的课堂教学特质

1. 教学行为的特征

教学行为是教师课堂教学特质的外显和集中展现。专家教师在课堂呈示行为、问答行为、指导行为和管理行为等方面的基本特征如下。

在呈示行为方面，专家教师教学行为的多样性与互动性优势明显。此外，专家教师在注重呈示知识生成过程的同时，还着力指导学生理清知识之间的逻辑关系，训练学生思维，帮助学生建立组织化和结构化的知识网络。

在理答行为方面，专家教师基于对教学知识的深度和广度准确把握，善于精心设计有梯度和有层次的问题组来引导学生深入思考，并且注重在对学生的不断追问过程中实施发展性理答。

在指导行为方面，专家型教师注重练习前的示范讲解和变式练习，在活动中能密切关注学生练习行为表现，适时适度地以精辟的学科语言对学生实施肯定性指导和发展性指导。这样通过对学生积极正面的指导和鼓励，优化学生的课堂练习行为和表现。

在管理行为方面，专家教师能准确把握学生心理，坚持通过对学生的行为管理达成促进学生提高学习成效的核心目标，这样能超越通过制度和规则约束学生的行为层次，能够将知识和教学管理自然融合，实现能动化管理。

2. 教学知识图式的特征

教学知识图式是教师课堂教学特质的思维基础和行为基础。中学化学维吾尔族专家教师的教学知识图式，是围绕中学化学某个主题知识或者核心概念设计多层次的、整体性的组织系统，它是由较丰富的知识组块、具体知识点的问题实例、稳定且灵活的产生式所构成的逻辑性相对较强的知识体系，其中还包含一定的哲学思想、教育科学研究方法及自然科学方法的应用，它是专家教师较完整的化学学科知识与丰富教学经验相结合的有机整体。

3. 教学思路的特征

教学思路是教师教学特质的核心。教师课堂教学思路是如何发挥教材思路与教的思路（即在充分研究教材、课程标准和学情基础上所设计的教学知识内容程序与教师教的程序）的基础和桥梁作用，中心是实现促进学生主动获取知识技能并发展思维这一学的思路。中学化学维吾尔族专家教师教学思路特征如下：教材思路不仅注重对教材知识内容进行体现学科逻辑地加工，还善于补充社会生活中相关事物及热点"活化"教材内容，并能根据学情调整知识容量；教的思路是擅长采用问题驱动式教学，并合理选择与恰当组合有关讲授、讨论、比较、归纳、总结等多种教学方式方法，以优化教学激发学生学习兴趣；学的思路则是围绕教学重点和难点设置有梯度的典型问题或练习，在广泛讨论中引导学生寻找解决问题的路径、提炼解决问题的技巧，注重让学生在问题解决活动情境中获取知识技能并发展思维。

4. 教学情意的特征

对中学化学维吾尔族专家教师个案研究发现其教学情意的基本特征：对双语教育教学、化学学科及教育、教材及学习的本质、意义及价值的观念认识是全面深邃的、与时俱进的，并且是自觉践行的；秉持着对民族教育及未来发展的强烈责任感和使命感，拥有发自内心的对学生、对化学学科和化学双语教学的真诚热爱的教学情感；有坚定的教育信念和教学意志，善于构建和谐友好的人际关系，坚定地为了更好地帮助每一位学生健康成长而始终孜孜不倦地追求教学的真、善、美、趣和乐。

尽管本书中的中学化学维吾尔族专家教师性别、年龄、成长经历、教学特色和风格不同（迥异），每人的"成功秘笈"独特，但其课堂教学特质最为凸显的根本特征是对学生、对化学教学充满热爱，对民族教育发展和双语教育教学有坚定的信念；教学实践中并非复制堆砌学科知识与技能，而是针对学生的兴趣与能力，组织调整与呈现鲜活的有逻辑和思想方法启迪的学科知识图式和教学思路，使学生不仅掌握知识，更体会到了学习方法，促使其掌握学习技能，为学生的成长与发展奠定学科素养；他们还具有强烈的反思意识和推进民族发展的责任意识，内心涌动着的不断挑战自我的激情和坚持不懈奋斗的勇气，孜孜不倦地探索如何热情地帮助每一位学生健康成长的教学情意。

二、中学化学维吾尔族新手教师的课堂教学特质

1. 教学行为的特征

在呈示行为方面，相比中学化学维吾尔族专家教师来说，中学化学维吾尔族新手教师国家通用语言口语流畅性和精确性水平有明显优势，但由于新手教师教学经验不足和对化学双语教学内涵理解不全面，其板书缺乏前期的精心预设，板书呈示多为单一语言并存在一定的被动性。

在问答行为方面，新手教师较为注重鼓励性理答和指向性理答，但新手教师所设计的问题缺乏层次性和深层追问，易出现被动性理答行为，有时还会出现障碍式无反应理答。

在指导行为方面，新手教师注重鼓励性指导和指向性指导，但因为教学经验不足而存在一定的被动性或出现障碍式无反应指导。在管理行为方面，新手教师能以制度和规则去规约学生行为，但难以将知识教学与课堂管理有效融合，通过管理行为达成促进学生学习的目标。

2. 教学知识图式的特征

中学化学维吾尔族新手教师的教学知识图式对相关中学化学学科知识基本

要点的选择和概括基本合理和到位，注重展示问题解决的技巧策略。但其教学知识结构拘泥于教材，知识点的整体布局及细化的逻辑性有待加强，产生式和知识组块有待丰富和加强，需加强挖掘化学学科知识的本质和学科方法、学科观念及价值意义。新手教师只有克服上述不足，其教学知识图式才能发挥培育学生的化学学科逻辑理性作用，即帮助学生把亲身感受或观察到的化学现象上升为化学理性思考和认识，再通过练习或实验把化学理性思考和认识应用到问题解决中，最终使这些理性认识能够在更广泛的情境中实现迁移。这样教学知识图式就不仅是复制知识强化机械记忆，而是帮助学生创生新知和真知的思维组织结构及其相辅相成的表达。

3. 教学思路的特征

中学化学维吾尔族新手教师的教材思路基本是按照教材中知识体系、逻辑结构进行组织的，缺乏对教材知识内容进行有学科逻辑的加工，以及与学生现实生活中所熟悉相关事物及事件相联系，还缺乏适度地把握教学知识容量的能力。教的思路是以讲授、PPT演示、板书、比较、归纳和总结等教学方式为基础，擅长使用图片、动画、视频辅助教学以激发学生的感性思维和学习兴趣。学的思路则是围绕教学知识点开展阅读、讨论等学生主动学习的方式，但较少设置有梯度的问题进行讨论，较少开展有难度提升的练习及思维训练活动。由于对学科知识缺乏本质意义的理解和逻性建构，加之缺乏有效地判断学生学习的易错点和难点的经验及对策，新手教师的教学思路在帮助学生多角度理解学科知识的意义和教会学生学习方面实效性欠佳，还难以发挥优化教学过程与促进学生思维发展的双重功效。

4. 教学情意的特征

对中学化学维吾尔族新手教师的个案研究发现，其教学情意的基本特征是：对双语教育教学、化学学科教育、教材和学习的本质、意义及价值的观念和认识是全面认同和基本正确的，并且能努力践行，但在课堂教学中对应的实践效果还差强人意。在教学情感上对待化学双语教育教学工作热情饱满，善于积极探索和虚心求教，能理解宽容学生，师生关系和同事关系融洽。有坚定的教育信念和教学意志，对教学工作强度大、薪酬低、领导和家长期望值高等诸多压力或个别不公平待遇有较强的心理承受力和情绪控制力，还能积极努力地应对和化解。受新手教师从教时间短、个人教学经验不足等条件限制，其创设轻松活泼、学生积极主动参与的课堂教学氛围的教学心理素养和能力有待提高。

总之，本书中的中学化学维吾尔族新手教师大多毕业于国内知名师范大学或著名大学，国家通用语言表达水平高，化学专业素养和信息技术应用能力强，教育教学理念先进，热爱学生，从事化学双语教育教学信念坚定，乐于实践探索，能谦虚、认真地向同行请教，性格较为开朗，豁达大度，基本能理性地以平常心去对待一些复杂的人际关系，特别是一些不公平的待遇，会努力做到一门心思搞好教学，成为受学生欢迎、得到领导和同事肯定的优秀教师。

第二节　对提升新手教师课堂教学特质的建议

新手教师能够成为一名熟手教师最终走向专家教师的过程不是一蹴而就的，需要经历教师专业素质结构不断发展、不断趋于完善的过程。教师专业素质包含专业知识、专业能力和专业情意等基本要素。研究者要立足中学教师学科教学专业实践，将教师专业素质结构中的知识、思维、行为和情意要素，具体化为教学知识图式、教学思路、教学行为和教学情意四大特征要素形成课堂教学特质论理论，利用此理论框架去剖析学科教师课堂教学的有效性，以揭示教师专业素质状况与水平。通过对中学化学维吾尔族专家教师和新手教师进行问卷调查与分析、访谈和课堂观察研究后发现：专家-新手教师在化学学科教学知识与技能的来源、对化学双语教育教学认识和课堂教学特质等方面存在一定差异。基于上述研究成果，对提升中学化学维吾尔族新手教师课堂教学特质水平提出如下建议。

一、建构教学知识图式要从"表层"向"深层"转化

中学化学维吾尔族新手教师的教学知识图式主要依据教材建构相关主题知识的基本要素，未能对知识基本要素依照化学学科内在逻辑进行展开或深入剖解，属于表层化建构。如何实现教学知识图式从表层向深层的转化？首先，新

手教师应加强对中学化学知识模块之间内在逻辑性和知识整体的把握，在头脑中清晰地植入一颗中学化学"知识树"，能从顺序关系、因果关系、种属关系、并列关系、功能关系等视角去辨析知识点之间的联系。其次，新手教师要注重发展自身对主题相关知识点进行上位的概括提炼和下位的具体问题解决的实例与策略的梳理积累能力，使知识图式呈现丰富而相对稳定的产生式和知识组块。最后，新手教师要增进科学哲学和化学史的学识及素养，使其图式能蕴含哲学和学科观念方法及学习策略、知识产生发展的脉络及知识的认识论价值、方法论价值和功能价值等多重化学意义。

二、设计教学思路要从"泛教"向"精教"转化

中学化学维吾尔族新手教师课堂教学思路由教材思路、教的思路和学的思路构成。其教材思路基本属于对教科书中的素材及编排顺序的沿用或套用；教的思路虽注重运用讲述、提问、PPT 展示、讨论、归纳、练习、总结等多种教学方法，但以教师的讲授为主，缺乏合理综合使用多种媒体手段和及时性反馈技能和策略；学的思路尽管也注重开展学生的观察、思考、应答、练习活动，但是配合教师讲授的受控性学习活动，新手教师教学思路的基本特征是以教师讲授教材知识点为主、辅以配合教师讲授的学生学习活动。改变这种学生配合教师主讲的受控性学习活动设计的关键是：第一，新手教师在设计教学思路时要摒弃一种思维惯性，即教科书上有什么，我就讲什么；我讲什么，学生就学什么；学生学什么，就得会什么。第二，新手教师应善于从分类、联系、化学变化趋势等学科思想和守恒、结构决定性质、反应限度与速率、绿色化学、原子经济性和可持续发展等学科观念出发，去分析梳理教科书中相关知识点的逻辑关系和学习的价值意义，结合学情分析，明确教学的重难点。第三，新手教师忌对教科书中教学内容过度复制或大水漫灌、不漏掉任何知识点的教学，应该基于对教学重难点知识剖解和将教学重难点知识问题化，思考本节课要学习的核心问题是什么，问题如何分解，哪些是重点问题，问题的情境如何创设，如何解决问题获得结论。第四，基于上述问题筛选化学实验，以及联系社会、生产生活和学生实际的真实情境素材来引导学生解决重点问题，让学生在解

决重点问题活动情境中展现思维过程、获取思维策略和学习策略进而发展学科思维。

三、课堂教学行为要从"教为中心"转向促进"学为中心"

中学化学维吾尔族新手教师虽然在教学方式多样性、多媒体制作、国家通用语言口语表达的流畅性和准确性方面有明显优势，但是他们在提问的适度把握、理答的有效性、指导的针对性及管理的高效性方面还有相当大的改善和提高空间，由于缺乏组织多样化的学生学习活动及调控的有效教学行为，加之欠缺调动个性化教学知识和经验将学生学习活动引向有效互动促进深层次学习的教学方式，新手教师自己基本属于课堂教学活动的主角，其课堂教学行为本质上属于以教师为中心的知识传递或技能训练。那么，在教学行为方面新手教师如何从"教为中心"转向"学为中心"呢？第一，要克服应试教育的影响，防止自己的教学受制于"一切为了考试"的观念。因为应试教育将教师引向所谓捷径——所考即所教，只能导致教师将学科知识技能作为教学的核心，这种学科中心的观念使教师很难在教学实践中做到以学生的"学"为中心来组织教学。第二，新手教师要落实以"学为中心"必须对这几个问题进行精心设计：怎样更好地让学生认识本节将要学习的核心问题？要理解本节课的重点难点问题，学生需要弄清楚哪些先前知识？需要开展哪些学生活动？设计哪几类练习能促进学生的知识记忆和迁移？第三，问题提出将学生的思考与探索学习活动启动后，新手教师善于利用追问、及时点拨、纠偏、激励等实施发展性理答与指导以推进学生的思考与探索，引导学生在学习活动中主动地建构知识发展的相关技能。

四、发展教学情意要从促"近教"转向"远教"

所谓"近教"，指教师在研究考试内容和形式基础上，从学科知识和概念出发，主要采用教授和大量练习的方法，将学科概念体系与技能教给学生。这样一切为了考试的教学，不仅漠视学生的需求和个体差异，而且忽视学科思想观念在教学中的渗透，难以发挥这门学科在学生成长中的意义与价值。"远教"则是从学生的现实基础和未来发展出发，遵循学科思想，选择符合学生认识规律的教学活动，在活动中帮助学生获得学科知识与技能，体验学科学习的方法，领会学科魅力与价值，培养学科素养。"远教"教师从学生终身发展的高远目光出发，绝不仅仅关注课堂上知识与技能的传授，更关注学生的情感、态度、价值观等多方面的进步与发展，关注学科素养在学生终身发展方面的奠基作用。

中学化学维吾尔族新手教师要从"近教"转向"远教"，需在以下方面夯实基础、修炼内功。第一，坚定从教信念，对化学双语教学、化学学科和学生拥有饱满的工作激情和追求卓越的教学情感。第二，把握化学学科的内在逻辑和知识体系，对教材中的化学知识能进行富有学科逻辑和学科思想方法的深层加工，逐渐建构积累起"鲜活"的具有明显个人特点的化学学科教学知识和学习策略知识。第三，培养自身洞察学生心理、诊断学生知识基础水平的能力，并能针对学生的兴趣、基础和能力，组织、调整与呈现化学学科知识和教学思路以进行有效教学，切实将重视学生学习体验和成长理念转化为对应的课堂教学实践，在知识之序、学生个性化学习之序和学习方法有效性之序的三序契合点上教学生学会学习。第四，要坚定地拥有致力于探索化学双语教育教学规律，发展创造亲切活跃课堂氛围、帮助每一位学生健康成长的教学心理品质，在课堂教学实践中做一个思考的行者，不断审视自己的教学理念与教学行为，不断学习反思改进，不断完善自我，超越自我。

第三节 研 究 展 望

本书为探寻提升少数民族理科双语教师专业素质与教学质量的策略与路径，从课堂教学的角度入手，研究少数民族理科双语教师专业素质结构要素及其特征。以新疆乌鲁木齐地区与和田地区的中学化学维吾尔族专家教师与新手教师为样本，采用文献分析、课堂观察、案例分析、访谈和问卷调查等方法，依照教师课堂教学特质分析框架，分析了专家教师与新手教师在学科教学知识图式、教学思路、课堂教学行为、教学情意的特征表现及差异，对新手教师提升课堂教学特质水平提出若干建议。虽然取得了一定的成果，但是受时间的限制及研究者视野的局限，还存在很多不足之处，尚有诸多问题有待于进一步研究。

1. 对中学维吾尔族化学教师教学情意有待进行广泛全面深入的分析

教学情意对教师课堂教学特质发挥着动力和调节作用，教师的专业发展与课堂教学特质这一要素有着非常重要的关系。那些古今中外中小学教育名师和教育家，尽管时代、国籍、民族、性别、个性不同，可都有类似的教育情怀或教学情意特征：爱学生、爱学科、爱教育教学，坚持不懈地自主学习、孜孜不倦地探索如何向学生有效地传递学科知识、认知方法与学科思想以促进学生全面发展。受限于教学情意内涵丰富特点和研究者精力等条件，本书呈现的研究是采用个案研究方法，重点对比分析两名中学维吾尔族专家教师和新手教师的教学情意特征结论，样本量少，从教师的专业成长背景和本民族文化对两类教师教学观念、教学情感和教学心理品质形成的影响考察分析较少，期望以后能弥补上述研究的不足，选择更为广泛的样本开展对中学维吾尔族理科教师教学情意较深入系统的分析研究。

2. 中学化学维吾尔族教师在实验教学方面的特征及差异有待揭示

化学实验不仅是化学科学发展的重要基础，而且是化学教育教学的核心内容和重要方法。作为一名化学教师，不仅要会做实验，更要会利用实验教化学；不仅要自己能研究实验，更要会充分利用实验为学生创设真实的活动情境，引导学生获得实验中所蕴含的显性和隐性的化学知识，帮助学生习得实验中所涉及的动作技能和心智技能，促进学生在亲历探究化学的过程中思考感知化学学科解决问题的方法与思想；再通过实验或练习活动让学生将这些理性思考应用到问题解决的实践中，最终使这些理性思考能够在更广泛的情境中及未来学习发展中实现迁移。有关中学化学维吾尔族教师对上述问题的个性化处理措施和特征及其特征背后的支持因素尚需进一步开展研究。

3. 中学化学维吾尔族专家教师课堂教学特质的形成机制有待探析

专家教师是教师专业发展的最高目标。一般来说，随着教学阅历的增加，新手教师都能成为一名熟手教师，但是只有少数熟手教师能够成长为专家教师；少数熟手教师之所以能够成长为专家教师，是因为他们不断地为自己设立更高的目标并坚持不懈地达成这些目标，从而不断提升能力拓展个人专业发展的空间。当今身处多元文化背景下的中学化学维吾尔族教师，专业成长面临新课程改革压力和推进双语教育教学及其文化差异等特殊挑战，如怎样处理协调好国家通用语言与民族语言、主流文化与民族文化、国家课程资源与民族地区课程资源开发利用等关系问题仍需重点关注。尽管本书对中学化学维吾尔族专家教师课堂教学特质进行了较为系统的分析，为新手教师与熟手教师提供了课堂教学实践层面的指导与借鉴，但是还未开展对中学化学维吾尔族专家教师课堂教学特质形成的基本原因及动力的探讨，特别是站在少数民族教师专业成长的历史和现实的社会背景中探讨影响其专业成长的内外因素，探寻少数民族专家教师专业成长的轨迹，这些研究也有待于进一步开展。

附　录

附录 1　课堂呈示行为观察量表

听课学校＿＿＿＿＿授课老师＿＿＿＿＿班　　级＿＿＿＿＿

记 录 者＿＿＿＿＿听课时间＿＿＿＿＿选用教材＿＿＿＿＿

教学内容＿＿＿＿＿＿＿＿＿＿＿＿＿＿＿＿＿＿＿＿＿＿＿

呈示行为	行为维度	SA	A	U	D	SD
语言呈示行为	普通话语音正确，吐字清晰，声音洪亮					
	语言通顺、无口头禅，语速适当					
	语言表达内容准确、规范，无科学性错误					
	语言措词精确、富有情感性和启发性					
	对于核心问题能够使用维吾尔语予以解释					
	讲析把握要领，主次分明，重复恰当					
文字呈示行为	板书字迹不潦草，大小与版面比例协调					
	板书速度与学生思维同步，无错别字					
	板书形式多样，主副板书界线分明					
	板书书写时机得当，与其他呈示结合恰当					
	板书简洁，有条理，突出重点，突破难点					
	板书设计，布局形式与教学内容结合恰当					
	适当结合民族文化背景，引发学生兴趣					

续表

呈示行为	行为维度	SA	A	U	D	SD
动作呈示行为	化学实验的目的性紧密结合教学重点					
	仪器装置直观协调，仪器和药品摆放整齐					
	实验前对装置和药品交待清楚					
	实验示范的速度适中、步骤清楚					
	实验过程有启发，善于引导学生观察现象					
	现象明显，直观性好，对环境友好					
	操作讲解结合得当，易于感知转化为思维					

注：表中 SA、A、U、D、SD 分别代表在课堂指导练习行为中对教师行为的效果非常赞同、赞同、不确定、不赞同、很不赞同，为了便于统计分别依次赋值 1、2、3、4、5 分

附录 2　课堂强化行为观察记录表

听课学校＿＿＿＿＿＿授课老师＿＿＿＿＿＿班　　级＿＿＿＿＿＿

记 录 者＿＿＿＿＿＿听课时间＿＿＿＿＿＿选用教材＿＿＿＿＿＿

教学内容＿＿＿＿＿＿＿＿＿＿＿＿＿＿＿＿＿＿＿＿＿＿＿＿＿＿

类型	课堂强化行为维度	每出现一次，打"✓"			
言语强化	口头表扬或批评				
	口头表扬或批评并讲明理由				
	示范学生的回答				
	让学生告诉其他学生如何做				
非语言强化	面部表情的强化（鼓舞疑惑赞同）				
	站位变化的强化（注意关注强调）				
	身态变化的强化（肯定否定关注）				
	手势变化的强化（注意安静停止）				
标志强化	教师对学生的板演进行评价				
	教师在黑板上重难点的彩色标注				
	演示实验中，对观察重点进行特殊标注				
	对学生的练习进行评价和标注				

续表

类型	课堂强化行为维度	每出现一次，打"✓"		
沉默强化	表示对不良行为的反应			
	表示给学生留有足够的时间思考			
	表示给学生充分的讨论			
活动强化	学生帮助老师进行演示实验			
	让学生阐述自己的见解			
	让学生把自己的解答写在黑板上			
	对其他学生的发言发表意见			

附录3　课堂练习指导行为观察量表

听课学校＿＿＿＿＿＿授课老师＿＿＿＿＿＿班　　级＿＿＿＿＿＿

记　录　者＿＿＿＿＿＿听课时间＿＿＿＿＿＿选用教材＿＿＿＿＿＿

教学内容＿＿＿＿＿＿＿＿＿＿＿＿＿＿＿＿＿＿＿＿＿＿＿＿＿＿＿＿

序号	指导练习行为维度	SA	A	U	D	SD
1	独立练习的题量和题型不是很重要					
2	复杂的知识能够分部进行讲解、示范和练习					
3	独立练习的内容与指导练习的内容差距很大					
4	能与学生共同完成独立练习中的前一两个问题					
5	独立练习时如果学生有问题可以一直帮其解决					
6	对一个问题能够充分地讲解、示范和指导练习					
7	教师在独立练习阶段进行不断的大量补充					
8	教师能够及时告知学生练习的成绩					
9	教师在示范和指导练习所花的时间很短					
10	教师能够给学生以合理的评价					
11	教师喜欢滞后询问学生对重难点的理解					
12	定期扫视独立练习的学生，维持学生专心学习					
13	学生练习过程中，教师在板书或者看书					
14	向练习中有问题的学生及时提供帮助					

续表

序号	指导练习行为维度	SA	A	U	D	SD
15	教师注重学生练习题型的一致性					
16	座位模式要有利于教师监控全班的学生					
17	教师仅仅要求学生做完给定的练习					
18	教师把学生掌握知识作为练习的根本					
19	练习中学生可以采取任何方式得到老师帮助					
20	学生提前完成练习后，教师明确其该做什么					

注：表中 SA、A、U、D、SD 分别依次代表在课堂指导练习行为中对教师行为的效果非常赞同、赞同、不确定、不赞同、很不赞同，为了便于统计分别依次赋值 5、4、3、2、1 分

附录4　课堂管理行为调查问卷

亲爱的老师：

您好！这是一份为了更切实有效地开展中学化学课堂教学的调查问卷。您的意见相当宝贵，请根据您个人的感受和同意程度，在符合项的左侧方框内或符合数字项上打"√"。此问卷不计姓名，敬请您放心填答，谢谢您的宝贵支持！

背景资料：

1. 性别：□男　　　　　□女

2. 学历：□专科　　　　□本科　　　　　□研究生

3. 教龄：□5 年以下　　□6～10 年　　　□11～20 年
　　　　□21 年以上

4. 职称：□二级教师　　□一级教师　　　□高级教师
　　　　□特级教师

5. HSK 等级：＿＿＿＿＿＿＿＿＿＿＿＿＿＿

调查问题：

1. 你是如何制定化学课堂规则的（　　　　）

A. 师生共同商讨　　　　　　B. 自己精心构思制定

C. 利用学校制定的规则　　　D. 自然形成

2. 你认为在化学教学中，课堂规则在执行时应该（　　　　）

A. 始终如一　　　　　　　　B. 公平又要灵活差异

C. 灵活多变　　　　　　　　　D. 有时可以不执行

3. 在化学教学中，你执行课堂教学规则经常采取的方式是（　　　　）

A. 间接暗示　　　　　　　　　B. 强令禁止

C. 鼓励良好行为　　　　　　　D. 惩罚

4. 你认为课堂规则的主要作用是（　　　　）

A. 规范课堂行为　　　　　　　B. 维护课堂秩序

C. 培育学生良好行为　　　　　D. 促进学习

5. 你认为化学老师哪些方面的表现可能导致学生违反课堂规则（　　　　）

A. 指导思想模糊　　　　　　　B. 管理的失范

C. 教学的偏差　　　　　　　　D. 自我行为的失控

6. 你认为化学课堂学生问题行为的管理可以施行哪些策略（　　　　）

A. 注重事先预防　　　　　　　B. 及时终止不良行为

C. 有效转变问题行为　　　　　D. 有意忽视

7. 你一般情况下是如何正面终止化学课堂上学生的不良行为的（　　　　）

A. 信号暗示　　　　　　　　　B. 使用幽默

C. 创设情景　　　　　　　　　D. 转移注意

8. 你一般情况下是如何反面终止化学课堂上学生的不良行为的（　　　　）

A. 移除媒介　　　　　　　　　B. 正面批评

C. 利用惩罚　　　　　　　　　D. 有意忽视

9. 你在化学课堂上是如何强化良好行为的（　　　　）

A. 社会强化　　　　　　　　　B. 活动强化

C. 行为协议　　　　　　　　　D. 替代强化

10. 对学生产生的问题行为的矫正应该遵守哪些原则（　　　　）

A. 奖励良好行为　　　　　　　B. 训斥不良行为

C. 奖励多于惩罚　　　　　　　D. 不理会

11. 作为化学教师，你认为学生掌握化学学习任务所需时间主要决定于
（　　　　）

A. 自学能力　　　　　　　　　B. 理解教学能力

C. 老师的教学质量　　　　　　D. 家长监督效果

12. 影响学生在化学课堂上的专注学习时间的主要因素有哪些（　　　　）

A. 学习动机　　　　　　　　　　B. 教学质量

C. 学习兴趣　　　　　　　　　　D. 课堂实践

13. 有时在化学课堂教学中好多时间被浪费，其主要原因是（　　　　）

A. 检查出勤　　　　　　　　　　B. 随意使用多媒体

C. 缺乏教学设计　　　　　　　　D. 维护课堂纪律

14. 作为化学老师，你认为如何高效利用课堂教学时间（　　　　）

A. 精心备课　　　　　　　　　　B. 按时上课

C. 精心提问　　　　　　　　　　D. 凝练语言

15. 你认为在一堂化学课中最佳的教学时域是（　　　　）

A. 0～20 分钟　　　　　　　　　B. 5～25 分钟

C. 15～30 分钟　　　　　　　　D. 20～35 分钟

16. 你认为学生在上实验课前应该做哪些准备（　　　　）

A. 写好预习报告　　　　　　　　B. 注意操作事项

C. 了解实验安全　　　　　　　　D. 理解反应原理

17. 你认为学生在上实验课时最容易出现的问题行为是（　　　　）

A. 只看不做　　　　　　　　　　B. 任意添加试剂

C. 操作不够规范　　　　　　　　D. 任意处理废液

18. 你认为学生在上实验课时最应该注意的问题是（　　　　）

A. 实验操作安全　　　　　　　　B. 认真观察现象

C. 练习基本操作　　　　　　　　D. 记录数据

19. 你认为在上实验课时最需要解决的问题是（　　　　）

A. 缺乏实验仪器　　　　　　　　B. 纠正不规范操作

C. 注重演示规范　　　　　　　　D. 强化核心操作

20. 如果学生在做实验时，不按规范操作，你会（　　　　）

A. 严厉批评　　　　　　　　　　B. 纠正不规范操作

C. 让其终止实验　　　　　　　　D. 指出其错误操作

谢谢你的支持与合作！

附录 5　学科教学知识与技能来源调查问卷

亲爱的老师：

您好！这是为更有效地开展中学化学维吾尔族双语教师教学知识与技能培训而设计的。您的意见相当宝贵，请根据您个人的感受和同意程度，在符合项的左侧方框内或符合数字项上打"√"。此问卷不计姓名，敬请您放心填答，谢谢您的协助！

背景资料：

1. 性别：□男　　　　　　□女
2. 年龄：□20～30 岁　　□31～40 岁　　　□41～50 岁
　　　　　□51 岁或以上
3. 学历：□专科　　　□本科　　　　□研究生
4. 双语教龄：□4 年以下　　　□4～8 年　　　　□9～12 年
　　　　　　　□12 年以上
5. 职称：□三级教师　　□二级教师　　　□一级教师
　　　　　□高级教师
6. HSK 水平：□5 级　　　□6 级　　　□7 级　　　□8 级
　　　　　　　□8 级以上　　□民考汉

问卷部分：

1. 下列策略中，哪些是您作学生时经历过或作为教师时使用过的？

教学策略	做学生时经历过（您的教师使用过）			作为教师时使用过（您自己使用过）	
复习旧课	□是	□否	□不记得	□是	□否
讲授新课	□是	□否	□不记得	□是	□否
课堂讨论	□是	□否	□不记得	□是	□否

演示实验	□是	□否	□不记得	□是	□否
小组实验	□是	□否	□不记得	□是	□否
阅读教材	□是	□否	□不记得	□是	□否
多媒体演示	□是	□否	□不记得	□是	□否
网络查询	□是	□否	□不记得	□是	□否

2. 你是不是化学教育专业的毕业生？　　　　□是　　　　□否

3. 在专业学习期间，您是否接受过下列的知识和技能的训练？

怎样讲授	□是	□否	□不记得
怎样进行课堂管理	□是	□否	□不记得
怎样利用实验进行化学教学	□是	□否	□不记得
怎样使用多媒体进行教学	□是	□否	□不记得
怎样使用教辅材料进行教学	□是	□否	□不记得
发现教学法	□是	□否	□不记得
问题教学法	□是	□否	□不记得
自学辅导教学法	□是	□否	□不记得
怎样教具体的教学内容	□是	□否	□不记得

4. 在专业学习期间，下列课程对于促进您化学教学的知识与技能有多大作用？

课程类型	有用	不很有用	没有用	未研修
一般教育学心理学课程	□	□	□	□
化学教育课程	□	□	□	□
教育实习	□	□	□	□
信息技术培训	□	□	□	□

5. 2006 年以来，您参加过多少次专业培训活动？

全国＿＿次　自治区＿＿次　乌鲁木齐市＿＿次　本学区＿＿次

6. 上述培训活动对于增进您进行化学教学的知识和技能有多大作用？

全国性活动	□有用	□不很有用	□没有用
自治区活动	□有用	□不很有用	□没有用
乌鲁木齐市活动	□有用	□不很有用	□没有用
学区活动	□有用	□不很有用	□没有用

7. 在本学年中，您进行下列活动的频率是

活动类型	1次/天	2~3次/星期	0.5~1次/星期	1次/月	极少
课堂听课	☐	☐	☐	☐	☐
和同事的日常交流	☐	☐	☐	☐	☐
阅读专业书刊	☐	☐	☐	☐	☐
网络查询	☐	☐	☐	☐	☐

8. 下列活动对于增进您进行化学教学的知识和技能有多大作用？

活动类型	有用	不很有用	没有用
课堂听课	☐	☐	☐
和同事的日常交流	☐	☐	☐
阅读专业书刊	☐	☐	☐
网络查询	☐	☐	☐

9. 您经常在您的化学课堂教学中使用实验或其他实物材料辅助课堂教学吗？

☐大多数时间　　☐有时　　☐极少　　☐从来没有

10. 下列选项对于增进您运用实验或其他实物材料进行教学的知识和技能的贡献是

来源	有些	很少	没有贡献	无此经历
作为中小学学生时的经验	☐	☐	☐	☐
职前培训	☐	☐	☐	☐
从教后接受的专业培训	☐	☐	☐	☐
有组织的专业活动	☐	☐	☐	☐
和同事的日常交流	☐	☐	☐	☐
阅读专业书刊	☐	☐	☐	☐
自身的教学经验和反思	☐	☐	☐	☐
网络查询	☐	☐	☐	☐

11. 您经常在您的化学课堂教学中使用多媒体进行教学吗？

☐大多数时间　　☐有时　　☐极少　　☐从来没有

12. 下列来源怎样增进了您关于如何使用多媒体手段来进行化学教学的知识和能力？

来源	有些	很少	没有贡献	无此经历
作为中小学学生时的经验	☐	☐	☐	☐
职前培训	☐	☐	☐	☐
从教后接受的专业培训	☐	☐	☐	☐
有组织的专业活动	☐	☐	☐	☐
和同事的日常交流	☐	☐	☐	☐
阅读专业书刊	☐	☐	☐	☐
自身的教学经验和反思	☐	☐	☐	☐
网络查询	☐	☐	☐	☐

13. 下列来源对于增进您使用教材进行学科教学的知识与技能的贡献是

来源	有些	很少	没有贡献	无此经历
作为中小学学生时的经验	☐	☐	☐	☐
职前培训	☐	☐	☐	☐
从教后接受的专业培训	☐	☐	☐	☐
有组织的专业活动	☐	☐	☐	☐
和同事的日常交流	☐	☐	☐	☐
阅读专业书刊	☐	☐	☐	☐
自身的教学经验和反思	☐	☐	☐	☐
网络查询	☐	☐	☐	☐

14. 下列来源对于增进您使用教学方法与课堂管理的知识与技能的贡献是

来源	有些	很少	没有贡献	无此经历
作为中小学学生时的经验	☐	☐	☐	☐
职前培训	☐	☐	☐	☐
从教后接受的专业培训	☐	☐	☐	☐
有组织的专业活动	☐	☐	☐	☐
和同事的日常交流	☐	☐	☐	☐
阅读专业书刊	☐	☐	☐	☐

自身的教学经验和反思	☐	☐	☐	☐
网络查询	☐	☐	☐	☐

15. 当进行新知识或技能要点教学时，您通常怎样使用以下来源来设计教学？

使用的来源	大多数时间	有时	极少	从来没有
教材/教师参考书	☐	☐	☐	☐
专业书刊	☐	☐	☐	☐
和同事交流	☐	☐	☐	☐
您自身的知识/经验	☐	☐	☐	☐
网络查询	☐	☐	☐	☐

附录6 对双语教育教学认识的访谈提纲

1. 请问您毕业于哪个院校，有几年教学经验，从事双语教学几年？

2. 请问贵校有多少名教师，其中有多少是双语教师，在化学学科中双语教师占多少？

3. 为提高双语教学的质量，学校或者化学教研组一周有几次教研活动，如何安排？

4. 在双语课堂教学过程中，您对双语教育是如何理解的？您觉得双语教学效果好还是单语教学效果好？

5. 在双语教学中遇到了什么困难？采取什么办法解决？

6. 就现在既推进双语教学，又推进新课改的双重压力下，您有什么建议给新手教师？

7. 在您的教学中是否加入一些我们新疆本地区的化学实例，或者维吾尔族民族文化呢？

附录 7　有关铝的重要化合物的教学片断实录及分析

教学案例 1　新手教师 N1 有关铝的重要化合物的教学片断实录及分析

时间： 2010 年 11 月 24 日　星期三　第三节

地点： 多媒体教室

教学班级： 高一（3）班

教学片断及分析：

T：我们知道铝既能跟酸反应，又能跟碱反应。铝是活泼的金属，但是为什么铝制品却得到广泛的应用呢？

S：因为铝制品表面生成了一层致密的氧化膜，阻止了内部的金属铝跟其他物质反应。

T：铝的氧化物有哪些呢？

S：Al_2O_3、$Al(OH)_3$

T：今天我们就来认识铝的重要化合物。

T：本节课的重点是 Al_2O_3、$Al(OH)_3$ 的两性，难点是两性氢氧化物概念的形成。

T：首先了解 Al_2O_3，Al_2O_3 难溶于水，熔点很高，也很坚固。

T：[问题探究 1] 怎样鉴别 Al_2O_3 和 MgO，桌面上有两堆白色粉末，能用什么方法加以鉴别？

分析： 教师应该先分析二者的化学性质，都能发生什么反应。比如说 MgO 能跟酸；但是 Al_2O_3 也能跟酸和碱反应。而且教师的逻辑思维能力可能不是太强。

S：Al_2O_3 能溶于酸，又能溶于碱，溶于碱后生成沉淀，再加碱沉淀溶解。

T：那谁来写一下方程式呢？

S：（1）$Al_2O_3 + 2NaOH =\!=\!= 2NaAlO_2 + H_2O$

T：那我们就用实验验证（在实验过程中教师指导学生正确的实验操作方式，例如，振荡试管，不是用手堵住试管、甩试管）。

T：能不能用盐酸鉴别 Al_2O_3 和 MgO？

S：不能，因为盐酸与二者都发生反应。

T：Al_2O_3 和 MgO 分别与盐酸的反应是怎样的？

S：$MgO+2HCl\!=\!=\!MgCl_2+H_2O$（学生在写方程式时将水写成氢气，但教师并未指出）。

（2）$Al_2O_3+6HCl\!=\!=\!2AlCl_3+3H_2O$

T：从上面的方程式，可以得出什么样的结论呢？

T、S：Al_2O_3 既能与酸，又能与碱反应，Al_2O_3 具有两性。

S：但是铝制品不能长久存放在酸与碱中。

T：对，铝制品不能长久存放在酸与碱中。铝锅不能经常用铁丝刷，以免破坏氧化膜。

T：接下来，认识铝的另外一种化合物是 $Al(OH)_3$。

T：先来认识相关实验药品。

S：$NH_3\cdot H_2O$（氨水）、$AlCl_3$，NaOH 等。

T：[问题探究 2]如何制得 $Al(OH)_3$，有哪些实验方案呢？

S：$AlCl_3$ 和 3NaOH 反应，$AlCl_3$ 和 $3NH_3\cdot H_2O$ 反应。

T：那我们通过实验进行验证，注意观察实验现象。

S：$AlCl_3$ 与 $NH_3\cdot H_2O$ 反应，生成白色絮状物质，继续滴加 $NH_3\cdot H_2O$，沉淀没有溶解。

S：$AlCl_3$ 与 NaOH 反应，先生成白色沉淀物质，之后继续加 NaOH，沉淀全部溶解。

T：为什么会全部溶解呢？

T：制备 $Al(OH)_3$，最好用哪种方案呢？

S：用 $AlCl_3$ 和 $NH_3\cdot H_2O$。

T：写出对应的方程式。

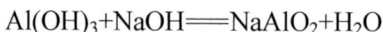

S：$AlCl_3+3NaOH\!=\!=\!Al(OH)_3\!\downarrow\!+3NaCl$

$Al(OH)_3+NaOH\!=\!=\!NaAlO_2+H_2O$

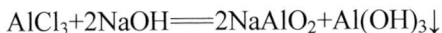

$AlCl_3+2NaOH$=$=2NaAlO_2+Al(OH)_3\downarrow$

$AlCl_3+3NH_3\cdot H_2O$=$=3Al(OH)_3\downarrow+3NH_4Cl$（学生写的化学式有误，教师应该纠正一下。）

T：$Al(OH)_3+3HCl$=$=AlCl_3+3H_2O$，氢氧化铝显弱碱性；

$Al(OH)_3+NaOH$=$=NaAlO_2+2H_2O$，氢氧化铝显弱酸性。

（教师为什么直接断定其为弱酸和弱碱性？笔者认为只能是显酸性和碱性。）

$Al(OH)_3$与碱反应显弱酸性，与酸反应显弱碱性。

T：$Al(OH)_3$的不稳定性。$Al(OH)_3$受热易分解。

$2Al(OH)_3$=$=Al_2O_3+3H_2O$

T：$Al(OH)_3$的用途是主要用于治疗胃酸过多，为什么呢？

S：因为 $Al(OH)_3$ 的碱性不强，不至于对胃酸产生强烈的刺激或腐蚀作用，但却可以与酸反应，使胃酸度降低，起到中和过多胃酸的作用。

T：$KAl(SO_4)_2$（硫酸铝钾），它是由两种不同金属离子和一种酸根离子组成的化合物，它在水中能电离产生两种金属阳离子和硫酸根阴离子。

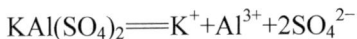

$KAl(SO_4)_2$=$=K^++Al^{3+}+2SO_4^{2-}$

$KAl(SO_4)_2\cdot12H_2O$，俗名明矾，可溶于水，在天然水中生成 $Al(OH)_3$，$Al(OH)_3$ 可以和悬浮于水中的泥沙形成絮状不溶物沉降下来，使水澄清，所以它可以作为净水剂。

T：[科学探究]阅读药品胃舒平的说明书，然后设计一个简单的实验，验证胃舒平的主要成分——$Al(OH)_3$（已知三硅酸镁不溶于水和碱；但在无机酸中易分解为原硅酸，原硅酸是一种不溶于水的酸）。作业留给学生课后设计。

T：作业是书本第 62 页习题 2、3。

教学案例 2　专家教师 E1 有关铝的重要化合物的教学片断实录及分析

时间：2010 年 11 月 26 日　星期五　第四节

地点：教室

教学班级：高一（5）班

教学片断及分析：

T：大家知道铝在自然界中以什么样的形态存在于自然界中吗？

S：铝元素在自然界中只能以化合态存在于自然界中。

T：今天我们就来认识铝的化合物的性质。

T：观察铝在元素周期表中的位置，根据元素周期表中存在对角线规则，我们可以推测铝的化合物 Al_2O_3 和 $Al(OH)_3$ 具有两性的性质。

T：我们来验证铝的化合物的性质是否具有两性。

T：先了解铝的氧化物的物理性质。Al_2O_3 是白色粉末、难溶于水、熔点高、硬度大。再来看它的化学性质。

T：我们来检验氧化铝与盐酸的反应（让学生做实验，并写出方程式）。

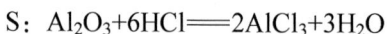

S：$Al_2O_3 + 6HCl = 2AlCl_3 + 3H_2O$

T：回顾一下酸性氧化物 CO_2、SO_2 等与碱的反应：

$$CO_2 + 2NaOH = Na_2CO_3 + H_2O$$

T：我们再做氧化铝与氢氧化钠的反应（做学生实验，并写出方程式）。

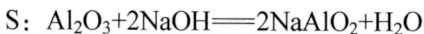

S：$Al_2O_3 + 2NaOH = 2NaAlO_2 + H_2O$

T：我们再来看一下上面两个氧化铝的方程式。通过氧化铝与盐酸的反应，可以推测出氧化铝显碱性；氧化铝与碱的反应，得出氧化铝显酸性；总之，氧化铝是两性氧化物，两性氧化物既可以跟酸反应，也可以跟碱反应。

T：同学们想一想，制备 $Al(OH)_3$，可选用什么试剂？

S：可以用硫酸铝和氢氧化钠反应，也可以用硫酸铝与氨水反应，两种方法。

T：实验试剂已经提供给大家，那我们先看都有什么试剂？

S：0.5mol/L 的 $Al_2(SO_4)_3$、NaOH 溶液、氨水。

T：那我们接下来做两个实验

实验 I：向 0.5mol/L 的 $Al_2(SO_4)_3$ 溶液滴加 NaOH 溶液

实验 II：向 0.5mol/L 的 $Al_2(SO_4)_3$ 溶液滴加氨水

边做实验边注意观察实验现象。

T：有什么实验现象呢？

S：实验 I 的现象：产生白色胶状沉淀，后消失；实验 II 的现象：产生白色胶状沉淀。

T：写出实验方程式。

S：实验 I 中 $Al_2(SO_4)_3 + 6NaOH = 2Al(OH)_3\downarrow + 3Na_2SO_4$

Al(OH)$_3$+NaOH══NaAlO$_2$+2H$_2$O

实验 II 中 Al$_2$(SO$_4$)$_3$+6NH$_3$·H$_2$O══2Al(OH)$_3$↓+3(NH$_4$)$_2$SO$_4$

T：再用实验 II 中制得的氢氧化铝加入盐酸溶液，观察实验现象。

S：白色沉淀溶解。

T：制备氢氧化铝，最好选用什么试剂？

S：硫酸铝和氨水制得氢氧化铝。

T：那为什么在实验 I 得到的沉淀会消失？制备的氢氧化铝又溶于盐酸？

S：因为氢氧化铝在强碱溶液中显酸性，在强酸溶液中显碱性；所以氢氧化铝显两性。

T：我们再来总结氢氧化铝的性质：

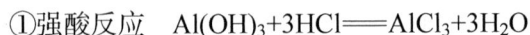

①强酸反应　　Al(OH)$_3$+3HCl══AlCl$_3$+3H$_2$O

②强碱反应　　Al(OH)$_3$+NaOH══NaAlO$_2$+2H$_2$O

③受热分解　　2Al(OH)$_3$══Al$_2$O$_3$+3H$_2$O

T：像氢氧化铝这样，既能与强酸反应也能与强碱反应的氢氧化物，叫两性氢氧化物。

T：写出氢氧化铝与盐酸、氢氧化钠溶液反应的离子方程式。

S：离子方程式 Al(OH)$_3$+3H$^+$══Al^{3+}+3H$_2$O

Al(OH)$_3$+OH$^-$══AlO$_2^-$+2H$_2$O

T：【总结】两性氢氧化物（与酸或与碱反应生成了盐和水）；吸附性；受热易分解。

T：氢氧化铝的用途作胃药使用，因为氢氧化铝的碱性不强，不至于对胃酸产生强烈的刺激或腐蚀作用，但却可以与酸反应，使胃酸度降低，起到中和过多胃酸的作用。

T：同学们通过以上学习过的内容以及我们生活中遇到的物质，有哪些属于铝盐？

S：氯化铝，硫酸铝，偏铝酸钠，明矾。

T：那你们知道偏铝酸钠的性质吗？我们来做一个实验就是在偏铝酸钠溶液中滴入盐酸。大家注意观察实验现象。

S：产生白色沉淀，之后消失。

T：反应方程式是什么呢？我们共同写一下。

先是产生沉淀，方程式为 $NaAlO_2+HCl+H_2O\!\!=\!\!=\!\!NaCl+Al(OH)_3\downarrow$；

沉淀溶解，方程式为 $Al(OH)_3+3HCl\!\!=\!\!=\!\!AlCl_3+3H_2O$

T：大家来写离子方程式。

S：$AlO_2^-+H^++H_2O\!\!=\!\!=\!\!Al(OH)_3\downarrow$

$Al(OH)_3+3H^+\!\!=\!\!=\!\!Al^{3+}+3H_2O$

T：请大家回顾今天学习的方程式。

① $Al_2O_3+6HCl\!\!=\!\!=\!\!2AlCl_3+3H_2O$

② $Al_2O_3+2NaOH\!\!=\!\!=\!\!2NaAlO_2+H_2O$

③ $Al_2(SO_4)_3+6NaOH\!\!=\!\!=\!\!2Al(OH)_3\downarrow+3Na_2SO_4$

　$Al(OH)_3+NaOH\!\!=\!\!=\!\!NaAlO_2+2H_2O$

④ $Al_2(SO_4)_3+6NH_3\cdot H_2O\!\!=\!\!=\!\!2Al(OH)_3\downarrow+3(NH_4)_2SO_4$

⑤ $Al(OH)_3+3HCl\!\!=\!\!=\!\!AlCl_3+3H_2O$

⑥ $Al(OH)_3+NaOH\!\!=\!\!=\!\!NaAlO_2+2H_2O$

⑦ $2Al(OH)_3\!\!=\!\!=\!\!Al_2O_3+3H_2O$

⑧ $NaAlO_2+HCl+H_2O\!\!=\!\!=\!\!NaCl+Al(OH)_3\downarrow$

⑨ 离子方程式 $Al(OH)_3+3H^+\!\!=\!\!=\!\!Al^{3+}+3H_2O$

　$Al(OH)_3+OH^-\!\!=\!\!=\!\!AlO_2^-+2H_2O$

　$AlO_2^-+H^++H_2O\!\!=\!\!=\!\!Al(OH)_3\downarrow$

　$Al(OH)_3+3H^+\!\!=\!\!=\!\!Al^{3+}+3H_2O$

T：大家一定要熟记这几个方程式和离子方程式。

T：再给同学们介绍另一种铝盐是明矾，硫酸铝钾 $[KAl(SO_4)_2]$，它是由两种不同金属离子和一种酸根离子组成的化合物，它在水中能电离产生两种金属阳离子和硫酸根阴离子。$KAl(SO_4)_2\cdot 12H_2O$ 俗名明矾，可溶于水，在天然水中生成氢氧化铝，氢氧化铝可以和悬浮于水中的泥沙形成絮状不溶物沉降下来，使水澄清，所以它可以作为净水剂。

T：【课堂小结】一、氧化铝的性质

　　　　　　　二、氢氧化铝

　　　　　　　三、铝盐，主要是偏铝酸钠和硫酸铝钾

T：接下来做几个练习题。

[练习1]在 $MgCl_2$ 溶液中滴加少量的 NaOH 溶液,现象为_____产生白色沉淀_____，继续加入过量的 NaOH 溶液，现象为_____白色沉淀不溶解_____。在 $AlCl_3$ 溶液中滴加少量 NaOH 溶液，现象为_____产生白色沉淀_____，继续加入过量的 NaOH 溶液，现象为_____白色沉淀溶解_____，反应的化学方程式_____，离子方程式为_____。

[练习2]下列物质，既能与盐酸又能与氢氧化钠溶液反应的是:（C、D、F、G）

A. $FeCl_3$　　　　　B. Fe_2O_3　　　　　C. Al　　　　　　D. $Al(OH)_3$

E. Na_2CO_3　　　　F. $NaHCO_3$　　　　G. Al_2O_3

[练习3]可用做医用胃酸中和剂的是：（C、D）

A. NaOH　　　　B. $Cu(OH)_2$　　C. $Al(OH)_3$　　D. $NaHCO_3$

[练习4]有 1mol/L 的 $AlCl_3$ 溶液 1L，往其中加入 2mol/L 氢氧化钠溶液，要得到的沉淀最多，应加__1.5__ L 该浓度的氢氧化钠溶液；要沉淀全部溶解，还要继续加 __0.5__ L 该浓度的氢氧化钠溶液。并画出沉淀随加入氢氧化钠溶液的体积变化的曲线。

附录8　有关元素周期表的教学片断实录及分析

教学案例3　新手教师 N5 有关元素周期表的教学片断实录及分析

时间：2009 年 3 月 4 日　星期三　　第二节

地点：教室

教学班级：高一（4）班

教学片断及分析：

T：目前人们已经发现和人工合成的元素有 110 多种，在元素周期表中，元素是有排列顺序的，为什么会这样排列，它们之间又存在着什么关系？怎么描述呢？

T：请大家阅读教材第 4 页元素周期表的内容。

（引导大家参阅课本中的元素周期表，国家通用语言和维吾尔语相结合讲解元素周期表概念。根据元素周期律，把电子层数目相同的各种元素，按原子序数递增的顺序从左到右排成横行，再把不同横行中最外层电子数相同的元素，按电子层数递增的顺序由上而下排成纵列，这样得到的表，称为元素周期表。）

[板书1]一、元素周期表的结构

1. 周期

1）概念：具有一定的电子层数的元素按照原子序数递增的顺序排列的一个横行称为一个周期。

2）分类：7个横行即7个周期，第一、二、三周期是短周期，第四、五、六周期是长周期，第七周期是不完全周期[①]。周期序数＝电子层数。

[投影1]（引领学生填写）

类别	周期序数	起止元素	包括元素种类	核外电子层
短周期	1	H～He	2	1
	2			
	3			
长周期	4			
	5			
	6			
不完全周期[①]	7	Fr～112		

T：阅读课本第4页最后一段，回答问题：什么是族？族可以分为哪些类型？包括哪些列？分别用什么符号表示？各族有何特点？

[板书2]2. 族

（1）概念

（2）分类

[投影2]（引领学生填写）

类别	主族	副族	Ⅷ族	零族
定义		由___元素组成的族		
原子结构	最外层电子数　至	最外层电子数　至		最外层电子数为
表示				
纵列数				

---

① 近年，随着113号、115号、117号和118号等元素的合成，第七周期现已不再是不完全周期。

[注意]①周期表中共有 18 个纵列 16 个族；②主族的序数＝最外层电子数＝该元素的最高化合价。

[板书3] 二、原子结构与元素在周期表中的位置关系

T：元素在周期表中的位置，反映了该元素的原子结构及其性质，那么如何根据已知元素的原子序数推断出它在元素周期表中的位置？

[投影3]　　　　　　　以零族为基准给元素进行定位

稀有气体元素	He	Ne	Ar	Kr	Xe	Rn
周期序数	一	二	三	四	五	六
原子序数	2	10	18	36	54	86
各周期的元素数	2	8	8	18	18	32

T：33 号元素，因其原子序数在 18～36 之间，知其位于第四周期 VA 族（As）

[随堂练习]找出原子序数是 57、82 号元素在周期表中的位置？并写出元素符号和名称。

T：做 Na、K 元素的颜色反应实验，回答教材第 6 页【思考与交流】的问题。

【课堂小结】学生总结，教师纠正补充的方式，最后 PPT 展示

1）元素周期表的结构

（1）横：三长三短一不全，镧系锕系列下边。

（2）纵：七主七副八与零，镧系锕系挤当中。

2）元素周期表和原子结构的关系

（1）3≤最外层电子数<7，肯定是主族元素原子。

（2）电子层数<3 的（稀有气体除外）肯定是主族元素的原子。

3）微粒半径比较的规律（中学学习范畴内的"三看"规律）

（1）一看电子层数：当电子层数不同时，电子层数越多，半径越大。

（2）二看核电荷数：当电子层数相同时，核电荷数越大，半径越小。

（3）三看电子数：当电子层数和核电荷数均相同时，电子数越多，半径越大。

[注意]此规律适用于原子、离子之间的半径比较；稀有气体元素的原子半径在同周期中是较大的。

【作业】课后练习 2、3、4，同步练习册中"元素周期表"内容

教学案例 4　专家教师 E5 有关元素周期表的教学片断实录及分析

时间：2009 年 3 月 5 日　星期四　第四节

地点：教室

教学班级：高一（6）班

教学片断及分析：

【新课引入】（多媒体播放）门捷列夫事迹介绍

[板书1]第一章 物质结构 元素周期律

<h2 style="text-align:center">第一节 元素周期表</h2>

T：同学们知道门捷列夫吗？他的伟大成就是什么？

S：知道！门捷列夫是俄国伟大的化学家，他的伟大成就在于编制了元素周期表，发现了元素周期律。

T：非常正确。至今已经发现了110多种元素，人们根据一定的原则将其编排起来，得到了我们现在的元素周期表，而绘制出第一个元素周期表的是俄国化学家门捷列夫。

[板书2]一、元素周期表

T：什么叫原子序数？它与原子结构有什么样的关系？

S：带着问题看课本回答。

T：按照元素在周期表中的顺序给元素编号，得到原子序数。在发现原子的组成及结构之后，人们发现，原子序数与元素的原子结构之间存在着如下关系：

[板书3]原子序数=核电荷数=质子数=核外电子数

T：1. 画出1～18号元素原子的结构示意图。

2. 认真分析、观察原子结构上有哪些相同点与不同点。

3. 将上述1～18号元素排列成合理的元素周期表，说明你编排的理由。

S：分组讨论，说各自的看法。

[板书4]（一）元素周期表编排原则：

1. 按原子序数递增的顺序从左到右排列。

2. 将电子层数相同的元素排列成一个横行。

3. 把最外层电子数相同的元素排列成一个纵列。

T：下面我们就一起来研究一下元素周期表的结构，请大家阅读课本第5页的内容。

[板书5]（二）元素周期表的结构

[指导阅读]1. 周期

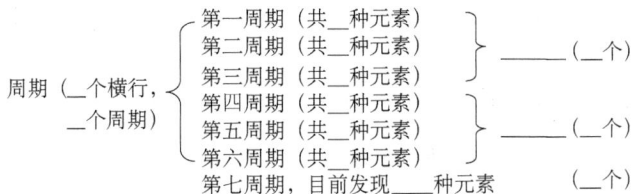

$$周期（\_个横行，\_个周期）\begin{cases}第一周期（共\_种元素）\\第二周期（共\_种元素）\\第三周期（共\_种元素）\end{cases}\_\_\_\_\_（\_个）\\\begin{cases}第四周期（共\_种元素）\\第五周期（共\_种元素）\\第六周期（共\_种元素）\end{cases}\_\_\_\_\_（\_个）\\第七周期，目前发现\_\_\_\_种元素\quad（\_个）$$

2. 族

$$族（\_个纵行，\_个族）\begin{cases}主族（\_个；用_____表示）\\副族（\_个；用_____表示）\\\_\_\_\_族（\_个，\_\_\_\_列）\\\_\_\_\_族（\_个，\_\_\_\_列）\end{cases}$$

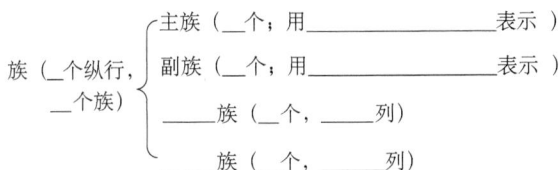

T：周期表中有些族还有一些特别的名称。例如：

ⅠA族（除氢）：碱金属元素　　　　ⅦA族：卤族元素

0族：稀有气体元素

T：元素周期表是根据元素的内在联系编排而成，具体形式可多种多样，根据刚才我们讲述的元素周期表的编排依据，请同学们分组探究元素周期表的其他编排方式。

[探究过程]教师参加，并适时点拨（长短　螺旋）

S：各小组交流

[投影]几种不同形式的元素周期表

[板书6]（三）元素的性质与原子结构

T：我们把ⅠA称为碱金属族，我们为什么要把他们编在一个族呢？请同学们观察碱金属的原子结构示意图，分析碱金属原子结构的共同之处。

$$(+3)\,2\,1 \qquad (+11)\,2\,8\,1 \qquad (+19)\,2\,8\,8\,1 \qquad (+37)\,2\,8\,18\,8\,1 \qquad (+65)\,2\,8\,18\,18\,8\,1$$

$$Li \qquad\qquad Na \qquad\qquad\quad K \qquad\qquad\quad Rb \qquad\qquad\quad\quad Cs$$

T：我们知道物质的性质主要取决于原子的最外层电子数，从碱金属原子的结构可推知其化学性质如何？是否完全相同？

S：由于元素化学性质与元素原子的最外层电子数密切相关，碱金属元素原子的最外层上都只有一个电子，因此它们应该具有相似的化学性质，由此可推知它们也应该像碱金属的代表物钠一样，在化学反应中易失去一个电子，形成+1价的阳离子，并能与氧气等非金属元素及水发生化学反应。

T：实践是检验真理的标准，下面我们通过实验来探讨同一族元素的性质。

[实验1]将一干燥的坩埚加热，同时取一小块钾，擦干表面的煤油后，迅速地投入到热坩埚中，观察现象。同钠与氧气的反应比较。

[实验2]在培养皿中放入一些水，然后取绿豆大的钾，吸干表面的煤油，投入到培养皿中，观察现象。同钠与水的反应进行比较。

S：

项目	钠	钾
与氧气的反应	生成淡黄色的固体，并发出黄色火焰	比钠要剧烈
与水的反应	浮、熔、游、动、响	浮、熔、游、动、响 且反应要比钠快

T：根据实验讨论钠与钾的性质有什么相似性和不同。你认为元素的性质与他们的原子结构有关系吗？

S：有关系。

同一主族元素化学性质相似，且 $\xrightarrow[\text{还原性增加}]{\text{Li Na K Rb}}$

T：阅读第7页总结碱金属的物理性质的相似性和规律性。

S：阅读课本填表

	项目	Li　Na　K　Rb　Cs
相似点	颜色	均为银白色（Cs略带金色）
	硬度	柔软
	密度	较小
	熔沸点	较低
	导电导热性	强
递变性	密度变化	逐渐增大（K特殊）
	熔沸点变化	单质的熔沸点逐渐降低

T：由上表可见，碱金属在物理性质上也表现出一些相似性和规律性。

【总结】……

【作业】

1. 在周期表中，第三、四、五、六周期元素的数目分别是（　　）

    A. 8、18、32、32　　　　　　B. 8、18、18、32

    C. 8、18、18、18　　　　　　D. 8、8、18、18

2. （1997年全国）19世纪中叶，门捷列夫的突出贡献是（　　）

    A. 提出原子学说　　　　　　B. 编制元素周期表，发现元素周期律

    C. 提出分子学说　　　　　　D. 发现氧气

3. 由短周期和长周期元素共同组成的族可能是（　　）

    A. 零族　　　　　　　　　　B. 主族

    C. 副族　　　　　　　　　　D. Ⅷ族

附录9　有关化学反应热的计算的教学实录及分析

教学案例5　新手教师 N6 有关化学反应热的计算的教学实录及分析

时间： 2010年9月14日　星期二　第六节

地点： 教室

教学班级： 高二（1）班

教学片断及分析：

T：碳在氧气充足的条件下可以充分燃烧生成二氧化碳；在氧气不足的条件下不充分燃烧生成一氧化碳，一氧化碳可以继续燃烧生成二氧化碳。但是我们很难只让碳燃烧生成一氧化碳，$C(s)+1/2 O_2(g)\!=\!=\!CO(g)$ 的反应热如何获得呢？

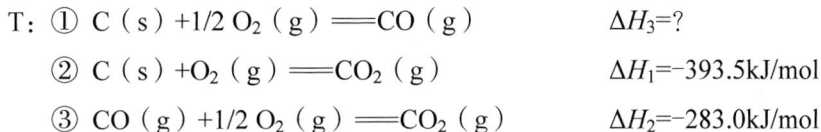

T：① $C(s)+1/2 O_2(g)\!=\!=\!CO(g)$　　　　$\Delta H_3=?$

    ② $C(s)+O_2(g)\!=\!=\!CO_2(g)$　　　　$\Delta H_1=-393.5kJ/mol$

    ③ $CO(g)+1/2 O_2(g)\!=\!=\!CO_2(g)$　　　$\Delta H_2=-283.0kJ/mol$

图示解析：

$$\begin{array}{ccc} & CO(g)+1/2\ O_2(g) & \\ \Delta H_3 \nearrow & \Big\downarrow \Delta H_2 & \\ C(s)+O_2(g) & \xrightarrow{\ \Delta H_1\ } & CO_2(g) \end{array}$$

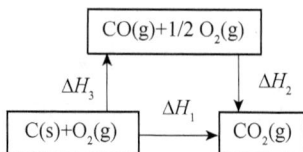

T：因为 $\Delta H_1 = \Delta H_3 + \Delta H_2$

得出，$\Delta H_3 = \Delta H_1 - \Delta H_2$

$\qquad\qquad = -393.5kJ/mol + 283.0kJ/mol$

$\qquad\qquad = -110.5kJ/mol$

T：今天，我们就来学习盖斯定律。

T：同学们，你们在课前已经预习这节新课，什么叫盖斯定律啊？

S：不知道。

S：化学反应的反应热只与反应体系的始态和终态有关，而与反应的途径无关。

T：不管化学反应是一步完成或分几步完成，其反应热是相同的。化学反应的反应热只与反应体系的始态和终态有关，而与反应的途径无关。

T：接下来做一些练习题。

T：[练习1]第12页25℃、101kPa时，将1.0g钠与足量的氯气反应，生成氯化钠晶体并放出17.87 kJ的热量，求生成1mol氯化钠的反应热？

解析：老师问学生1克物质完全燃烧放出的热量可不可以叫作燃烧热？

S：不可以。

T：什么叫燃烧热呢？咱们比比看谁最聪明来回答。

S：25℃、101kPa时，1mol纯物质完全燃烧生成稳定的氧化物时所放出的热量，叫作该物质的燃烧热。

T：好的，那我们首先把质量转换成物质的量，之后写出热化学方程式。

[板书]已知条件：m（Na）$=1g$，$Q=17.87kJ$

$\qquad$求：$n=1mol$，$\Delta H=?$

解：钠的摩尔质量是23g/mol，

$\qquad$1g的钠的物质的量是 $n=1/23mol$

$$Na(s)+1/2\ Cl_2(g)=\!\!=\!\!NaCl(s)$$

1mol Q

1/23mol   17.87kJ

Q=1mol×17.87kJ / 0.043mol=411.01kJ

ΔH=-411.01kJ/mol

答：生成 1mol 氯化钠的反应热是-411.01kJ/mol。

T：例 2 乙醇的燃烧热是 ΔH=-1366.8kJ/mol，在 25℃，101kPa 时，1kg 乙醇充分燃烧后放出多少热量？

T：再次提出什么是燃烧热呢？

S：1mol 纯物质完全燃烧生成稳定的氧化物时所放出的热量，叫作该物质的燃烧热。

T：哪位同学愿意上来板书，比一比，看谁快？谁聪明？

S：1kg 乙醇的物质的量 $n=m$（乙醇）/M（乙醇）=1000g/46（g/mol）=21.74mol

$$CH_3COOH(l)+2O_2(g)=\!\!=\!\!2CO_2(g)+2H_2O(l)$$

1mol ΔH=-1366.8kJ/mol

21.74mol Q

Q=21.74mol×(-1366.8kJ/mol)=-2.971×10^{4}kJ

答：1kg 乙醇充分燃烧后放出 2.971×10^{4}kJ 热量。

T：从这个例子，我们可以得出一个公式 Q（放出的热量）=n（可燃物）×ΔH（燃烧热），那么可以直接得出计算放出的热量 Q=21.74mol×(-1366.8kJ/mol)= -2.971×10^{4}kJ

T：[例 3]已知下列反应的反应热为：

（1）$CH_3COOH(l)+2O_2(g)=\!\!=\!\!2CO_2(g)+2H_2O(l)$ ΔH_1=-870.3kJ/mol

（2）$C(s)+O_2(g)=\!\!=\!\!CO_2(g)$ ΔH_2=-393.5kJ/mol

（3）$H_2(g)+1/2O_2(g)=\!\!=\!\!H_2O(l)$ ΔH_3=-285.8kJ/mol

试计算下列反应的反应热：

$$2C(s)+2H_2(g)+O_2(g)=\!\!=\!\!CH_3COOH(l)$$

T：（仍要求学生板书）

S：[板书]①$CH_3COOH(l)+2O_2(g)=\!\!=\!\!2CO_2(g)+2H_2O(l)$

② $C(s)+O_2(g)\!\!=\!\!\!=\!\!CO_2(g)$

③ $H_2(g)+1/2O_2(g)\!\!=\!\!\!=\!\!H_2O(l)$

用②+③−①得出，

$C(s)+O_2(g)+H_2(g)+1/2O_2(g)+2CO_2(g)+2H_2O(l)\!\!=\!\!\!=\!\!CO_2(g)+H_2O(l)+CH_3COOH$

$(l)+2O_2(g)$

……

得不出 $2C(s)+2H_2(g)+O_2(g)\!\!=\!\!\!=\!\!CH_3COOH(l)$，学生疑惑

T：纠正用②×2+③×2−①得出，

$2C(s)+2O_2(g)+2H_2(g)+O_2(g)+2CO_2(g)+2H_2O(l)$

$\quad\quad\quad\!\!=\!\!\!=\!\!2CO_2(g)+2H_2O(l)+CH_3COOH(l)+2O_2(g)$

$2C(s)+2H_2(g)+O_2(g)\!\!=\!\!\!=\!\!CH_3COOH(l)$

$\Delta H=\Delta H_2\times2+\Delta H_3\times2-\Delta H_1$

$\quad=(-393.5\text{kJ/mol})\times2+(-285.8\text{kJ/mol})\times2-(-870.3\text{kJ/mol})$

$\quad=(-787\text{kJ/mol})+(-561.6\text{kJ/mol})+870.3\text{kJ/mol}$

$\quad=-478.3\text{kJ/mol}$

所以，$2C(s)+2H_2(g)+O_2(g)\!\!=\!\!\!=\!\!CH_3COOH(l)$　$\Delta H=-478.3$ kJ/mol

T：作业是课后习题。

板书：

一、盖斯定律

二、反应热的计算

例1 已知条件：$m(Na)=1g$，$Q=17.87\text{kJ}$

　　　　求：$n=1\text{mol}$，$\Delta H=?$

例2 已知条件：乙醇 $\Delta H=-1366.8\text{kJ/mol}$

　　　　求：$m=1\text{kg}$　　$Q=?$

例3……

教学案例6　专家教师 E6 有关化学反应热的计算教学实录及分析

时间：2010 年 9 月 24 日　星期五　第一节

地点：和田地区某中学教室

教学班级： 高二（8）班

教学片断及分析：

T：学习新课前，请同学们先打开书，我们来检查一下预习情况。

T：盖斯定律的概念是什么？

S：化学反应的反应热只与反应体系的始态和终态有关，而与反应的途径无关。

T：还有谁知道什么叫盖斯定律呢？（老师分析：这个班级回答问题不是很积极，所以尽量多地让每一位同学回答问题，让他们参与进来。）

S：化学反应的反应热只与反应体系的始态和终态有关，而与反应的途径无关。这就是盖斯定律。

T：谁来回答什么是能量守恒定律？这个在物理教材当中已经学过，我们在初三化学中也学过质量守恒定律。

S：化学反应前后能量相等。

T：我在中学时也学过，到现在还记得，老师用维语解释能量守恒。

S：总能量不变。

T：（引导）能量既不能消失或生成，只能由一种物质转移到别的物质或者从一种形式转化成另外一种形式，在转移或转化过程中，总能量不变。这就是能量守恒定律。

T：那么刚才同学们已经说过盖斯定律，看这些反应：

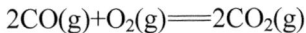

$$C(s)+O_2(g)\!=\!\!=\!CO_2(g)$$

$$2C(s)+O_2(g)\!=\!\!=\!2CO(g)$$

$$2CO(g)+O_2(g)\!=\!\!=\!2CO_2(g)$$

碳在氧气充分的条件下生成二氧化碳；但是在氧气不足，不能充分燃烧时，先生成一氧化碳，再继续燃烧生成二氧化碳，所以就需要两步进行。

T：这两个反应有何区别呢？

S：第一个是一步完成，第二个是分两步完成。

S：化学计量数不同，但是写燃烧热方程式为 1mol。

T：那我们把后两个方程式的计量系数也改为 1，所有方程式即为

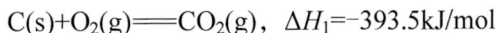

$$C(s)+O_2(g)\!=\!\!=\!CO_2(g)，\Delta H_1\!=\!^-393.5kJ/mol$$

$$C(s)+1/2\ O_2(g)\!=\!=\!CO(g)，\Delta H_2\!=\!-110.5kJ/mol$$

$$CO(g)+1/2\ O_2(g)\!=\!=\!CO_2(g)，\Delta H_3\!=\!-283.0kJ/mol$$

T：两个反应的能量关系如何，怎么样？

S：相等。

T：对啊！总结一下：$\Delta H_1=\Delta H_2+\Delta H_3$

T：化学反应的反应热只与反应体系的始态和终态有关，而与反应的途径无关。在此画图

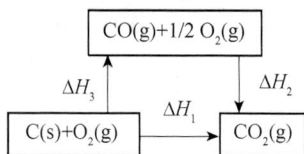

比如说运动员跑步（用维吾尔语举例，并解释）

对于燃烧热来说，若从始态到终态，$\Delta H<0$；那么从终态到始态，ΔH 怎么样？

$\Delta H>0$，你们知道原因吗？

S：不知道。

T：（用维吾尔语解释一遍）。

T：1840 年瑞士化学家盖斯通过大量实验证明，不管化学反应是一步完成或分几步完成，其反应热是相同的。化学反应的反应热只与反应体系的始态和终态有关，而与反应的途径无关。例如，第一章图 1-9。再比如说从一中到红灯处，可以直接从一中走到红灯处，还可以先从一中到市委再到红灯处，还可以从一中到广场再到红灯处。哪条路线较近？

S：走直线最近。

T：再结合上文所示 $\Delta H_1<0$，$\Delta H_2>0$，$\Delta H_1+\Delta H_2=0$；如果 $\Delta H_1+\Delta H_2\neq0$，违背了能量守恒定律（用维吾尔语解释）。

T：总之，化学反应的反应热只与反应体系的始态和终态有关，而与反应的途径无关。接下来我们做一些练习巩固一下知识。第一题：

$$CO(g)+1/2\ O_2(g)$$

$$C(s)+O_2(g) \xrightarrow{\Delta H_1} CO_2(g)$$

（图示：ΔH_3 向上，ΔH_2 向下，ΔH_1 向右）

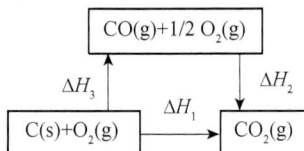

图示中的 ΔH_1，ΔH_2，ΔH_3 有何关系呢？

S：$\Delta H_1 + \Delta H_2 = \Delta H_3$

T：对，$\Delta H_1 + \Delta H_2 = \Delta H_3$，化学反应的反应热只与反应体系的始态和终态有关，而与反应的途径无关。

T：例 1 ①C(石墨，s)+O_2(g)==CO_2(g) ΔH_1=-393.5kJ/mol

②C(金刚石，s)+O_2(g)==CO_2(g) ΔH_2=-395.0kJ/mol

求，C(石墨，s)= C(金刚石，s) ΔH=?

T：上学期学过 C(金刚石，s)==C(石墨，s)，还记得哪个稳定吗？

S：有的学生说是金刚石。

T：不对，放出热量稳定，还是吸收热量稳定？

S：有的学生说是石墨。

T：好，我们计算一下，看是吸收热量还是放出热量。

方法一：

$$CO(g)+1/2\ O_2(g)$$

$$C(s)+O_2(g) \xrightarrow{\Delta H_1} CO_2(g)$$

（图示：ΔH_3 向上，ΔH_2 向下，ΔH_1 向右）

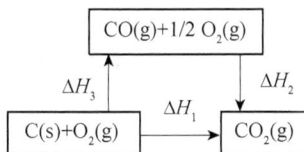

此图示中的 $\Delta H_1 = \Delta H_1$，$\Delta H_2 = -\Delta H_2$，那么 $\Delta H_3 = \Delta H_1 + \Delta H_2$

即是 $\Delta H_3 = \Delta H_1 + (-\Delta H_2)$

$\qquad\qquad = \Delta H_1 - \Delta H_2$

$\qquad\qquad = -393.5kJ/mol + 395.0kJ/mol$

$\qquad\qquad = 1.5\ kJ/mol$

C(石墨，s)=C(金刚石，s) ΔH=+1.5kJ/mol 为吸热反应，所以 C(石墨，s)比较稳定。

方法二：方程式①-②，两个方程式相减，（用维语解释此方法）

得出：C(石墨，s)-C(金刚石，s)+O_2(g)-O_2(g)==CO_2(g)-CO_2(g)，

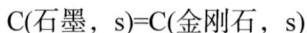

C(石墨，s)-C(金刚石，s)=0

C(石墨，s)=C(金刚石，s)

T：可以理解吗？

S：可以。

T：那我们再做一个练习，例2

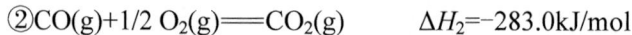

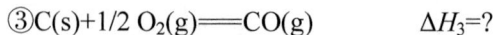

①C(s)+O$_2$(g)══CO$_2$(g)　　　　　　　ΔH_1=-393.5kJ/mol

②CO(g)+1/2 O$_2$(g)══CO$_2$(g)　　　　ΔH_2=-283.0kJ/mol

③C(s)+1/2 O$_2$(g)══CO(g)　　　　　　ΔH_3=?

T：求碳不能充分燃烧生成一氧化碳的焓变？

方法一：

```
                    ┌─────────────────┐
                    │ CO(g)+1/2 O₂(g) │
                    └─────────────────┘
                      ↑              
               ΔH₃   │          ΔH₂
          ┌──────────────┐  ΔH₁  ┌────────┐
          │ C(s)+O₂(g)   │─────▶ │ CO₂(g) │
          └──────────────┘        └────────┘
```

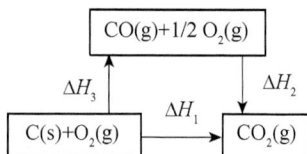

老师先画图再用维吾尔语解释

S：ΔH_1=ΔH_2+ΔH_3

得出，ΔH_3=ΔH_1-ΔH_2

　　　　　　=-393.5kJ/mol-(-283.0kJ/mol)

　　　　　　=-110.5kJ/mol

方法二：方程式①-②，两个方程式相减，

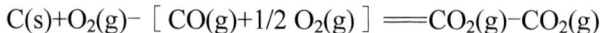

C(s)+O$_2$(g)-［CO(g)+1/2 O$_2$(g)］══CO$_2$(g)-CO$_2$(g)

得出，C(s)+1/2 O$_2$(g)══CO(g)

相应，ΔH_3=ΔH_1-ΔH_2

　　　　　　=-393.5kJ/mol-(-283.0kJ/mol)

　　　　　　=-110.5kJ/mol

T：听懂了吗？

S：能听懂。

T：那么，讲第二个内容，按照燃烧热求热量。Q（放），Q（吸）的符号与焓变 ΔH 的符号相反，比如说燃烧热是放出热量，ΔH<0，但是 Q（放）>0，

存在公式 Q（放）$=n$（可燃物）$\times\Delta H$（燃烧热）。

T：那我们做一个例题。第 12 页 25℃、101kPa 时，将 1.0g 钠与足量的氯气反应，生成氯化钠晶体并放出 17.87kJ 的热量，求生成 1mol 氯化钠的反应热？

（首先让学生给一个答案。）

S：板书为 $n=$ 1g $\div$ 23g/mol　成比例关系 1g：23g/mol=17.87 kJ/mol：x

T：解析

解：钠的摩尔质量是 23g/mol，

1g 的钠的物质的量是 $n=$ 1/23mol

$$Na(s)+1/2Cl_2(g)\!\!=\!\!=\!\!NaCl(s)$$

1mol　　　　　　　　　Q

1/23mol　　　　　　　17.87kJ

$Q=$ 1mol $\times$ 17.87kJ / 0.043mol=411.01kJ

$$\Delta H=-411.01\text{kJ/mol}$$

答：生成 1mol 氯化钠的反应热是-411.01kJ/mol。

方法二：那么用上述公式 Q（放）$=n$（可燃物）$\times\Delta H$（燃烧热）

$n=$ 1g $\div$ 23g/mol，

17.87 kJ=1/23mol$\times\Delta H$

$\Delta H=$ 411.01kJ/mol

答：生成 1mol 氯化钠的反应热为-411.01kJ/mol。

T：例 2 乙醇的燃烧热是 $\Delta H=-1366.8$kJ/mol，在 25℃，101kPa 时，1kg 乙醇充分燃烧后放出多少热量？

方法一：CH_3COOH 的摩尔质量为 46g/mol

$$CH_3COOH(l)+2O_2(g)\!\!=\!\!=\!\!2CO_2(g)+2H_2O(l)$$

46g/mol　　　　　　　$\Delta H=-1366.8$kJ/mol

1000g　　　　　　　　　x

$x=2.971\times 10^4$kJ

答：1kg 乙醇充分燃烧后放出 2.971×10^4kJ 热量。

方法二：利用公式 Q（放）$=n$（可燃物）$\times\Delta H$（燃烧热）

CH_3COOH 的摩尔质量为 46g/mol，

1kg 乙醇的物质的量是 $n=$ 1000g $\div$ 46g/mol=21.74mol

乙醇的燃烧热是 $\Delta H=-1366.8kJ/mol$

1kg 乙醇充分燃烧放出的热量是 Q（放）$=n$（可燃物）$\times\Delta H$（燃烧热)

$$=21.74mol\times1366.8kJ/mol$$

$$=2.971\times10^4kJ$$

答：1kg 乙醇充分燃烧后放出 2.971×10^4kJ 热量。

T:【总结】今天的主要内容是盖斯定律，化学反应的反应热只与反应体系的始态和终态有关，而与反应的途径无关。第二个内容是 Q（放）$=n$（可燃物）$\times$ ΔH（燃烧热）。

T:【作业】

【板书】

一、盖斯定律

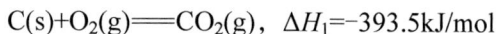

$$C(s)+O_2(g)\!=\!\!=\!\!CO_2(g)，\Delta H_1=-393.5kJ/mol$$

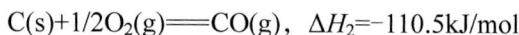

$$C(s)+1/2O_2(g)\!=\!\!=\!\!CO(g)，\Delta H_2=-110.5kJ/mol$$

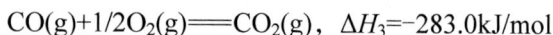

$$CO(g)+1/2O_2(g)\!=\!\!=\!\!CO_2(g)，\Delta H_3=-283.0kJ/mol$$

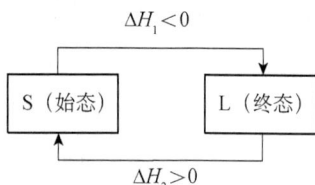

$\Delta H_1+\Delta H_2=0$

举例：

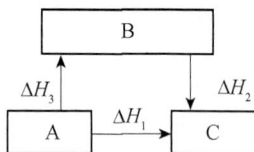

例 1：C(石墨，s)= C(金刚石，s)

例 2：①C(s)+O$_2$(g)$\!=\!\!=\!\!$CO$_2$(g) $\Delta H_1=-393.5kJ/mol$

②CO(g)+1/2O$_2$(g)$\!=\!\!=\!\!$CO$_2$(g) $\Delta H_2=-283.0kJ/mol$

③C(s)+1/2O$_2$(g)$\!=\!\!=\!\!$CO(g) $\Delta H_3=?$

二、Q（放）$=n$（可燃物）$\times\Delta H$（燃烧热）

后　记

　　作为一名民族地区高等师范院校教师教育工作者，我一直被各民族优秀教师深深地吸引着，在教学实践中也一直梦想去理解和诠释少数民族教师，优质课堂教学的精髓是什么，什么样的课堂教学是高效的，无效及低效的教学行为表现是什么，如何克服无效与低效的教学，怎样从低效教学走向有效教学……我带着这些疑惑和求解的设想，2009年申报了全国教育科学规划项目"提高维吾尔族理科双语教师专业素质的共同体行动研究"并获批。在项目基金的支持下，我带领项目组成员分别深入乌鲁木齐市与和田地区的10多所中学，对200余名中学维吾尔族理科双语教师开展了问卷调查、访谈、文本分析、课堂观察研究，分析其学科教学知识与技能、学科双语课堂教学现状，概括总结其专业素质结构特征。此过程所结识的研究对象都是我的良师益友，他们各具特色的教学风格与个性不断地激发我对少数民族教师教育教学研究的热爱。在调研过程中，我与研究对象一起体验了诸多的矛盾、焦虑、失望、痛苦、挑战、挣扎，当然也与其一起分享了教育教学的欣喜、畅快、愉悦与自豪，终于使项目研究告一段落。

　　本书的写作就是在上述背景下开始的，由于种种原因，书稿完成较晚，但愿它能够为中学维吾尔族理科教师专业发展提供切实的帮助，并对其提高双语教学质量发挥实践指导作用。另外，期望本书呈现的大量课例素材和所揭示的中学化学维吾尔族专家教师和新手教师的课堂教学特质特征能丰富民族地区教师专业素质研究视角，为丰富和发展新疆少数民族教师教育理论与实践奠定基础。

　　衷心地感激为本书研究提供支持与协助的中学校长和各位教师！关于教师教育这类研究在很大程度上取决于中学校长是否同意，以及被研究教师是否愿意在其繁忙教学中抽出时间来配合。十分感激本书涉及的被研究教师！特别感激课堂观察与个案研究的对象教师不仅允许我们进入他们的课堂，而且还能够让我们涉入他们的个人生活和成长经历！衷心地感谢乌鲁木齐市与和田地区教研室的领导和教研员的牵线搭桥，使研究得以顺利开展！不过请恕我们不便公开他们的名字。

　　本书的完成基于研究小组成员的智慧共享与分工合作！特别是我的研究生——李建伟、徐永红、谷晓凤、孟苏芸、王蕾、吕翠翠，他们做了大量素材收集与数据整理分析等基础工作，本书倾注了他们的才智和心血。也要感谢我的博士生高敬芝在繁忙的学习之余承担了阅读初稿的差事，她细致地读完全书每一章，指出了其中不清晰的概念及叙述风格方面的问题。感谢所有为本书提供文献支持的学者！感谢家人的理解与支持使我能够最终完成书稿！还要感谢科学出版社的领导和苏利德编辑，正是他们的付出使本书得以呈现给读者！本书所存不当之处，敬请读者给予批评指正。

尹筱莉

2017 丁酉年初春于新疆乌鲁木齐